科学を伝える

失敗に学ぶ科学ジャーナリズム

日本科学技術ジャーナリスト会議・編

JDC

まえがき

失敗からいかに多くを学ぶか、これが日本人は不得意だと、英国滞在の長いジャーナリストから聞かされたことがあります。国外視察に出かける多くの企業や研究機関は、訪問先の成功例の収集には熱心ですが、失敗例から何かを学ぼうという姿勢が少ないというのです。失敗例を丹念に検証し、同じ轍を踏まないようにしようという思想を、これからの日本は培う必要があるのではないか。本書はこうした視点から、科学ジャーナリズムの取材のなかで、出会った数々の「失敗と学び」、あるいはジャーナリスト自身が体験した「失敗」を丹念に検証し、そこから最大限に教訓を引き出そうとしたものです。

科学と技術の進歩は著しく、日本科学技術ジャーナリスト会議（ＪＡＳＴＪ）が創立された二〇年前と比べて、インターネットや携帯電話、電子化家電などの登場で、日常生活の利便性は大きく変わりました。同時に科学と社会の密接さも一段と強くなっています。技術の高度な発達の一方で、東京電力福島第一原子力発電所事故のように、技術の不確実性を痛感させられる出来事も起き、科学や技術者への信頼の失墜も起きています。

歴史の中では、王や貴族など社会の一部に奉仕していた科学の研究成果は、いまや人類全体の資産であり、科学の方向性にも、オーナーである市民の意見を反映させる取り組みが必要です。情報をわかりやすく、正確に伝えるため、報道機関の科学ジャーナリストや、サイエンスライター、そして科学を市民の橋渡しをするコミュニケーターらが活躍しています。さらに博物館や科学館で働く人々も、科学を市民に伝えるコミュニケーションを担っています。

この書籍には、こうした科学ジャーナリストたちが取材した失敗の具体例、あるいは自身が体験した失敗例が示され、そこから得られた反省や教訓が述べられています。失敗を単なる失敗で終わらせるのではなく、そこから何を学び、どうやって後世に伝えていくのか、これを検証することによって、その失敗をできるだけ生かそうという試みです。

ＪＡＳＴＪは一九九四年、科学技術ジャーナリズムの向上・発展のために、会員同志や、取材先、研究者などニュース・ソースとの交流を通して、科学を伝える専門家としての資質・見識を高める目的で設立されました。この書籍は、ＪＡＳＴＪが二〇一三年に開催した「第二期・科学ジャーナリスト塾」で講義された内容を中心にまとめたものであると共に、ＪＡＳＴＪの二〇周年を記念して出版されたものです。

ものごとを伝えることの難しさ、そして日々生み出される記事や映像の裏側にある、科学ジャーナリストの葛藤を読み取っていただきたいと願っています。また多くの失敗例が、ジャーナリストだけでなく、科学を伝えるさまざまな人々にとっても、糧になれば幸いです。

（日本科学技術ジャーナリスト会議会長　小出 重幸）

科学を伝える

失敗に学ぶ科学ジャーナリズム

／目次

「STAP細胞ねつ造疑惑」に関する座談会

出演：青野由利（毎日新聞）
浅井文和（朝日新聞）
古田彩（日経サイエンス）
進行：森田洋平（沖縄科学技術大学院大学）

はじめに

理化学研究所の小保方晴子研究ユニットリーダーのＳＴＡＰ（刺激惹起性多能性獲得）細胞研究をめぐる論文不正問題によって、わが国の科学界がこれまで研究倫理問題に対して正面から向き合っていなかったことが露呈されると同時に、科学ジャーナリズムもまた、この問題にこれまであまり関心を払っていなかったことを反省させられた。日本科学技術ジャーナリスト会議（ＪＡＳＴＪ）はこの問題から私たちは何を学び、何を反省すべきなのか、森田洋平・沖縄科学技術大学院大学副学長代理を司会者として、三人のベテラン記者を招いて緊急記者座談会を開き、議論していただいた。記者は、ＳＴＡＰ問題を追いかけている現役科学記者である浅井文和・朝日新聞東京本社科学医療部編集委員、青野由利・毎日新聞論説室専門編集委員、古田彩・日経サイエンス次長。緊急座談会は二〇一四年八月四日、東京都文京区白山のＪＡＳＴＪの事務所で開かれた。これは、奇しくも渦中の笹井芳樹・理化学研究所発生・再生科学総合研究センター副センター長が自殺した前日となった。私たちは、笹井副センター長に心からのご冥福をお祈りすると同時に、このような悲劇を二度と繰り返さぬよう、科学ジャーナリズムの一翼を担うものとしてこれからも真摯な報道に努めていきたい。

（ＪＡＳＴＪ副会長　引野肇）

森田　「失敗に学ぶ科学ジャーナリズム」という視点で、今日は、大きな問題になっているＳＴＡＰ細胞の論文不正問題について、第一線でこの問題を取材されている三人の現役科学ジャーナリストに来ていただきました。最初の記者発表から、リケジョ報道の過熱、論文不正の発覚、理研の対応などさまざまな問題が出てきました。まだ現在進行中の問題でもあり、この座談会が本として出版されるころには違った展開になっているかもしれませんが、今日は、これがなぜこういう報道の流れになったのか、あるいはどうすればよかったのか、この教訓を今後に生かすとすればどういう点なのかを論じていきたいと思います。

まず、最初の記者発表の仕方や理研の広報体制に対してご意見はありますか。

浅井　最初の記者会見は神戸で開かれたので、東京からは行けなかった。

森田　神戸で記者発表があったから、東京のみなさんはほとんど出ていないのですね。

青野　いえ、私たちは東京からも記者を出しました。

古田　私たちは行っていません。初報は日経新聞の編集委員に寄稿を依頼しました。

浅井　朝日新聞では行っていない。直前の通知だったからです。

青野　しかも理研からのプレスリリース（記者発表の事前通知）はそれだけみても、何を発表するのか、具体的内容が分からないものだった。ただ、「これはなにかあるかも」と思わせる要素はありました。

浅井　通常なら、一週間前に論文のＰＤＦファイルを各記者がもらって、それをライバルとなるような研究者に読んでもらい、厳しいコメントを聞いて記事を書くことができる。ただ、今回のＳＴＡＰ細胞の会見に関しては、直前にやっとＰＤＦを受け取ったから、当たり障りのないコメントしか集められなかった。それが、発表内容の真偽の裏取りができない要因の一つになっている。

古田　ただ、今回のＳＴＡＰ細胞に関してはおそらく、幹細胞の研究者に聞いても、この段階では否定的なコメントは出なかったと思う。

青野　そう。実際にその時は出なかったですよね。

古田　後から考えれば、免疫の研究者で「ＴＣＲ再構成」[1]についてよく知っている人に聞けば、「おかしい」と疑義がでたはずだった。でも幹細胞研究者は、「ちょっと変だな」とは思っても、しばらくあの論文を信じていた。われわれもそう。一番の理由は、キメラマウスができていたからです。若山照彦・山梨大学教授がキメラマウスを作っていた。その説得力は絶大で、おそらく幹細胞研究者の多くもそう思っていたと思います。

その後、特に免疫学の人たちから疑義がでた後も、しばらく分野間の違いみたいなものがあって、「免疫の連中は細かいことをいろいろ言うけれど、マウスができているんだから確実だ」という人が幹細胞研究者には結構いた。「いろいろ間違いはあるが、根本は間違っていないのでは」という意見は、その後(三月五日)のプロトコル(実験手順)が出るまで残っていたと思います。

青野　私が知る範囲でも、どの幹細胞系の研究者からも、その時点では疑問は出ていなかったと記憶しています。若山さんがキメラマウスをつくり、しかも笹井副センター長、丹羽仁史・理研プロジェクトリーダーという、その筋では非常に信頼性がある人が揃っていて、さらにネイチャーが査読をしたのだし、そのうえ世界的に有名な幹細胞研究者、オースティン・スミス博士がネイチャーに「ニューズ・アンド・ヴューズ」(論文の解説)を書いていたので、メディアが信頼できるデータだと信じてしまっても仕方なかったと思います。

森田　裏取りに関しては、記者発表の段階で(信頼感が)かなりでき上がっていて、記事を書く時間も少ないうえ、そこに連なっている人たちがそれなりに信頼の置ける人たちと思われたことが今回の騒動のきっかけを作った、ということでしょうか。

古田　私は記者発表に虚偽があったことが一番の問題だと思います。割烹着とかムーミンなどに関する報道は、メディアが大ニュースだと認識、つまり誤認してから「行き過ぎた」という話です。田中耕一さんがノーベル賞を受賞した時、行き過ぎた取材があったのと同根です。

1　T細胞ができるとき、表面にある受容体の遺伝子の一部が切り出されて短くなる現象。STAP細胞にこれがあれば、元はT細胞だった証拠となる。

今回は大ニュースであると誤認させる点が二つがあった。その一つが、ＴＣＲ再構成が確認された細胞「から」キメラマウスができたと誤認させるような発表をしたことです。ニュースリリースにそう書いてあるし、論文にもそう書いてある。

青野　論文にはＳＴＡＰ細胞にはＴＣＲ再構成が見られたとは書いてあるけれど、キメラマウスにＴＣＲ再構成が見られたとは書いてありませんでしたよね。

古田　その通りです。でも、さらっと素直に読めばそう思ってしまう。

青野　私はある時点で、そこまで論文には書いてないな、と気になりました。

古田　確かに、よく読めば、「いや、そうは書いていない」って言える書き方になっていますが。

青野　「ＳＴＡＰ幹細胞に再構成があった」とも書いていない。「ＳＴＡＰに」としか書いていない。

古田　ＳＴＡＰ幹細胞に再構成があったとは書いていないが、ＴＣＲ再構成を確認したＳＴＡＰ細胞からキメラを作ったように誤認させている。リリースもそう誤認させるように書いてある、と思う。

それから二つ目は、みなさんも指摘されていますが、ｉＰＳ細胞と比べてＳＴＡＰ細胞は非常に有望であると誤認させるような発表をしている。この二つの誤認があったから、みんな大ニュースだと思った。だから「小保方さんの人となりも紹介しなきゃ」ということになって、割烹着などの話題となったのだと思います。

後者は後者で独立した問題ですが、まず真摯に発表内容を検証したかどうかを先に考えるべきだと思います。

青野　それは広報の問題だけなのか、そうではないのか。記者が論文をきちんと読めば分かったのか、論文を免疫の先生に読んでもらえばわかったのか。後者のｉＰＳとの比較については、「あれっ、ｉＰＳはもうちょっと研究が進んでいたんじゃなかったっけ」と、私自身も含めてメディアの側もひと呼吸置いて考えてもよかったはずでした。

浅井　ふつう、知ってますよね。

古田　うちは記事の校了まで一〇日間あったので、後者についてはチェックを入れることはできた。だけど、他社は短期間しかなかったでしょうし、私たちも前者に気がついたのはずっと後ですね。

青野　前者は難しかったですね。後者はできたかな、そういう反省はある。

浅井　後者はｉＰＳをやっている人から、「おかしい」という意見が理研に寄せられていましたから、即座に気がついてもいい話ですね。

森田　今の話をまとめると、なぜ最初に信じてしまったのか、というのがスタート地点だったと思う。まず、裏取りの日数が少ない。かなりネイチャーに振り回されているという現実が避けて通れない問題としてあるかもしれません。ネイチャーとかサイエンス、Cellなどごく一部の科学論文誌の記事解禁の設定の仕方に、世界中の科学ジャーナリズムが踊らされている現実があると思います。

一同　そうですね、そう思います。

森田　少ない日数の中で裏取りをしようとしても、冷静にそれができたのか、これは今後かなり大きな問題だと思います。商業誌がアジェンダを設定し、解禁時に報道しないと乗り遅れてしまう。その流れに踊らされているということが、裏が取れないことと直結するんですね。

青野　ネイチャーが出してきた論文を、メディアとしてどこまで疑えばいいのか、というのは難しい問題だと思います。浅井さんが話したように、対抗する人に見せて、精査してコメントしてもらうことが当然だとしても、そこに嘘が混じっていると思えるかどうか。

森田　「研究者性善説」にこの先どこまで頼れるのか、ということですね。ヘンドリック・シェーン（有機物高温超電導現象に関する不正研究）のときもそうでしたけれども、もし研究者が「不正をしてやろう」と思って論文を書いたのだとしたら、これは防ぎきれない。また同じことが起きる可能性がありますね。

浅井　一つには科学論文誌編集部のクオリティー管理の問題です。例えばＥＭＢＯ（欧州分子生物学機構＝European Molecular Biology Organization）ジャーナルの場合は、画像チェックのため専属の技術者を一人雇っている。一本の論文に対して一五分くらいかけてすべての画像をチェック、切り貼りがないか、画像の重複がないかを見る。ＥＭＢＯジャーナルの技術者がＳＴＡＰ細胞のネイチャー論文を検証すると、おかしい所が見つかるんです。ＥＭＢＯジャーナルはクオリティー管理のための金と人材を投入している。ＥＭＢＯの編集長によると、画像チェックに引っかかるのはほとんどが単なるミスだと言うけれど、そういうミスも含めて間違いを防ぐためにシステム的に動く必要があると思います。

青野　それについては、デイビッド・シラノスキー記者（ネイチャーのニュース担当記者、論文採用の部署とは独立）もネイチャーのニュース記事に、「このジャーナルはこれだけ調べている」と書いていましたね。

古田　ＥＭＢＯだけじゃなくて、バイオ系の雑誌はけっこうやっている。

浅井　ＥＭＢＯは一番有名ですね。

古田　編集者に不正を見抜くための教育をしているジャーナルもあります。例えば米のPlant Physiology誌は、実際にどういう不正があるのか、どういう方法で行われるのか、例えば画像編集ソフト「フォトショップ」による不正を見抜くにはコントラストをこう変えてみるといいといった訓練をしています。

これらは科学ジャーナルの問題ですが、記者の側も実際にどこまで検証できるのか難しいところはあります。ただ、われわれと研究者との関係が変わってきたなとは思います。

私は科学記者を二〇年くらいやっていますが、駆け出しのころは基本的に話を盛り上げたがるのはメディアの側でした。研究者はそれにストップをかける、いつもそういう力関係にあった。会見でメディアが「それって癌の治療に役立つのでは」と聞くと、研究者は「基礎研究なのでなんとも」と答える。でも今は違います。研究者や広報が「これは再生医療に役立ちます」など少し先走ったことを言うことが増えています。

これは研究予算の獲得と密接に関わっていて、応用を言えなければ研究を続けられない状況になっているからだと思います。これが非常に危険。基本的にメディアは盛り上げたがる傾向があり、研究者も盛り上げたがるようになると、歯止めが利かなくなる。だから、メディアの側が懐疑的になることが必要になってくる。ただ研究者とメディアとでは情報のアンバランスがあって、いくらメディアが懐疑的になったところで、研究者の方に「これはこうです」って言われてしまえば「そうですか」と説得されてしまう。

唯一、メディアの方が強いところは他の大勢の研究者に聞けるという部分です。でもそれは、会見から二時間で記事を書かなくてはならない時には機能しない。大勢に聞けるだけのリードタイムがあれば、少なくとも今回の反省を生かすことはできる。

森田　二つの論点があると思います。編集者の側で不正を見抜く体制を整えつつある論文誌が既にある一方で、ネイチャーはそれに一歩乗り遅れたのかな、という印象があります。不正のチェックという観点で、ジャーナリストの皆さんは今後、論文誌をどのように判断しますか、ということ。論文誌ごとにクオリティーチェックをジャーナリストの側で見抜かないといけない時代ということでしょうか。

もう一点は、科学者が応用のことをしゃべるようになり、ジャーナリストも応用のことを質問するということが相乗効果になったとき、裏を取るにはリードタイムが必要とおっしゃっていましたが、ほかに何か対応策はありますか。

青野　ジャーナリストが論文不正を見抜くことはむずかしいでしょう。

浅井　無理じゃないかな。

古田　応用につながらない科学だって大切だという根本に立ち返って議論すべきだと思います。理想論であることはよくわかっているのですが、そこを科学ジャーナリズムが考えていかなければいけないと思います。

癌治療とか、再生医療とか言わないと研究費が入ってこないという実情があるから、研究者は内心「ちょっと嘘っぽいな」と思いつつ言っちゃうし、記者も「これ本当に大丈夫かな」と思っても、そう書いちゃったりする。それがよくない相乗効果を生んでいる。

森田　科学の価値観、科学の営みがどういうものであるのかが社会に伝わっていないことが問題の根底にあると思います。科学はある日を境にいきなり変わるものではなく、いろいろな積み重ねのうえに変わっていくものです。科学ジャーナリズムがそれを一刻一秒を争うニュースとしてではなく、日々の積み重ねの上で流れていくものであると伝えられたら、世論も理解してくれるのではないかと思う。

青野　さきほど古田さんが「割烹着とかムーミンだとかはそれ以前の話」とおっしゃっていたので、その話に入っていきたいと思います。もし、ＳＴＡＰ細胞論文が真実だったとしたらどうなのか、割烹着やムーミンの報道はしてはいけなかったのか、という問題もあります。

森田　割烹着・ムーミンの話は問題の規模を拡大したと私は理解しています。最初のきっかけは科学ジャーナリストが伝えている論文の内容ですが、割烹着・ムーミンがワイドショーで取り上げられるようになり、そこで科学がより身近なものとして、しかも若い女性研究者が頑張っている姿が取り上げられることで、研究者を目指す若い女性に勇気を与えたという意見もある。逆に、注目を集めたことが問題を大きくこじらせた。一種の増幅装置として、割烹着・ムーミンが話題となった。

青野　割烹着・ムーミンは後になって考えると余計なものだった、と考えることができるけれど、この研究者がどういう人物なのか報道することで、読者に科学に興味をもってもらいたい、という側面はあると思う。ただ今回はそれがあまりにも作られたものだったし、行き過ぎたものでもあったと思うけれど、だからといって科学の内容だけを淡々と伝えればいい、科学メディアとはそういうものだ、とは言えないと思います。

古田 日経サイエンスは媒体の性格上、割烹着・ムーミンにも、研究者が女性であることにも触れていない。うちの読者の関心も、私どもの関心もそこにはないので、そもそも頭の中に浮かばなかった。問題になり始めてから改めて見て、「ほう」と思っただけ。でも今考えると、あれはやっぱり注目すべきだったんですね。青野さんがおっしゃった通り、科学って基本的に個人の営みで、その人の問題意識とか、研究者としての人生や問題意識にドライブされて研究が行われる。それを語ることは決して間違いではないし、今回はむしろそれが問題の本質にかかわっていた。こうした情報を一切捨ててしまったことは、むしろまずかったかな、と後から思いました。

森田 お化粧も相当時間のかかるメイクだったと聞きました。

古田 あれは発表時のことで、実験のときにしてたわけではないでしょう。会見のときに「再現してください」って言われて実験しているような格好をしたわけで、本当に実験するときは、あのスタイルではないと思います。

森田 テレビなどは必ず映像がほしいから、それを知っている理研も、事前にああいう風に研究室を公開したわけですよね。テレビ側からしたら、ああいうものを公開してもらえるのはありがたいのではないでしょうか。

森田 ワイドショーが研究者の人となりを取り上げて話題になる、ということに関して、科学ジャーナリストとしてご意見はありますか。最初に割烹着の話題を取り上げたのは科学部の記者かもしれないけれど、その後どんどんこの話題を取り上げるメディアが広がっていく。その広がりについて、科学ジャーナリズムとして論じるところはありますか。

青野　別にSTAP細胞に限らず、ワイドショーが報道する科学のテーマは、ほかにもいくらでもあります。例えばヒッグス粒子発見などという素粒子物理学上の発見も普通のワイドショーでもやっていたはずです。別にそれがいいとか悪いとかという話ではなくて、人々の興味をそそるものであれば、当然そうなります。ノーベル賞だって、ユニークな人であればワイドショーは取り上げますよね。

森田　研究所の広報担当者の立場からいうと、基本的には取材を申し込まれればできる範囲で対応する。広く知ってほしい、ありのままをうまく伝えてほしい、と考えると思います。今回どれだけ演出があったのかは、今後の検証を待たなければいけないが、話題が広がったこと自体は間違いではなかったと思います。

古田　反省点として、最初の会見で臨床へのインパクトについて研究者が言及されたことは、ものすごく行き過ぎだったと思います。マウスの新生児由来の細胞の初期化という段階で臨床の可能性に言及するのは、禁じ手の感があります。おそらく臨床の先生は決してそれは言わないだろうと思います。だけど、基礎の先生にはそこのところの距離感がわからないことがあり、成果が上がると、すぐにこれはきっと何かの応用に使えると思ってしまう傾向があります。だから、応用について先走ったことを言ってしまいがちな人の記者会見では、記者の方が配慮しなくてはいけない。今回、少なくとも臨床応用についての発言の報道の仕方にはその問題があったと思う。

森田 新聞社としてはこの基礎と臨床との相場観の違いをどう捉えているのですか。新聞社はそのような相場観を養うように今後、記者教育をしていくのでしょうか。

浅井 やはり一般紙や科学専門じゃない雑誌などでは、どちらかというと科学部以外のデスクから「一体どう役立つんだ」とか「病気の治療にすぐ応用できるのか」などと聞かれる。「いやいやまだまだです」「まだヒトではできていません」などと答え、社内力学として科学部が抑えにかかる役目を担っているのが現状です。

ネイチャーのアーティクルにもこのことは書いていない。もしネイチャーにこのことが最初に書いてあれば、私たちもちゃんと書いたと思います。ただ、いくら論文がきちんと書かれていても、記事がいったん出てしまうと、たがが外れてしまって、サルのＳＴＡＰなんてどこでも成功していないのに、翌日から「サルでも成功しました」とか、「ヒトへの応用ではどんなことが可能か」など、かなり怪しい情報が新聞に載る、という問題がある。もう一回敷居を高くしなくてはいけないのだけども、そこが科学的な観点より、新聞用語で言う「話題をつないでいく」という、読者の関心が高いうちに毎日記事を書いて読者の満足を得ようとする。ネットでいえば、「記事のビューを稼ぐ」ということです。そうしないと、ネット的には「広告を取れない」ということになって、正しいか正しくないかというよりはどんどん面白さを求めるようにエネルギーを注ぐことになる。

森田　最初の記事と次に続く記事の温度差、あるいは敷居が低くなることが問題だということですね。

浅井　ネイチャーやサイエンスに載っていない、学会でも発表されていない、論文にもなっていない、というものをいきなり書くというケースはまずない。でも、論文がネイチャーに載ってしまうと、それに関連する記事は一気に敷居が低くなってしまう。

古田　最初に「ＳＴＡＰの再生医療で何でも治る」みたいな幻想が広がってしまったことに対して支払わなくてならないコストは莫大だった。後にどれほど疑義が出ても、たとえ科学的にはすでに決着がついていても、「万一、本当だったら画期的な成果。素晴らしい医療が開かれるのだから、やはりＳＴＡＰは追求しようよ」という世論が残ってしまう。

青野　私は自分がそう思ってなかったからかもしれないけど、そこまで何でも治るというイメージだったかなあ。

古田　ここにいる方々は初めからそうは思っていないと思いますけれど、マスコミ全体ではそういう幻想を与えてしまったと思います。その後に疑惑がでてきても、もう取り消せない。

青野　淡々と書いてある部分は書いてあったと思います。

古田　新聞はそこまで先走ったことは書いてないと思います。でも、全体としてはそういう期待が広がってしまった。

青野　確かに患者団体の話題も出てましたね。でもそれは早すぎますね。

森田　「ＳＴＡＰ細胞が万が一本当だったらどうしよう」という問題の中には、知的財産、特許との絡みがある。これがもし、外国に取られたらどうですか。

浅井　外国といっても、基本的にはハーバード大学でしょ。アメリカの法律事務所が国際特許を出願しているんですよ。特許の件に関しては、理研ははっきりものをいわない、言うことを避けています。私が調べた限り、主導権はハーバード大学のブリガム・アンド・ウィメンズ病院が持っています。

古田　もし本当だったら……という心配はしていません。おそらく研究者で心配している人はいないと思います。

青野　今はいないと思いますが、ある段階までは、科学関係以外の人や新聞社内の科学以外の部署で「本当だったら大変な成果なんだから、追求することを考えた方がいいんじゃないか」という雰囲気もありましたね。

森田　みなさんはいつから、「これは論文不正だ」と思うようになったのですか。

古田　私は三月五日、ＴＣＲ再構成がないと知った時です。ただあの時点ではまだピンと来なくて、決定的にダメだと思ったのは三月九日のテラトーマです。博士論文のテラトーマの写真が出ていたとネットで指摘され、その写真を見た時「これはもうダメだ」と思いました。

浅井　私も「これはミスではなくて捏造だ」と思ったのは、@JuuichiJigen（十一次元）さん のツイッターで写真の使い回しが指摘された時ですね。

青野　私もそのころだと思います。

古田　その後、「そもそもＳＴＡＰ細胞はなかったんだ」と舵を切ったのは理研の遠藤高帆上級研究員の遺伝子解析[2]を知ったときです。

森田　博士論文の話が先行したのは、十一次元さんのブログですね。それに関して、ジャーナリストが最初に気づいて然るべきだったと思いますか。

古田　できないですね。ネットの査読だとか、ツイッターですとか、2ちゃんねる、今回は生物板の力は大きかったですけれども、ああいうところに集まっている中には自分で手を動かして実験している人が相当います。一方で、ただ面白がっているだけの人もおり、いろんな情報が混在している。私はツイッターで発言している方々は、実名匿名に関わらず、その内容で判断し、取材もしています。ネットはジャーナリズムというより、自発的に集まっている専門家集団。だからライバルというより取材ソースなのです。ネットはある種オープンな空間にある学会や研究会に近いものだと思います。特にツイッターはそうです。2ちゃんねるは同じ人の発言を簡単には追えないし、連絡手段もないので、読むだけにとどめていますが、ツイッターは実名匿名に関わらず、同じ人が発言していることが確認できるし、その方の専門やバックグランドもわかる。なので、私にとっては大学などに取材に行くのと同じ感覚の取材先です。

浅井　十一次元さんが「博士論文はコピペである」と書き、それを新聞の中では多分私が最初に「最初の二〇ページはコピペ」と記事を書いたんです。ネイチャーがニュースソースであると同様に「ツイッターがニュースソースです」と書きました。それがネットで「朝日新聞がツイッターをニュースソースにするのか」と話題になりました。

森田　十一次元さんに取材はされたんですか。

浅井　私は直接会っていません。ツイッターで相互フォローしているので、お互いに連絡はできます。

青野　みんなニュースソースのひとつと考えていて、だけど、当然、裏は取るわけです。数あるニュースソースの中で、誰かが発言していることをネット上で知るか、実際に話しているのを聞くかの違いだと思います。

2　遠藤上級研究員はＳＴＡＰ細胞論文の著者らが公開した遺伝子配列データを別の方法で解析し、ＳＴＡＰ細胞がＥＳ細胞である可能性が高いことなどを示した

浅井　十一次元さんのツイートを引用しましたが、もちろんこちらも手元に博士論文を持っています。国立国会図書館関西館で閲覧し、本当に二〇ページがコピペだと分かっています。でも、それは私が発見したのではなくて、十一次元さんが発見したことに敬意を表してニュースソースはツイッターです、と書いたのです。

森田　ツイッターやブログ、実名か匿名に関わらず、今後はある意味専門家集団としての取材先になるということですね。どのくらい真剣にそのようなニュースソースを追うかは、各社それぞれ温度差があるのでしょうか。

浅井　朝日新聞はツイッターを重視してますね。記者がツイッターから情報を持ってくる、あるいは発信するということを一生懸命やっているほうだと思います。

森田　コピペだとか画像の使い回しがあると分かった後の報道に関して、なにか見直す所はありますか。

古田　反省点は、不正の有無とＳＴＡＰ細胞の有無を長い間、切り分けできなかったことです。調査委員会の中間発表の時、調査委は外形的に判断できる六項目についてのみ調査し、ＳＴＡＰ細胞が本当に得られていたかどうかという問題は「科学コミュニティーの検証に任せる」とおっしゃった。私は「今ここまで疑義が出ている論文は誰も再現する意欲がわかず、科学コミュニティーによる通常の検証のコースには乗らない。理研が自ら検証する考えはないのか」と質問しました。

でも、それは突っ込みの仕方が間違っていた。今にして思えば「理研は不正があったかどうかをちゃんと調査すべきではないか」と言うべきでした。あれがひとつの流れを作ってしまったんだとしたら、申し訳ないと思います。

私の質問に理研は「共著者の一人が自ら再現実験をすると言っている」と答え、その後ももっぱらＳＴＡＰの有無を調べる検証実験についてのみ説明し、ＳＴＡＰ細胞が本当に得られていたかどうかの調査には一貫して消極的でした。このため、毎日の須田桃子さんとかＮＨＫの藤原・稲垣さん、私も含めて「理研は不正があったかどうかを調べるべきで、そのために実験の記録、ノート、残された細胞とマウスを調査すべき」と会見のたびに言い続けましたが、理研は「そうした調査はプライオリティーが低い」との姿勢でした。

ＳＴＡＰ細胞の有無は科学に任せておけば、いつかわかります。理研がいま追求すべきは、不正があったかどうかです。それをマスメディアが早くから追究してこなかったのは、反省点です。

森田　須田桃子さんをはじめ、毎日新聞の科学報道はずっと追究していたと思うんですが、青野さんはどうお考えですか。

青野　ＳＴＡＰ報道はチームで取り組んでいて、私は論説の立場ですが、全容を解明し、どういう不正があったのか調べてちゃんと公表してください、と社説でも言い続けてます。そういう意味では、社としての意見ですね。

浅井　朝日ではＳＴＡＰ細胞にたくさんの記者が関わっていて、それぞれの記者の思い入れがかなり違う。私は基本的に研究不正問題としてこれを書くべきだと最初から言ってきたし、六項目ではぜんぜんダメ、全容を解明すべきだと書いてきている。それがみなさんにも分かっていただけているかどうか。

私はＳＴＡＰ細胞をやる前は、去年からノバルティスファーマのディオバン論文不正問題を、その前は「ｉＰＳ細胞の臨床応用に成功した」という誤報になった森口尚史さんの問題。要するにミスコンダクトは必ず起きる、という前提で記事を書いています。でも当初は「研究不正とはＦＦＰ（捏造＝Fabrication　改ざん＝Falsification　盗用＝Plagiarism）である」というコンセンサスすらなかった。研究不正についてきちんと記事に書かれてこなかったし、十分な論議もされてこなかった。例えば研究不正の教育とか、研究不正を見つけるプログラムの開発などの記事は、みなさんなかなか読んでくれません。すばらしい医学応用や臨床応用ができるという記事はアピールするんだけど、ミスコンダクトの問題を考えようという記事はちょっととっつき悪いな、みたいな。

私は、比較的そういう問題をやってきているけど、研究不正に関心をもっている記者が日本の新聞業界にそんなにいない。ミスコンダクトが起こったときの取材の視点がうまく定まらない問題はあったと思う。

一方、理研や大学にミスコンダクトの専門職員がいるわけではない。岸井輝男東大名誉教授がこの問題の調査委員長になるのだけれど、岸井先生だって別にミスコンダクトの専門家ではない。

古田　私はミスコンダクトに関しては完全に素人視点で取材してきました。その立場から見ると、これは科学の問題ですから、科学的な事実を究明すべきだというシンプルな原理で動けば良かったのだと思う。科学的な事実の究明とは、どんな実験が行われ、どういうデータが得られたのかをきちんと調べること。それが前提。広報の問題、論文の作成手順の問題、オーサーシップ（著作者情報＝authorship）の問題、人事の問題、いろいろと出てきますが、まずは科学として何が行われ、実験で何が起きたのかを徹底的に追究すべきだと思います。小保方さんは「ＳＴＡＰ細胞はあります」と言いますが、それを証明するデータは一切出していない。それは科学の議論とは言えませんが、その点では理研も同じです。理研の調査委員会は六項目の不正に関して外形的な議論をしただけで、あの論文の中でどういう実験が行われたのか、どんな細胞が得られたのか、ずっと後になるまでまったく追究しようとしなかった。

森田　ちょっと話が戻りますが、「これは不正ではないか」となった時に、各新聞社の内部で議論があったと思います。たとえば小保方さんが個人の出費で記者会見をやった。それをテレビのワイドショーが生中継をした。私はたまたま病院の待合室で見ていたんですが、あれで全国津々浦々いろんな人が小保方さんの会見を見た。それはこれまでにない新しいことでした。それに関してみなさんのご意見を聞きたい。

浅井　私なんか、もうびっくり。この人科学者じゃない、と思った。

古田　あの瞬間に、完全に攻守が逆転しました。それまでは小保方さんは批判される側で、科学者コミュニティーが批判していましたが、あの瞬間に小保方さんがオフェンスに転じ、逆に科学コミュニティーと科学マスコミが悪役になりました。それまでとは逆に、「そんなに不正っていうんなら、お前らが証明してみろ」みたいな流れになった。

青野　科学記者から見ると、それとはまったく逆だったという印象を持っています。理研が中間報告を出したころは、全部小保方さんに押し付けて、トカゲのしっぽ切りをするようで、「理研、だめじゃない」という印象だった。でも、あの小保方さんの会見を見て、私の理研と小保方さんに対する評価が、ある意味で逆転したんですよ。「小保方さん、ダメでしょ、これじゃ」って。

科学ジャーナリズム系の人は多くが同じように感じたと思いますが。

古田　あの会見で、小保方さんを「ダメだ」と思った人と、小保方さんを「信じられる」と思った人のが大きい。科学にいる人は、ほぼ一〇〇パーセント「これはダメだ、やっぱりＳＴＡＰ細胞はなかったんだ」と思ったと思う。データが一つも出てこなかったから。

森田　「ＳＴＡＰ細胞はあります」と言い切ったことと「二〇〇回以上成功してます」と言ったことで、これはもう科学者の言葉ではない、と思った。科学者に近い側はそう思うんですが、世の中の感じ方は逆ですよね。

古田　そうそう。あれを見て、「小保方さんはこんなに頑張ってるんだ」と思った人の方がはるかに多い。しかも大臣までそんな感じでしたから。「この人は論文とかのお作法は間違っちゃったけど、ＳＴＡＰ細胞はきっとあるんだから、もう一回やらせてみようじゃないか、まだ若いんだし」みたいな感じになったんだと思います。

森田　潮目が変わった。

青野　私が感じたのは、科学者コミュニティーや科学ジャーナリズムと、一般人の感じ方の落差はこれほど大きいんだな、ということでした。

森田　非常に象徴的なイベントでしたね。

古田　すごく無力感がありました。

青野　だから、科学ジャーナリズムって難しいな、って思うんです。

この問題の取材は、毎日新聞では科学環境部の主導で進められてきました。でも、周囲からちょっと違う空気を感じることもありました。「かわいそう小保方さん」みたいな。それは言ってみれば世間一般のふつうの人の感覚です。大いなるギャップですよね。「科学の営みのあり方」に通じることだと思うんですが、それをメディアが伝えることの難しさに繋がりますね。

森田　新聞社内で科学部と周囲の考え方にずれが生じたわけですね。

古田　私は科学誌にいますから、社内では上から下まで全く齟齬はありません。あの会見は校了直前だったので、現地に行けなくて、ネットで見てました。みんな、「あー、これでもう終わったね」って感じでした。でも、社外との空気の差は激しく、特にネットでは一気に流れが変わったと強く感じました。

理研の規程や科学の常道から考えると、「STAP細胞はあります」という立証責任は本来、小保方さんにあるわけです。なによりも「ありました」という論文が出ているのですから、それが真実であることを示すデータは小保方さんの側にあるはず。ただそれを出せばいいだけなのに、出てこないんだから「じゃあダメなんですね」という話になる。ただ、その理屈は世の中には通用しなかった。「不正があるって文句をつけるんだったら、ちゃんと科学的に立証しろ」みたいなことになってしまった。その後、科学の証拠がどんどん積まれたけれど、「決定打ではない」とCDBのトップが言い、文部科学大臣も「存在を否定されたということにはならない」と語り、なぜか「STAP細胞はなかった」という側がその証明をしなければならない流れになってしまった。不正と認定するためのハードルが不当に高くなっている、と思います。

森田　ハードルでもあるし、サイエンスの問題ではなくなった瞬間でもあるわけですね。

浅井　弁護士が入ってくると話が違う次元になるんですね。早稲田大学の博士論文問題もそこにくる。理研にしろ大学にしろ、科学研究規範があって、FFPの認定だけならある意味、科学的にきちんとできる。そこに小保方さんの弁護士が出てくると、「こう言った場合に法廷闘争で勝てるか勝てないか」という論議になってくる。弁護士が出てきたとたん、科学の問題ではなくなり、新聞社も両論併記となるわけです。政治記事だったら自民党はこう言った、民主党は、共産党は、公明党は、というように書いてバランスをとるみたいなやり方が、理研がこう言った、じゃあ小保方弁護士は何を言っているのか、カウンターコメントをちゃんと載せろ、みたいなことになる。科学的に正しいか正しくないかではなく、両論併記をせざるを得なくなってしまう。

青野　確かにそうですね。おっしゃるとおり。必ず代理人のコメントが入る、っていうことになる。

古田　うちはそのルールはないから、もっぱら科学の議論だけで書いてるけど、新聞はそうですよね。

森田　そこは一般紙と専門誌で状況がかなり違うと思います。一般紙がここから学ぶべきことはありますか。

浅井　日本では必ずしもミスコンダクト問題が裁判所で認められないんです。大学で研究不正が認められても、法廷闘争に入ると不正をした人に有利な結果になることもある。法律家から見れば、研究不正は刑法犯ではないから、ある意味、軽く見られてしまうのでしょう。だから相当敷居が高い。「絶対これはおかしい」「故意に不正をした」と証明しないと、研究所や大学側が負けてしまうことがあるのです。

青野　確かに弁護士が入ってくることによって、様相が変わることはすごくあります。調査委員会に科学界以外の人を入れることはいいんですが、今回の調査結果の文章は法律的な体裁をとっていて、サイエンスの検証の体裁とはちょっと違うものになっている、と感じました。

森田　弁護士が前面に出てきた段階で、出てくる文章はもうサイエンスの問題ではないわけですね。

古田　私の中では結論は出ていないんですが、サイエンスの研究不正は法廷で決着させる問題なんですかねぇ。

森田　そうではないけれど、裁判官に(サイエンスの問題を)軽く見られるところが新聞社内での力関係とも密接に関係している。犯罪なのかどうかという、ニュースバリューといえば変ですけれど、軽く見られるかどうかが論点になる。

古田　この問題は、あの論文や博士論文を読んでいかに科学的に問題があるかを肌身で感じている人ほど見方が厳しくて、逆にそれが想像できない人にはピンとこない話なんです。本来、それをつなぐのがわれわれメディアの役目です。私は広い意味での科学のコミュニティーの中にいるので、科学的な証拠で立証する以外のやり方を思いつかないし、そういう方向で記事を書いていますが、たぶんそれでは一般の人は納得してくれない。このままではいけないと思います。この状況が続くと、本当に科学はどうなってしまうんだろう、という危機感を感じます。

森田　その危機感はぜひ伝えてほしいと思います。ＮＨＫのサイエンスゼロの視聴率はざっと一パーセントといわれています。その数字が「この研究不正の問題はもう決着がついている」と思っている人の人口比を象徴していると思うんです。例えば学校の一つのクラスを見た時、これをサイエンスの問題として取り上げられる生徒は、クラスに一人いるかいないか。その数の差が新聞社の中での科学部の立場でもあると思う。圧倒的に数が違うわけですよね。科学ジャーナリズムだけじゃなくて、科学技術広報もそうです。科学はこういう価値観で動いているということを社会にぜんぜん伝えられてなくて、数の差の壁があるということを、われわれは扱わないといけないんじゃないかと思うんです。

青野　そこを、一般紙として一般の人にどうわかってもらえるか。小保方さんに実験をしてもらうことの是非という問題もある。ＪＡＳＴＪの例会で、改革委員会委員長の岸先生も「やってもらって、できないんだということを確かめるしか、納得してもらいようがない」というような発言をしていました。

古田　ただ、もしできなくても、全員には決して納得していただけないと思う。できない言い訳はいくらでも思いつきますし、小保方さんも「できませんでした」とは言わないでしょう。

青野　一般の人が納得するか、という話ですよね。

森田　これまで研究者はこういう（研究者性善説の）道徳・価値観をもっているという前提があった

んですよね。その前提を崩す人間が現れたということだと思います。時代はどんどん変わり、研究者のシステムもそれに追いついてない。それが社会に広まったときに、理解を得やすいのは研究者ではなくて、わかりやすく発言するほうだったりする。それを踏まえることがこれから科学を伝えていく上で重要な問題なんだと思います。

古田　理研はプロフェッショナルな科学者の集団ですが、その理研がなぜ科学の原則を曲げてしまうのか。それは裁判の話があるからだとの事情はわかりますが、「理研が科学を守らなくて、誰が守るんだ」という気持ちが正直私にはある。今回小保方さんがデータを出さないのは、戦略とか、実際にデータがないとか、いろいろあるとは思いますが、なぜ理研が科学の原則を貫かず、科学コミュニティーの信頼を落とすようなことをしたのでしょうか。理研は科学の議論に持ち込まず、科学の調査にも踏み込まずに幕引きをしようとして、一方で小保方さんには検証実験をしてもらおうとしている。理研が失ったものはものすごく大きいと思う。理研が科学の話をしないのであれば、メディアはいったい何をもって科学のルールを伝えればいいのか。それを代弁する声は今のところ、分子生物学会や学術会議の声明など、外野の声しかありません。

森田　理研の対応が裁判シフトになっていることは科学ジャーナリズムとして掘り下げるネタにはなりませんか。

古田　毎日新聞も日経新聞も、その背景を追求する連載はやっています。そういう意味では私どもも、小保方さん以上に、理研の対応の方がおかしいと思っています。

青野 危機管理という点から見ても、問題だった。

森田 もう一つ、早稲田の博士論文(の調査委員会報告)も法廷対策ではないですか。

浅井 早稲田大学の記者会見に行ってびっくりしたのは、大学に研究倫理の規定があるにも関わらず、法律論争として成り立つかどうか、つまり学位規定を法律論として「不正の方法」で、というところにこだわって議論を重ねている。私は、博士論文という学術の世界の話なので、学術の常識で論議してください、と言いたい。早稲田大学の報告書によると、博士論文のバックグラウンド、第一章ですね、ここはコピペなんですけれども、これは主要な部分ではないからといってお預けです。それはないだろうと思う。博士論文は、その人の研究者としての資質を問う論文なのですから、バックグラウンドはすごく大事です。にもかかわらず、実験の本質ではないからということでコピペが軽く見られていることに違和感を覚えています。

森田 小保方さん自身の記者会見で潮目が変わったように、理研の対応や早稲田の対応で科学が本来保つべき価値観が変わっていますよね。その中で、科学ジャーナリズムがすでに科学から離れたものを伝える時に考えるべき点はなんですか。研究者倫理という問題を考えた時、今はそれとはかけ離れた方向に全体の流れが進んでいる。科学ジャーナリズムとして、「研究者倫理はこうあってほしい」というものはありますか。

古田　「研究者倫理はこうあってほしい」というのは、われわれが望むものではなくて、もうすでに科学の規範として世の中に存在している。私たちにできるのは、その科学の土俵で議論することだけです。今、何が行われたのかを科学の方法で突き止めようとしている人たちが、理研の内外に何人もいます。日経サイエンスは「ＳＴＡＰ細胞は捏造ではないか」という方向に早くに舵を切ったメディアの一つだと思いますが、八月四日現在では、その根拠となった遠藤氏の遺伝子解析の論文が出ていません。[3]マスコミ報道しかないんです。もちろん、理研には正式な報告が上がっています。でもそれをメディアが伝えても事実認定にはならず、解説にしかならないので、最終的に論文が出てくることを心から期待していますが、いまだ実現していない。私たち科学誌ができることは、そうした表に出てこないものを報じていくことだと思う。

森田　毎日新聞は社説でなにを訴えたいですか。

青野　不正は必ず起こるわけです。そういう中で、どうすれば不正を抑えられるか、提案していく以外にないと思う。ルール、規則を厳しくするということでうまく行くとは思えない。

研究者同士のオープンな議論が不正を防ぐ一つの方法だとは思います。今回、小保方さん一人がＳＴＡＰ細胞を作っていて、周りは秘密主義だったので、中味が広く議論されなかったといわれています。そういう状況では、なかなか不正を防ぎにくくなるという面があると思います。

今回は、この人はここだけやる、あの人はここだけやるといった、典型的な分担研究が行われていて、誰一人としてちゃんと全体を見ていなかった。生命科学がそうなりがちな傾向があるのかもしれません。分担するにしても、それを全体として見られることが大事だよね、ということを重ねていけるといいのかな、と思います。

森田　浅井さんは。

浅井　私は、ミスコンダクトは必ずある、という前提で科学のクオリティーを見ていくことが大切だと思います。それからＣＯＩ（利益相反＝conflict of interest）を監視すべきであるということ。ミスコンダクトに関しては、アメリカのＯＲＩ（研究公正局＝Office of Research Integrity）のようなものを日本につくったらいい、という意見があります。だけど、まずリサーチ・インテグリティーが日本で理解されていない。インテグリティーには、キリスト教的な人間としての誠意、神に誓ってみたいな意味合いがあって、それをどう受け止めるか難しさがあります。先ほどのオープンな論議というのも大事な話だし、研究に立ち向かう科学に対する誠実さをもっとみんなが持てる、誇りが持てるような社会であるべきだと思うんです。ただ残念なことに、それ以前に「早く成果を出せ」「応用に結びつけろ」となってしまう。われわれマスコミとしても、これを正していかなければと思います。今回、そういうミスコンダクトとかリサーチ・インテグリティーに対して、大

3　遠藤氏の論文は二〇一四年九月二一日に日本分子生物学会の英文誌、Genes to Cells に掲載された。

学や理研、そしてマスコミも認識が甘かったということだと思います。

古田　現在、ネイチャー、サイエンスに掲載された論文は記者発表することになっていますね。Cellもそうです。私たちが科学記者になったころは、そんなことはなかった。私はその弊害が大きいと思います。以前は各社の記者が得意分野の研究動向を追っていて、論文が出たらその記者が書いたんです。記者発表もされないので、科学面など紙面にスペースがとれるまで待つことができた。背景もわかっているし、批判も十分に承知している記者だけが記事を書いていた。全紙に一斉に載るなんてめったになかった。そのときの方が研究者との関係も健全だった。研究者の方も、「この記者には話してもいいけど、この記者は理解できそうにないから話さない」とか、そういう選択ができた。今は、背景を知っている記者もそうでない記者も記者発表で書く。しかもリードタイムはものすごく短く、裏取りも難しい。そういう状況だと、今回のような問題は防ぎきれない。なんでもかんでも記者発表するのは、マイナスだと思います。

今回みたいな大ニュースは記者発表をするのも仕方がないと思いますが、基本的には発表しないで、記者と研究者が一対一の関係を構築した方が、長期的に見れば科学の健全性に資すると思います。

森田　科学の健全性については、そのとおりだと思う。ネイチャーにしても研究者にしても、研究機関にしても、広報にしても、マスコミにしても、いろんな共犯関係が出来上がっていて、歯車がどれ一つかけても回らないし、みんながっちりと共犯関係が組み上がっていて、それを崩すのが難しい。「他紙に抜かれてもいい」という意識はありますか。

古田　別に発表がなくても、記者は文句を言わないでしょう。私はむしろ発表をやめようと言いたい。

青野　私も、なにもかも発表しなくても文句はないと思います。しなくても、ジャーナルはリリースを流してくるし。

浅井　一般紙に記事を書かせることが、理研なり大学の広報担当者の仕事と見られている。財務省の役人はネイチャーを読んでいないし、政治家もそう。予算配分を決める人々が、ネイチャーやサイエンスを読まずに、新聞やテレビ報道を見たときの印象が、研究機関や研究内容の評価、ゆくゆくは研究費の配分につながってしまうという構造がおかしい。そこが誤解されている。

青野　そうですね。

森田　今回の報道では、若い女性研究者が出てきて一時は良い方向に進むかと思えたが、研究不正の問題が出てきて、一気にネガティブな方向に進んだ。女性研究者がリケジョとして注目されたこと自体はもっとポジティブに評価してもいいのではないのかという意見がありますが、みなさんはどうお考えですか。

古田　科学のビューティーは、男性だろうが女性だろうが、すごい成果をあげたらそんなことに関係なく評価されるというところです。世間のリケジョのイメージなど、どうでもいい。私は女性を科学の道にプロモートする必要はぜんぜんないと思っていて、研究者は男性でなくてはという考えを払拭するだけで十分です。女性だって研究者になることがあるということを覚えていていただければ、リケジョだとか、理系で輝く女性だとか、一切いらない。普通に男性も女性もいるでしょ、ということだけを思い出してください、と思う。自分もかつて理系の女子学生だったわけですが、そこをことさらに取り上げられても、励まされる気はしません。そう思う人もいるかもしれませんけど。

浅井 小保方さんのあの報道で、女性研究者が励まされるとか、頑張ろうと思ったかというと、あんまりそうではなかった、と思う。私の妻は理系の薬剤師なんですが、ぜんぜん思わない、という。だから、女性研究者を取り上げることが励ましているという前提が理解しがたい。女性の研究者をもっと増やすべきだとか、研究所の管理職に女性が少ないのはおかしい、とかそういう記事は良いと思います。

青野 私はああいう報道になった背景は、彼女が若い女性だったことと無関係だったとは思えない。一方で、理系の女性がそれによって励まされたかというと、どうかなと思う。私も理系の出身ですが、そういうことをされて勇気づけられるかというと、どうも違うと思います。理系の女性は、割と冷めた目で、報道を見たのだと思います。

これと直接関係ないかもしれませんが、新聞社で科学報道に携わって、私にとって良かったことは、取材先が取材者である私について、女か男かではなくて、科学がわかるかどうかでしか判断しないということ。そういう意味では、他の分野に比べて気持ちよく取材ができたと思います。

ＳＴＡＰに関連してコラムを書きました。それは、もし小保方さんの研究チームにシニアの女性研究者がいたら、こんなことにならなかったんじゃないの、という話です。「もっとノートを見せなさい」と言うとか、研究経験が浅いんだからもっと指導するとか、「データはどうなんだ」とチェックを入れたのではないか、と書きました。ここから汲み取るべき教訓は、もっと指導的な立場に女性を置こうということではないのか、と書いたら、特に女性からの賛同の声があった。社内からも、女性研究者からも。今の質問の直接の答えではないんですが、今回の問題はジェンダー問題を抜きには語れない、とも思うのです。

森田　冒頭でも述べましたが、この論文不正問題はまだ現在進行形の話でもあるので、今後の事態の進展を注視していきたいと思います。みなさまどうもありがとうございました。

青野由利

毎日新聞社科学環境部などを経て、論説室専門編集委員。著書に『宇宙はこう考えられているビッグバンからヒッグス粒子まで』（ちくまプリマー新書）など。東京大学薬学部卒、同大学院総合文化研究科修士課程修了。

浅井文和

朝日新聞社入社後、医学、医療、バイオテクノロジー、科学技術政策などを担当。連載記事に「患者を生きる」「がん新時代」「認知症とわたしたち」など。京都大学理学部卒業。

古田　彩

日本経済新聞社入社後、科学技術部、Nikkei Weekly 編集部、米シリコンバレー支局を経て日経サイエンス編集部次長。慶應義塾大学大学院理工学研究科物理学専攻修了。

森田洋平

高エネルギー物理学研究所（現・高エネルギー加速器研究機構）を経て、沖縄科学技術大学院大学准副学長。筑波大学大学院博士課程物理学研究科単位取得、理学博士。

ＪＡＳＴＪの活動　月例会

ＪＡＳＴＪの中心となっている活動の一つに、「月例会」の開催があります。ほぼ毎月一回のペースで、時事的なニュース・話題に関係する識者（科学者、技術者、産業人、研究者、行政官ら）を招いて話を聞き、参加者とのディスカッションが行われます。会員がニュースソースに触れることができるとともに、会員相互の情報交換の場でもあることから、時には終了予定時間を超過してしまうほどの活発な議論が繰り広げられます。

「見学会」も開催されています。例えば、国立科学博物館・特別展「深海」や、「最も先進的なプラネタリウム」としてギネス世界記録にも認定されている多摩六都科学館、アサヒビール茨城工場の見学のほか、国立天文台の協力を得て、ハワイの「すばる望遠鏡」の見学などが開催されました。専門家による詳しい解説を聞きながらの見学は会員にとって貴重な体験です。

これらの月例会、見学会のレポートが、会報「ＪＡＳＴＪニュース」に会員もしくは科学ジャーナリスト塾塾生の執筆により掲載されています。

（編集委員会）

近年開催された月例会

- 日本の漁業は復活できる！ ～乱獲から個別管理へ～（片野歩・seafood specialist） 2015 年 7 月
- 政治から見た原発問 ～超党派「原発ゼロの会」が目指すもの～（河野太郎・「原発ゼロの会」共同代表・自民党議員） 2015 年 5 月
- 先端遺伝子組換え技術とどう向き合うか（鈴木富男・農林水産省農林水産技術会議事務局） 2015 年 4 月
- コンピューターは人間の知性を凌駕するか ～人工知能技術の現状と展望（松尾豊・東京大学大学院准教授） 2015 年 3 月
- どうなる！日本の再生可能エネルギー ～その現状と課題（山家公雄・エネルギー戦略研究所株式会社所長） 2015 年 2 月
- エアバックリコール問題の背後にあるもの（清水和夫・国際自動車ジャーナリスト） 2015 年 1 月
- 医療ビッグデータ（日本医学ジャーナリスト協会と共同開催） 2014 年 12 月
- 原発のごみをどうするか ～日本学術会議の報告から（今田高俊・東京工業大学名誉教授） 2014 年 11 月
- STAP 細胞と日本の科学技術（岸輝雄・物質材料研究機構顧問） 2014 年 7 月
- 遺伝子組み換え技術の可能性と課題（田部井豊・農業生物資源研究所遺伝子組み換え研究推進室長）2014 年 6 月
- 秘密保護法を考える ～何がどう変わるか？ 今後の展開は？（中村多美子・弁護士）2014 年 4 月
- 低線量被曝の人体への影響を語る（崎山 比早子・元国会事故調査委員会委員・がん研究者）2014 年 3 月
- 秘密保護法とは何か ～その課題と今後（山中眞人・弁護士） 2014 年 1 月

※ 会員限定のサービスとして、講師の了解が得られた場合、インターネットによる月例会の動画配信を行っています。

「東海地震予知」の混迷をどう克服するか

横山　裕道

Ⅰ　はじめに

世界有数の地震国である日本は、東海地震に備えようと予知と防災を結び付けた世界で初の法律（大規模地震対策特別措置法＝大震法）までつくった。筆者も毎日新聞紙上で地震予知の問題をよく取り上げた。いまとなっては、地震予知のバラ色の未来を描き続けたと批判されても仕方がないのかもしれない。そして「あす起きてもおかしくない」とまでいわれた東海地震は一向に起きないまま、阪神大震災や東日本大震災が発生して大きな被害をもたらし、期待された予知は全く無力だった。いまや「地震予知は一般的に困難」とうたう政府の専門家会議の報告書も出た。

それでも国は東海地震の予知を目指す方針を変えず、大震法の見直しにも手をつけようとしない。これに多くの地震学者が反発し、地震予知をめぐる混迷が深まっている。なぜ、できもしない地震予知に政府や地震学者、マスコミまでが大きな期待を寄せ、結果的に国民までをあざむくことになったのか。社会全体がある方向に向かって進んでいるときに、「待てよ、大丈夫なのか」と立ち止まって考えることの重要さを示しているのではないか。科学ジャーナリストとして自らの反省を込めて地震予知の歩みを振り返り、現在の混迷からどう抜け出すべきかを考える。迫る南海トラフ巨大地震や首都直下地震などに的確に対応するために、予知に頼らない防災対策が大切であることは言うまでもない。

Ⅱ　東海地震説にスピード審議で世界初の「大震法」

「あす起きてもおかしくない」

「発生時期は切迫している」「あす起きてもおかしくない」と言われた東海地震説が発表されてそろそろ四〇年になる。東京大学理学部助手の若手研究者だった石橋克彦さん（現神戸大学名誉教授）が地震予知連絡会や日本地震学会の場で、静岡県の駿河湾を震源域とする東海地震の可能性を指摘したのは一九七六年のことだった。石橋さんが地震予知連絡会で配ったレポートのタイトルは「東海地方に予想される大地震の震源域―駿河湾地震について」となっていた。本人は東海地震ではなく、駿河湾地震と名づけていたが、その前文には次のように書かれていた。

「東海地方に発生が予想されている大地震の震源域は一般に考えられている『遠州灘～御前崎沖』よりも『御前崎沖～駿河湾奥』である可能性の方が高い。しかも、その発生時期は切迫していると思われるふしがある。よって可及的速やかに既存のデータの総点検を行い、駿河湾沿岸を中心とする地域を観測集中地域に格上げ指定して、予知の実現にまい進することが強く望まれる」

石橋さんは、当時学界で有力だった「駿河湾では地震が起こらない。次の東海地震は遠州灘地震だろう」という説が気になっていた。そこで過去に駿河湾の西海岸沿いが震度七の地震に襲われたことを調べ上げ、駿河湾周辺に一八五四年の安政東海地震（M＝マグニチュード＝八・四）以降、地震の原因となるひずみがたまっているとして、万全の体制づくりを呼びかけたのだった。地震予知研究・観測・防災業務などをすべて一元化した「東海地区地震予知防災センター」を地元の東海地区に置くといった踏み込んだ訴えをした。

当然のことながら、真下に震源域を抱える静岡県などを中心に大変な反響を巻き起こした。ちょうど中国が一九七五年の海城地震（M七・三）の予知に成功したと伝えられ、日本でも「川崎直下型地震騒ぎ」、静岡県・伊豆の地盤隆起の問題などが起こり、地震への関心が高まっていたときだった。地震学者たちによる地震予知連絡会はすぐ「古文書の記録から一八五四年の安政東海地震の震源域は遠州灘から駿河湾に及んでいた」などとする統一見解をまとめ、石橋説を追認する形になった。

こうした中で行政も動き出した。日本の地震予知計画を統括する文部省（現文部科学省）の測地学審議会は一九七六年一二月、東海地震の予知を成功させようと各大学の地殻変動連続観測や微小地震観測のデータなどを気象庁に集中して東海地方の二四時間監視を行い、観測データから地震が迫っているかどうかを判断する組織（判定会）を置くという建議をまとめた。気象庁へのデータ集中は進み、東海地域判定会も地震予知連絡会の下部機構として一九七七年四月に国土地理院に発足した。

わずか二カ月のスピード審議

判定会発足によって、東海地方に直前の地震予知情報が発表される可能性が出てきた。体制が何も整わないところに予知情報が出たのでは混乱が起こる。そこで中央防災会議事務局の国土庁(現国土交通省)が法案の検討に入り、一九七八年四月に地震防災対策強化地域の指定、強化地域の観測体制の整備、地震防災計画の策定、首相による警戒宣言の発令などをうたい、地震予知と防災を結び付けた大震法案が国会に提出された。

野党からも表立った反対意見は出ず、わずか二カ月の審議で大震法は成立した。強化地域に静岡県を中心に六県一七〇市町村(現在は八都県一五七市町村)が指定され、東海地域判定会も気象庁長官の私的諮問機関として地震防災対策強化地域判定会に衣替えされた。防災対策に多額の国費投入も始まり、東海地震を迎え撃つ体制は整ったかのように見えた。

東海地震の予知に確たる見通しも立たないうちに、なぜ予知を前提とした大震法ができたのか。地震学者たちが慎重であったのに対し、法案を提出した政府(国土庁、気象庁)が東海地震の予知の確実性が高いとして突き進んだという見方がある。その一方で、「地震学者の大勢は『観測網の強化で東海地震の予知は何とかなるのではないか』という考え方だった。気象庁がそれを代弁する形になった」という弁明も聞かれる。

ここで注目されるのは報道機関が大震法問題をどう報道したかだ。地震学者が国会で法案に慎重な意見を述べても、それを単に報道するだけで、報道機関として独自に大震法案の問題点を指摘し、疑問を呈するということがほとんどなかった。

毎日新聞の地震担当記者だった筆者は大震法が成立した翌年の一九七九年一〇月から一年二カ月にわたって「大地震　警報時代の幕開け」というタイトルの記事を科学面で五五回連載した。今後の課題などを詳しく取り上げ、原発やコンビナートの安全性、新幹線や超高層ビルへの地震の影響にも触れた。予知の成否では「空振りはあっても成算あり」とする予知推進派と予知悲観派を同じように扱った。それでも、連載のタイトルは地震予知の実用化時代に入ったという誤解を読者に与えたし、東海地震以外は心配ないというメッセージになったのではないかと思う。このほか一九八一年一二月に、東海地震の二、三日前の予知が有望になったという内容の記事を一面トップで掲載したりした。

Ⅲ　地震は複雑な現象と分かり、予知の楽観ムードは一転

阪神大震災で予知批判噴出

地震予知を前提とした世界で初めての大震法。東海地震の予知を成功させ、被害を大幅に軽減しようと意気込んだが、皮肉なことに地震は予想以上に複雑な現象であることが次第に明らかに

なっていった。地震学者からは「地下のうごめきを探るのは難しい」という嘆きの声が漏れた。そして一九九〇年代に入って、北海道・東北周辺で四つの大地震が発生し、さらに一九九五年一月には死者六四三四人の阪神大震災（兵庫県南部地震＝M七・三）の不意打ちを食らった。これらの地震はいずれも予知の対象外だったが、予知の難しさが一気にクローズアップされ、「東海地震の予知も無理ではないか」と予知悲観論が強まった。

政府は阪神大震災後に地震予知批判が噴出したことを無視できなくなり、予知体制の見直しを図った。二〇〇一年に東海地震の想定震源域を西側に広げ、翌年に地震防災対策強化地域を名古屋市なども含む八都県に拡大した。それに続いて中央防災会議は二〇〇三年五月、予知重視からの実質的な転換を打ち出し、建物の耐震化の促進など被害予防や地震発生後の復旧・復興に重点を置く東海地震対策大綱を決定した。全体として予知をあきらめないものの、予知ができない場合に備えた柔軟な対応をしていこうというもので、大震法制定から四半世紀経っての大きな政策転換だった。一方気象庁は、警戒宣言発令のレベルではなくても、前兆の可能性が高いデータが観測された場合は注意情報を出すことを決めた。

東日本大震災で「第二の危機」

政府の素早い対処で「第一の危機」はなんとか乗り越えることができた。阪神大震災後、全国的な

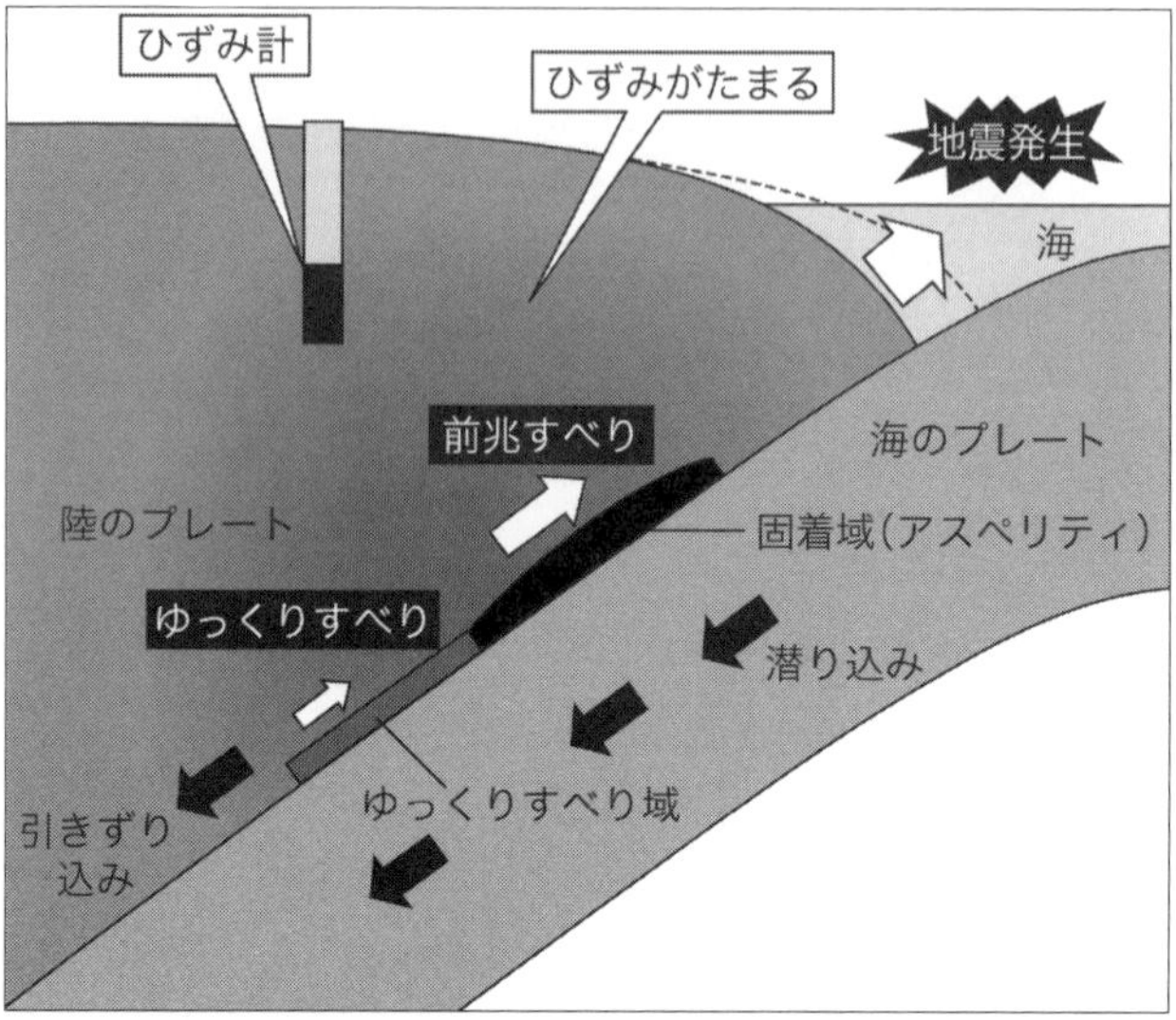

図　プレート境界面の前兆すべりとゆっくりすべり（『いま地震予知を問う』）〔化学同人〕より）

地殻変動や地震活動の観測網整備と地震研究の進展によって、大地震が発生する地下のプレート（岩板）境界面の動きがある程度つかめ、想定される震源域で前兆すべりが始まると地震発生につながると考えられた。プレート境界面は通常はぴったりとくっついている固着域と普段からゆっくりすべっている領域に分かれ、固着域が本格すべり（地震発生）を前にわずかに動き出すのが前兆すべりで、「前兆すべりを捕らえられれば予知は可能」というムードが高まり、地震学者たちは自信を取り戻しつつあった。

だが、地震という自然現象はやはり手ごわかった。死者・行方不明者一八〇〇〇人余という二〇一一年三月の東日本大震災をもたらした東北地方太平洋沖地震（M九・〇）は日本がかつて経験したことのない巨大地震だったのに、狙いを定めてきた前兆すべりは観測されず、地震予知はかなわなかった。確かにこの巨大地震も予知の対象外だったが、想定される東海地震の三〇倍ものエネルギーを持ち、GPS（全地球測位システム）など全国的な観測網も一段と強化されていただけに、予知悲観論は再燃した。地震学者の多くは「地震予知は駄目だ」と考えるようになり、まさに「第二の危機」の到来だった。

阪神大震災と東日本大震災の二つの大波を受けて、日本が目指した地震予知は終焉寸前まで来たと言ってもいいような事態だった。

二〇〇三年に毎日新聞から淑徳大学に職を転じていた筆者は、東日本大震災後に故郷の仙台市をはじめ東北の被災地を何度も訪れたが、津波で町並みが壊滅状態になった光景に、阪神大震災の神戸市の現場で感じたのと同じように、記者時代に東海地震の予知にこだわり過ぎていたことを恥ずかしく思い、「大被害をもたらす地震への備えについて、もっともっと書くべきだった」と強く反省した。

Ⅳ　「大震法を廃止し、判定会も要らない」の声高まる

「予知は一般的に困難」の報告書

東日本大震災では前震活動やゆっくりすべりなどはあったものの、前述したように肝心の前兆すべりはキャッチできなかった。「東海地震の予知も無理」という声が以前にも増して高まった。こ

写真①　東日本大震災で多くの犠牲者を出した宮城県三陸町の防災対策庁舎

れに対し、気象庁は「東北沖の地震の予知ができなかったからと言って東海地震の予知ができないことを意味しない」と弁明した。しかし、「M九は予知できなくて、M八は何とかなるというのは幻想か希望的観測に過ぎない」という指摘は重い。

さらに決定的なことが起きた。専門家による中央防災会議の「南海トラフ沿いの大規模地震の予測可能性に関する調査部会」は二〇一三年五月の報告書で、東海地震で目指しているような直前予知は「一般的に困難である」と結論付けた。政府が設けた専門家会議までが予知の困難さをはっきりと認めるという予想外の出来事だった。

また、イタリア政府が同国ラクイラで二〇〇九年に発生した地震をきっかけに国際地震予測委員会を組織したが、同委員会も地震の短期予測（直前予知）に関する知見を整理し、「前兆すべりに基づき地震の発生時期や場所・規模を狭く特定する決定論的な地震発生予測は一般的に困難である」とまとめていた。日本の東海地域も短期予測を検証する場所とみなされるとし、東海地震の予知に関しても厳しい見方をした。国内でも、そして国際的にも地震予知の困難さが浮き彫りにされたのだ。

東海地震は単独では起きない！

もう一つ東海地震の予知について注目すべきことがある。「あす起きてもおかしくない」の警告とともに東海地震説が登場したのに、東海地震は一向に起きないという、ほとんどの地震学者が予測できなかった事態が進行し、そのため「東海地震は単独では起こらない」という声が高まっているのだ。単独で起こらないなら、東海地震のみに絞って予知を目指すことにあまり意味がなくなってしまう。

もともと歴史的にも東海地震が単独で起きた記録は残っていない。直近の東海地震は一六〇〇年も前の一八五四年の安政東海地震（M八・四）であり、東南海地震と連動して起こった。翌日には安政南海地震（M八・四）が発生し、実質的には東海、東南海、南海の三連動地震だった。石橋さんが単独で起こる東海地震説を唱えた当初から、駿河湾を震源とする東海地震の単独発生の記録がないことは知られていた。地震予知連絡会などでも「駿河湾では単独で地震が起こらず、次回の東南海地震と一緒に起こるのではないか」「それなら起こるのは一〇〇年後かもしれない」といった議論が交わされた。それでも防災上の観点から、より危険性の高い、単独で東海地震が起こるほうに賭けたことになる。やむを得なかった面があるにしろ、これが裏目に出た。気象研究所の最近のシミュレーションでも、東海地震が単独で発生するシナリオは得られなかったという。

大震法にはもともと「どんな地震でも予知できるという幻想を国民に与えた」「ほかの地域の防災軽視につながった」という根強い批判があった。そして東北沖の巨大地震の予知ができなかったことや、専門家会議の「予知は一般的に困難」という報告書が出たことが重なって地震学者を中心に「大震法を廃止ないしは見直せ」の声が一段と高まった。同時に東海地震の予知を目指す地震防災対策強化地域判定会にも批判の矛先が向けられた。「有力な地震学者が判定会に加わっていることは、地震は予知できるという誤解を国民に与え続ける」という理由からだ。

V　予知をめぐる混迷が深まる中で迫る南海トラフ巨大地震

「大震法はよく考えた法律」と気象庁

いまや孤立無援と言ってもいい大震法。政府はいったん制定した法律を改正したり、廃止するのはメンツもあってなかなかできないが、本当は困っているのかもしれない。そう考えて気象庁や内閣府(防災担当)、文部科学省を二〇一三年七〜九月に取材したが、意外な答えが返ってきた(肩書は当時)。

気象庁の土井恵治地震予知情報課長は「東海地震の予知は不可能ではなく、予知をやめなさいとはどこからも言われていない。(警戒宣言につながる)予知情報を出せると思うので、手がかりを見逃さないように観測を続けていく」と淡々と述べた。そのうえで、「大震法はよくできた法律だと思う。気象庁の予知情報が出て警戒宣言が発令されるとき、何をするかが決まっていないと駄目だが、大震法はその辺のところをうまく定めている。よく考えて作った法律だ」と強調した。「よく考えた法律」の言葉の中に、政府の大震法に対するこだわりがよく表れているのではないか。

内閣府防災担当の藤山秀章参事官や、政府の地震調査研究推進本部などの事務局となっている文部科学省地震・防災研究課の森沢敏哉課長はそれぞれ、「東海地震の確度の高い予測は確かに難しいが、一〇〇%できないとはどこも言っていない」「東海地震の予知の可能性はほかの地域の地震に比べれば高く、いまの気象庁の取り組みを否定はできない」と土井課長に同調する。このように予知をめぐる行政と地震学者の意識のギャップはあまりにも大きい。専門家会議が地震予知は困難だというのに、政府は大震法に基づいて予知を目指すというのは大いなる矛盾ではないか。静岡県などの住民は戸惑うことだろう。

南海トラフ巨大地震が大きな焦点に

予知をめぐる混乱が続く中で、今度は東海地震を含む南海トラフ巨大地震が大きな焦点として浮上してきた。このM九・一の巨大地震が駿河湾から九州東方沖にかけて延びる南海トラフで起こると、激しい揺れと最大三四メートルもの大津波によって死者は東日本大震災をはるかに上回る約三二万人、負傷者は約六二万人、全壊・焼失建物約二三九万棟、避難者は約九五〇万人というものすごい被害が予想される。このほか三〇〇〇万人以上が断水、二七〇〇万軒以上が停電に見舞われ、災害廃棄物も三・一億トンに上り、経済的被害は二二〇兆円に達するという。その影響は西日本のみならず、国全体に及ぶ。復旧復興には長い年月を要し、世界経済にも大きな打撃を与えるだろう。

こうした被害想定をまとめた中央防災会議の「南海トラフ巨大地震対策検討ワーキンググループ」は、防災対策の検討には想定する大地震の発生時期を予測できるかどうかが重要な論点となるため、その下に専門家会議を設け、それが前述したように「予知は一般的に困難」という結論の報告書をまとめたのだ。南海トラフ上の地震、実質上は東海地震の直前予知に厳しい見方を示したのだが、報告書は次のようにも述べている。

「ゆっくりすべりが拡大しているなど、プレート間の固着状態に普段と異なる変化が観測されている時期には、不確実だが、地震発生の危険性がふだんより高まっているとみなせる」。これによって東海地震の予知が何とか首の皮一枚がつながった感じだ。本当に「危険性の高まり」を言えるなら意味があるだろうが、東海地震の予知の全面否定ではない点が政府にとって都合がいいことを忘れてはならない。

南海トラフ沿いで起こる地震は非常に多様性に富むことが、次に起こる地震の規模（広がり）や発生時期の予測を難しくしている。南海トラフ沿いには大ざっぱに分けて西から東に南海、東南海、東海の三領域があり、その時によって三連動などさまざまなタイプの地震が発生している。直近では一九四四年の東南海地震（M七・九）と四六年の南海地震（M八・〇）が起きた。専門家会議は報告書の中で三連動地震発生の可能性に言及しつつ、現段階では東海地震の単独発生か、それ以上に広がるか分からないとしている。

予知をめぐる新たな難問も

一方で日本の予知体制や地震対策を見ると、明確に東海、東南海・南海の二つの領域に分けていることが浮かび上がってくる。東海地震に関しては大震法で警戒宣言発令の体制を整えて地震防災対策強化地域を指定し、東南海・南海地震に関しては別の特別措置法で地震防災対策推進地域を指定していた。これが新たに二〇一三年一一月に成立した南海トラフ巨大地震対策特別措置法によって、南海トラフ地震津波避難対策特別強化地域と南海トラフ地震防災対策推進地域を指定したが、大震法による地震防災対策強化地域はそのまま残ったため、二つの領域の差は依然として存在する。さらに地殻変動などの観測体制にも大きな違いがある。前兆すべり検出に気象庁が期待する体積ひずみ計は東海地域に二七カ所設置されているのに、南海・東南海領域の四国や紀伊半島にはない。

予知をめぐって新たな難問も浮上してきた。仮に気象庁が望むような直前予知がなされても、あるいは専門家会議が指摘するような「危険性の高まり」が分かった場合でも、南海トラフ巨大地震を意識すると情報をどう伝えるかが大問題となる。東海地震の警戒宣言が出ると、東海地方は大震法により新幹線が止まるなど戒厳令下のようになるが、近畿や四国には規制が及ばず、住民は普段の生活ができる。そこで気象庁は内々に予知情報で近畿・四国にも注意の呼びかけを考えているが、本来その権限はない。「危険性の高まり」をつかめても、何を根拠にどんな情報を発表するかが大きな問題だ。

可能性は非常に小さいにしろ、前兆現象が東海地方以外で観測された場合もやっかいだ。四国沖や紀伊半島沖で前兆すべりが始まれば、南海トラフ巨大地震の発生は十分考えられるが、そうしたケースだと現行法では何らかの情報を出す仕組みにはなっていない。気象庁はここでも「予知情報的なもので国民に注意を呼びかける」と言う。しかし、自前の体積ひずみ計がないからとっさの判断ができない可能性があり、法的権限がないのに危険を知らせる情報を流せるかという問題もある。積極的に情報を出して結局は地震が起きなかった場合、どう責任を取るのだろうか。少なくとも南海トラフ巨大地震対策の一体化の必要性が浮かび上がってくる。

Ⅵ　被害軽減と国際貢献に向けて出直しを

基礎研究重視と予知に頼らない防災対策

東海地震の予知をめぐってこのままの状態が続くようならば、南海トラフ巨大地震などの防災対策にも影響を与えかねない。今後、日本の地震予知研究をどんな方向にもっていくべきなのか、を判断するために国家プロジェクトでの地震予知計画と大震法の問題を含め、予知体制の厳しい検証が欠かせないだろう。ここまで来た以上、大震法は廃止を含め根本から洗い直す以外にない。出直すいい機会ではないか。

一九六五年度から続く地震予知計画は半世紀になるのを前に二〇一四年度から初めて「地震予知」の言葉が取れ、「災害の軽減に貢献するための地震火山観測研究計画」となった。ここは思案のしどころだが、地震予知をすっぱりあきらめる必要はないと思う。将来、もし地震予知が可能になれば被害軽減に役立ち、国際貢献にもなることから、予知研究を続けてもいいだろう。ただし、それには前兆すべり検出一本に絞ることをやめ、地震の基礎研究を重視するなど、これまでとは違った新しい発想で予知研究に臨む必要がある。

実用的な地震予知が当分はできそうにないと分かったいま、地震学者も行動を起こすべきである。社会が地震予知に過剰な期待を持ち続けたことは間違いない。地震学が未熟である現状や等身大の地震学を分かりやすく説明していくことが、地震学者に求められる。地震学者がいくら「地震予知は現状では無理」と言っても、大震法がある限り、そうは見られない。実情に合わない大震法の問題点を指摘し、廃止や見直しを求めるべきだろう。

いまは地震予知ができないことを前提に防災対策を進めることが不可欠だ。「地震は防げなくても、事前の取り組みで地震の被害を最小限にできる」という減災や事前防災がキーワードになる。緊急地震速報が場合によっては地震予知並みに効果を上げることも考えられ、緊急地震速報の信頼性向上に力を入れることも求められる。

津波対策に懸命の自治体

さて東日本大震災の教訓として政府から突然、南海トラフ巨大地震の警告を受けた自治体は事態をどう受け止め、予知の問題をどう考えているのだろうか。筆者は二〇一三年九月、特に津波によって大変な被害が予想される高知県黒潮町、和歌山県串本町、三重県尾鷲市を訪れ、各市町

写真②　南海トラフ巨大地震が発生すると東西から津波が押し寄せる和歌山県串本町の中心部

の防災担当責任者に意見を聞いた。黒潮町は「あきらめない。揺れたら逃げる」をモットーにし、串本町では「一秒でも早く、一メートルでも高く避難する」を目標にしている。尾鷲市は「さらに一段高い避難場所を探す」ことを呼びかけていた。津波への警戒を最大の目標にしていることをひしひしと感じた。

南海トラフ巨大地震の予知に関しては「これまでは予知と言っても後出し情報だけ。東日本大震災も予知はできなかった。そういう現状では住民の安全を守るには使えない」といった声が聞かれ、三市町とも地震予知を冷めた目で見ていることが分かった。少し安心した。一方で静岡県の担当者は南海トラフ巨大地震の予知に期待をかけていた。当初から東海地震の強化地域に指定されていた静岡県と、そうではない三市町ではおのずから予知をめぐる考え方に違いが出てきても不思議ではないのかもしれない。

地震予知をもっと批判的に見るべきだった

筆者が毎日新聞時代に東海地震に関して最後に執筆した社説は、二〇〇二年七月一六日付の「巨大地震対策　まず大震法の見直しから」という見出しのものであり、「いま一番必要なのは、四半世紀も前の大震法を新たな科学的知見を基に見直すことだろう」と主張した。その時点ではさすがに大震法が実情に合わなくなったことを指摘しているが、それまで長期連載「大地震　警報時代の幕開け」などで地震予知が有望だと主張し続けた責任は重い。いまなお予知をめぐって混乱状態が続く原因の一つだったのではないかとさえ思う。

現在、STAP細胞が「存在するのかどうか」で大きな問題になっているが、各報道機関はSTAP細胞の最初の発表の時に大いに持ち上げ、一転して疑惑が浮上して自らの報道責任を問われている。筆者を含め、これまでの地震予知報道はそれと似ている面があったのかもしれない。当時どうすべきだったのかいい考えは思い浮かばないが、ムードに流されず、地震予知をもう少し批判的な目で見続ける必要があったと自戒している。

NHKは二〇一三年九月一日の防災の日に特集「メガクエイクⅢ巨大地震　南海トラフ　見

え始めた予兆」を放送した。南海トラフ沿いで起こる地震を予知しようと日々、観測・研究を続けている地震学者たちを取り上げているが、南海トラフ巨大地震の予知が有望になったというトーンで貫かれていることに強い違和感を持った。これを見た人は南海トラフ巨大地震の予知はできると誤解し、津波危険地域の人たちは警戒宣言が出てから逃げればいいと安易に考えたかも知れない。公共放送のＮＨＫがこれまでの反省もなく、いまだにこんな番組を作っていていいのか、と怒りさえ覚えた。

筆者は地震予知の問題を取材し直し、二〇一四年二月に化学同人から『いま地震予知を問う　迫る南海トラフ巨大地震』を出版した。自らの反省を込め、国に出直しを促したいからだった。「一気に読んだ」「地震予知の現状がよく分かった」など好意的な感想があった一方で、「『新しい発想で地震予知研究に取り組め』と言っているが、まだ地震予知の幻想を振りまき続けよ、というのか」「地震予知は科学用語ではなく、政治用語であり社会用語である」といった反論もあった。政府関係者からは「この本を周囲にはお薦めできません」というコメントがあった。

いずれにしろ、地震予知についてはまださまざまな考え方があり、民間の地震予知研究者によるいい加減な予知情報が飛び交っているのも実情だ。早く地震予知をめぐる混迷状態から抜け出すことが、日ごろ地震による被害に苦しめられている日本にとって重要なことだと思う。一般の人々に地震のことを正しく理解してもらううえで、いまある地震予知への安易な期待感を払拭することが欠かせない。

参考図書

ロバート・ゲラー『日本人は知らない「地震予知」の正体』双葉社(二〇一一年)
島村英紀『公認「地震予知」を疑う』柏書房(二〇〇四年)
日本地震学会地震予知検討委員会編『地震予知の科学』東京大学出版会(二〇〇七年)
茂木清夫『地震予知を考える』岩波書店(一九九八年)
横山裕道『次の大地震大研究』光人社(一九九五年)
横山裕道『3・11学　地震と原発そして温暖化』古今書院(二〇一二年)
横山裕道『いま地震予知を問う　迫る南海トラフ下地震』化学同人(二〇一四年)

横山裕道

毎日新聞科学環境部長・論説委員、淑徳大学国際コミュニケーション学部教授などを歴任。著書に『地球温暖化と気候変動』(七つ森書館)、『三・一一学 地震と原発そして温暖化』(古今書院)など。淑徳大学客員教授、ＪＡＳＴＪ理事。一九四四年生まれ。東京大学大学院理学系研究科修了。

「安心」と「覚悟」を制御
——リスク報道はまっとうか

武部　俊一

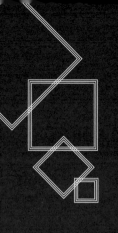

ジャーナリストの役割

「安心」が渇望されている時代である。それほど世の中は「不安」に満ちているということか。確かに新聞やテレビなどでは連日、命にかかわる数々の事故・事件が報じられ、地球温暖化や放射能汚染などの心配ごとが伝えられている。

一方、「日本人の平均寿命(零歳の平均余命)」は世界のトップ水準にある。厚生労働省が公表した二〇一四年簡易生命表によれば、女性の平均寿命は八六・八三歳で、三年連続の世界一位を保ち、男性は歴代最高の八〇・五〇歳(世界三位)に上がった。

いま七〇歳になる女性が生まれたころの平均寿命は五〇歳程度だったから、長生きの社会になったものだ。日本人が急に丈夫になったわけではなく、医療の進歩や生活環境の向上によるところが大きいと思われる。

寿命延長や快適生活という便益をもたらした科学技術は、使い方を一歩誤ると人間や自然に害を及ぼす「リスク」を秘めている。鋭敏な分析技術や予測技術は、かすかなリスクや遠い先のリスクを探知する。これも命をのばすことに貢献するが、心配の種にもなる。

リスクを減らすにはコストがかかり、リスクを避ければ便益のチャンスを失うこともある。リスク情報が正確に公開され、それを受け取る側が正しく理解して、リスクとつきあう「覚悟」を決める。それこそが、二一世紀に真の「安心」社会を築くために必要なことだ。多様なリスクを探知し、評価し、伝達することを通して、人々の「覚悟」と「安心」をうまく制御する情報を提供するのが、ジャーナリストの大切な役割だと思う。

なじみが薄いリスク概念

マスメディアは何事も危険か安全かで片付けてしまうという批判がある。そこで、どれほど危険なのか、どれだけ安全なのかを確率的表現で伝える「リスク報道」が大切になる。ところが困ったことに、日本語の中に「リスク」にあてはまる言葉がない。「危険性」と訳したこともあったが、それは誤解を招く。低リスクは「安全性」にも通じるからだ。

もともと「リスク(risk)」という言葉は、一五世紀の大航海時代に、富を求めて船をこぎ出すという意味で使われたイタリア語rischiareに起源を持つといわれる。英語の辞書をみると、「危険」を表す言葉としてdanger, hazard, peril, jeopardなどいくつかの単語があり、それぞれ微妙に意味が違う。riskは「何らかのチャンスを求めて自発的に冒す危険」という意味合いがあるようだ。こういう危険のとらえ方は、日本の言語文化の中にはなかったのではないか。

どの文化でも、日常的に深くかかわる対象を表す言葉は細かく分化している。イヌイットは「雪」について、ベドウィンは「ラクダ」について豊富な語彙(ごい)を持っている。日本の漁民たちは、ブリの成長段階に応じてモジャク、イナダ、ワラサなどと細かく使い分けてきた。

こうしてみると、リスクという概念は、多様な自然の脅威や社会の危険性と共存してきた文化の中で生まれたのだろう。そうした土壌で育った近代科学・技術は、自然を解明し征服することを通して、身の回りのリスクを減らすことをめざした。

文明社会は飢えや寒さを克服し、便利な生活をもたらした。一方で、科学者の探究心が隠れたリスクを発見し、技術の産物が自然を破壊した。交通機関や情報通信の高速化・過密化など、人間精神を損なう新たなリスクも生んでいる。現代社会で安心して過ごすためには、リスクとうまくつきあわなければならない。

リスクとつきあう覚悟

リスク・コミュニケーションとは、リスクから逃げるためではなく、リスクを直視するための知恵の伝達だ。そこにも文化による差がある。生物学者の柴谷篤弘・京都精華大学名誉教授は「リスクとは、危険がありうることを意識したうえで、あえて、ある行為を自主的に選ぶことだが、日本では、個人が自分の危険負担で、自分の思い通りのことを実行することに対して、公衆の側で忌避・非難の気配がある。このことが、自ら招いた失敗や被害を管理者の責任にしたがる風潮につながる」と指摘している（論文『英語と日本語の間』）。日本人のリスクとのつきあい方の一面を突いている。ことが起こると「役所は何をしているのか」となじるのは報道機関がよくやるパターンだ。

私は身の回りや旅先で「警告・注意書き」の立札を収集している。持って帰るわけにはいかないので、カメラに収めてくる。日本では圧倒的に「何々してはいけません」の掲示が多く、危なそうな場所には管理当局の「立ち入り禁止」看板がかかっている。

写真１　カリブ海のオランダ領アルーバ島の小山に掲げられている看板。

欧米の観光地では、「あなたの自己責任で」という表示をよく見かける。カリブ海のオランダ領アルーバ島には、高さ五〇メートルほどの一枚岩の小山があって、綱を頼りに登ると島を一望できる。登り口に看板があった。「この石段を登るのは、あなた自身のリスクで」と書いてあった（写真1）。ふうふういいながら挑んだら、絶景が楽しめた。

米国ハワイ島のキラウエアは、地球の躍動が直に感じられる火山だ。真新しい溶岩の近くを車道が走っている。一九九九年にわが科学技術ジャーナリスト会議（ＪＡＳＴＪ）の「すばる」望遠鏡見学旅行のついでに訪れた際、車の行き止まりのところに「ここから先は極めて危険。溶岩原は警告なしに崩れる」という立札があった。それでも進入禁止ではなく、入っていく観光客もいた。数年後に再訪したら、その一部が焼けただれていた（写真2）。三たび二〇一三年のＪＡＳＴＪ見学旅行で訪れてみたところ、その少し手前で「監視員はいません。これより先は火山の噴煙などのHAZARDがあります」という看

写真２　米国ハワイ島・キラウエアの「ここから先は極めて危険。溶岩原は警告なしに崩れる」との立札。

写真３　米国ハワイ島・キラウエアの「監視員はいません。これより先は火山の噴煙などのHAZARDがあります」との立札。

板に出会った(写真3)。溶岩原がどんどん広がり、確かに危険はひそむが、それを承知のうえで、各人のリスク負担で、世界最大の活火山に親しむのを容認している。

アリゾナの渓谷には「低リスク」という立札まであった。「水辺の活動はあなたのリスクで。ここには救助員はいません」という掲示が添えてある(写真4)。

写真4　米国アリゾナの渓谷。「水辺の活動はあなたのリスクで。ここには救助員はいません」との立札。

日本でもこのように、自己の判断と責任で自然と戯れるという選択肢があってもいいのではないか。それが自然の驚異とともに脅威を知り、災害や事故のリスク認知力や回避力を強くすることにもなる。自己責任には、リスクの事前察知が前提となる。

二〇一四年のゴールデン・ウィーク中に新潟県の海岸で遊んでいた家族連れら五人が溺れるという悲しい事故があった。山国の観光客たちも訪れることのある海岸に、地元の人たちは承知の「引き波」の危険性をわかりやすく知らせる警告表示がなかったようだ。

驚異と脅威が併存する自然に対するのと同様に、便益と災いの両方を秘める科学技術とうまく共存していくにも、基本的には、リスク覚悟の社会を構築しなければならない。そういう社会をつくっていくためには、いくつかの条件が満たされることが必要ではないかと思う。その条件とは、

▽リスク情報が正確に、分かりやすく公開されていること。
▽情報の受け取り手が正しく理解して、合理的な判断をすること。
▽リスクを最小限にする技術的、社会的仕組みが整えられていること。
▽個人的便益と社会的コストの間でバランスがとれていること。

こうした点をデータに基づいて点検・吟味し、読者や視聴者にすみやかに伝えることがリスク報道に求められる。

リスク報道の功罪

一昔前の日本の新聞や放送では、「リスク」という言葉は、株価や為替レートなどに関する経済用語としてしか登場しなかった。最近では、医療や技術にからんで、新聞記事に散見されるようになってきた。たとえば「パートの女性、高い早産リスク」「糖尿病、がんリスク一・二倍」「一日四〇

分動けば達者に、がんや認知症リスク二割減」「脳卒中リスク自分で分かる」「福島原発事故の影響 一部乳児がんリスク増」「温暖化で洪水リスク四倍」といった見出しが載っている。具体的な数値が伴う表現もふえている。

リスク報道に合わせて、記事の中に確率的表現が増える傾向にある。たとえば、浜岡原発の立地について、東日本大震災前の二〇〇九年七月に「今後三〇年に震度七の地震が発生する確率が六%の地域に該当している」（朝日新聞）という記事が載っていた。確率六%というと決して小さな数字ではない。それが、運転を停止しなければならないほどの大きさなのか、継続するとしたらどのような対策を講ずるべきなのか。原発の自然災害リスクを制御するには、そのような議論が必要だった。福島原発の惨状をみるにつけても、地震や津波のリスクを直視し、対応を社会に促すことを怠ったジャーナリストの責任を感じる。

一般人が確率的な表現を受け入れる素地は育っている。天気予報で新聞やテレビが報じている降水確率は、いまやおなじみだ。降水確率三〇%とは「この予報が一〇〇回発表されたとするとき、そのうち三〇回ほど実際に一ミリメートル以上の雨が降るということ」と気象庁は説明している。この理屈はさておいても、私たちは降水確率を日常行動の指針に利用している。慎重な人は二〇%でも雨具を用意するだろうし、置き忘れを心配する人は四〇%でも傘を持っていかないかもしれない。

安全か危険か、白黒の判断を専門家やお役所に迫る風潮の強い日本で、リスク報道を通じて確率的な考え方が、個人の自立的なリスク判断を促すことは好ましい。そこでジャーナリズムが、リスクと正しくつきあう文化を育てるのに役立っているかどうかが問われることになる。

不確実性に富む時代にあって、マスメディアがリスク報道に力を入れていることは確かだ。小さな危険にも敏感になり、安全への要求が高まっている人々に応えようとしている。ニュース・メディアには「はやく、わかりやすく、おもしろく」伝える使命もある。読者や視聴者の興味をあおるあまりに、リスクを誇大化したり、単純化したりしがちだ。時間に追われて不確実なものを確定的に報道することもある。

リスク報道には、先見と扇動というジャーナリズムの両面が共存している。いち早く危険を察知して警鐘を鳴らす良い面と、いたずらに人を驚かす悪い面だ。そこにメディア同士の特ダネ競争や、メディアを利用しようとする政界、経済界、市民団体の利害などがからんで、リスク・コミュニケーションが歪められることが少なくない。

リスク取材の戒め

地球温暖化問題にメディアの関心が集まり始めた一九八〇年代末、米国モンタナ州で開かれた環境報道のシンポジウムに出席したことがある。そこで米国環境保護庁（ＥＰＡ）が作成した「環境リスクを説明する」と題する小冊子が配られた。リスク報道で、メディアを相手にする際の心得をまとめたもので、ジャーナリストの特性を以下のように紹介している。ジャーナリストの立場で全面的には納得できないものの、今でも戒めとしている。

▼科学よりも政治にニュース価値を置く。

▼安全よりも危険にニュース価値を置く。

▼危険か安全かの二つに単純化する。

▼記者は真実ではなく、見解を取材する。

▼記事を特定の個人の話に仕立てる。

いずれも、リスク取材・執筆の欠点を鋭く突いている。確かに、リスクは科学的評価論議よりも政治的論争の記事や番組として伝えられることが多い。その方が人々を引きつけるからだ。リスク情報を当事者の政府や市民グループだけから入手し、中立の専門家にリスクの程度を取材することをおろそかにしがちだ。温暖化問題でも、国際政治の潮流に沿ったＩＰＣＣ（気候変動に関する政府間パネル）のプレスリリースを金科玉条とし、「温暖化の主因を温室効果ガスにする科学的根拠は薄い。自然変動がかなり含まれる」という気象学者の声にはあまり耳を傾けてこなかった。世界が脱炭素社会を志向するのは当然としても、科学によるリスク評価と政治によるリスク管理を区別して伝えるリスク・コミュニケーションが必要だ。

起こる確率が低くても危険報道を優先することは、「珍しく、人が驚く出来事ほどニュース価値が高い」という、ジャーナリズムの体質に根ざしている。確かに「犬が人を噛む」より「人が犬を噛む」方がニュースなのだ。これが行き過ぎるとセンセーショナリズムに陥る。ただ危険の警鐘は、安全の保証よりも緊急を要するので、メディアが重視するのは当然である。安全性がいかに損なわれていったか、危険性がどのように克服されたか、その過程を追跡する取材が大切だ。たとえば、「環境ホルモン」の呼び名であれだけ大騒ぎした内分泌かく乱物質の人体リスクについても、報道の検証をしなければならない。

「科学にとって客観的とは、真実を求めて証拠に忠実であることだが、ジャーナリズムにとって客観的とは、対立する見解のバランスをとることだ」という批判には、いささか異議がある。アカデミズムもジャーナリズムも真実を求めることに変わりはないが、アプローチの仕方や発信のテンポに違いがある。

ジャーナリストがリスクを察知し、警鐘を鳴らすことはできても、思い込みでリスクの程度を評価することは避けるべきだ。しかし、真偽がはっきりするまで報道を差し控えていたのでは、予防の使命が果たせない。対立する見解は、社会がリスクを判断する参考にはなる。その際、単に政府や専門家の意見を羅列するだけではなく、隠れたデータを掘り起こす調査報道が大切になる。事実の積み重ね以外に真実に迫る道はない。

安全と安心のはざまで

「安全」で信頼を得ていないものほど「安心」を強調する嫌いがある。だが、科学的な「安全」データに基づかない政治的「安心」対策は、むしろ社会を惑わす。牛海綿状脳症（ＢＳＥ）をめぐる日本でのリスク・コミュニケーションのつまずきも、「安全」と「安心」のはざまで起きた。

英国でＢＳＥ問題が発覚した一九九〇年代半ば、農水省は日本に飛び火するリスクを否定して、病原体に汚染された輸入肉骨粉の規制を怠った。そして二〇〇一年に国内でＢＳＥが発生するや、当初はＥＵ並みの生後三〇か月以上の牛を対象とした検査を検討していた政府は「消費者の不安を解消するため」と唱えて、一転して世界に類のない全頭検査に踏み切った。

若い牛はＢＳＥに感染していても、検査ではまず見つからない。ＢＳＥ発病の九九・九五％は三〇か月以上の牛である。牛肉の安全を保証するには、病原体がいるかもしれない危険部位の除去が最優先である。科学的には、ＢＳＥ感染リスクを下げるためには、全頭検査は意味がないのである。政府は検査対象を生後二一か月以上の牛に変更したが、多くの地方自治体は長期にわたって手間とお金のかかる全頭検査を継続していた。

国際獣疫事務局（ＯＩＥ）科学委員会は二〇〇九年五月二六日、日本のＢＳＥステータスをやっと「管理されたリスクの国」と認定した。肉骨粉の汚染がクリアされ、危険部位の除去が適切に行われているとみなされたからで、全頭検査が評価されたわけではない。以前、パリのＯＩＥ事務局を訪れた自民党調査団が「全頭検査で日本の対策は万全」と誇ったのに対して、事務局長に「三〇か月未満の牛を検査するのは評価できない。消費者への配慮は政治的な問題だ」とたしなめられていた。獣医学者の唐木英明・東大名誉教授は「全頭検査神話」という論文の中で次のように述べている。

「『人間の健康に被害があるリスクについて優先的に対策を行い、健康に被害が出ない小さなリスクには費用をかけない』ことを原則とする現実論に比べて、『どんなに小さいリスクでも、消費者が望むのであれば、可能な対策はすべて実施すべき』というゼロリスクの理想論は常に人気が高い。報道関係者も現実論に対しては否定的に報道することが多い。対策を必要とするリスクは多い。科学的な正当性に基づいて費用対効果の計算を行い、リスクの相対的な大きさに応じたリスク管理を行うことが社会的公平につながる。」（日本獣医師会雑誌、二〇〇七年六月号）

ＢＳＥから人間の新型ヤコブ病を発症することは最小限に抑えなければならないとしても、リスクゼロにする社会的コストをほかにかければ、どれだけの健康リスクを下げられるか。このような視点は、リスク報道全般で配慮しなければならない。福島原発事故の後始末をめぐっても、放射線の低線量被ばくのリスクと住民の故郷帰還にも厄介な問題がからんでくる。膨大なコストを除染作業と生活復帰支援の兼ね合いでどのように配分するか、住民が適切な判断を下せるような情報をさらけ出すことが肝心だ。

転ばぬ先の杖を的確に

リスク報道にからんで「予防原則」という言葉がよく使われるようになった。不確実性を含んだリスクに関して、科学的な因果関係の証拠が不十分な段階でも、取り返しがつかない影響が出るおそれがある場合には、前もって規制や禁止などの対策に踏み切るという考え方だ。

英語“Precaurionary Principle”の和訳だが、差し迫った危険の予防ではなく、リスクに対処する心構えのようなものだから、「用心」原則といった方がいいかもしれない。科学史家の村上陽一郎・東大名誉教授は、いみじくも「転ばぬ先の杖」原則といっている。

杖だとしても、問題は、社会がどんな杖を備えたらよいかだ。木の杖では頼りないからといって、鉄の杖にしたら重くて使いづらい。チタンの杖ではお金がかかりすぎる。

世の中はリスクに満ちているが、転ぶのをおそれるあまり、杖に頼りきるのは健全な社会ではあるまい。子どもたちの遊び場から危なそうな遊具が姿を消し、川へ行けば「遊んではいけません」の立札が目立つ。こんなことでは、日常のリスクを感知し、回避する能力が育たないのではないかと心配になる。一方で超高齢化社会をひかえて、お年寄りの安全を守る新たな社会の杖（街や器具の設計）が必要になってきている。

行政や企業は、リスク情報や回避策を分かりやすく公表し、個人がそれぞれの判断で的確な杖を持てばいい。安心は、一人一人が多様なリスクとつきあう覚悟の中で得られる。その間のリスク・コミュニケーションの一端を担うジャーナリストの責任は重い。

（日本損害保険協会発行『予防時報』二三九号の記事を一部修正して掲載）

武部俊一

朝日新聞科学部長・論説委員などを歴任し、フリーランスの科学ジャーナリスト。著書に『宇宙開発の五〇年 スプートニクからはやぶさまで』（朝日選書）、『完全ガイド 皆既日食』（朝日新聞出版）など。ＪＡＳＴＪ理事、前会長。一九三八年生まれ。東京大学教養学部教養学科卒業。

【コラム】　富岡製糸場と技術保存

小泉　成史

日本の近代産業の礎を築いた「富岡製糸場」（群馬県富岡市）の世界文化遺産に登録された。近代化遺産としては初めてなので、長い間、日本の「技術保存」の貧弱さを訴えてきた筆者としてはとても嬉しいニュースである。

富岡製糸場を初めて見学したのは二〇〇八年の七月だった。富岡市の主催する勉強会にアドバイザーとして出席し「博物館としての利用法」についていろいろとアイデアを出してくれとのことだった。場内をつぶさに見学させていただき驚愕した。製糸場本体も素晴らしいが広大な敷地に女性労働者のための寄宿舎、講堂、医院などがそのまま残っているのである。小さな都市なのだ。木造建築のためかなり痛みがひどい部分もあるが、よくもこれだけ保存しておいてくれたものだと感激した。これもひとえに民間企業でありながら「売らない、貸さない、壊さない」を原則とし毎年多額の維持管理費をかけて守り抜いた片倉工業のおかげだろう。

勉強会では「世界遺産獲得を目指すばかりでは能がない。せっかくの土地、建物があるのだから日本初の公的、本格的な技術博物館を目指したら」と提言したが、一考だにされず二度とお呼びもかからなかった。

筆者が「技術保存」の重要性に目覚めたのは新聞社で科学記者となった三〇年前にさかのぼる。大学院で建築史を専攻したので、科学記者になっても「科学」の難しい話よりは技術開発などの「技術」ニュースのほうが面白く、より多く技術関連の記事を書いた。その頃、吉田光邦・京都大学人文科学研究所所長（当時）が産業技術史博物館の建設を提唱されているとの話を聞き興味を覚え京都までインタビューに出かけた。

科学史・技術史の大家、吉田氏の『技術と日本近代化』（日本放送出版協会）などの著作には以前から親しんでいたので、吉田氏から直に話を聞けるのは記者冥利に尽きた。

インタビューで一番なるほどと思ったのは日本人と欧米人の歴史観の違いを氏が指摘したところである。

吉田氏曰く、「根本的な違いは歴史というものに対する考え方ではないか。日本では戦記物のように歴史は常にストーリーであり、物語でしかなく『モノ』を保存して歴史を考えるという考えがなかった。これに対し、ヨーロッパでは第二次大戦で破壊された町をそっくり再現してしまうことがあるように『モノ』に固執する歴史観が強い」

この指摘は歴史観の違いでもあり、なぜ西欧で博物館が生まれたのかという問いに対する答えでもある。吉田氏は外国から来た学者が日本の経済発展の歴史を調べたいので博物館を紹介してくれと言われ困ったという。確かに古い美術品を展示した博物館はあっても、日本の誇る工業製品を展示した博物館は当時、皆無だったのだ。そこで産業技術史博物館を提唱されたのだ。

筆者は吉田氏のインタビューに加え、紙面の半分を使った大型企画で、「保存したい『技術』の歴史」（読売新聞　一九八四・五・二八）という署名記事を書いた。吉田氏の提唱は多くの賛同者を呼び、大阪府を中心に産業界、関連学会も巻き込んで国も協力する具体的な動きとなっていたのだが、結局は実を結ばなかった。

筆者の記事の骨子は欧米の技術系博物館の充実ぶりを紹介し、それに引き換え、「技術立国」を掲げる日本が国立の本格的技術博物館を持たないというおかしな状況を何とかしなければと訴えるものだったのだが、この状況は八四年以降ほとんど変わっていないことになる。

ここで、未だに日本の一般市民には馴染みのない欧米の技術系博物館の規模の大きさ、質の高さ、魅力的な展示について紹介しておこう。

米国の首都ワシントンにあるのがスミソニアン協会の博物館群だ。一番有名なのがライト兄弟の飛行機などが展示されている航空宇宙博物館（National Air and Space Museum）で、押しも押されもせぬ立派な技術博物館だ。スミソニアンにはもう一つ技術系で米国歴史博物館(National Museum of American History)がある。名称だけでは人文系のように思われる人もいるだろうが、元は歴史技術博物館といい展示は技術が中心である。

この二館だけでも他国を圧倒しているのに、二〇〇三年に航空宇宙博物館は別館を郊外のダレス空港近くにオープンした。別館といっても本館より広く、スペース・シャトルの実験機、原爆投下機エノラ・ゲイなどを丸ごと室内に格納している。自国のものばかりではない、英仏が共同開発したもの超音速旅客機コンコルドまで保存しているのだ。規模の大きさはまさにケタ外れである。

米国にはその他、シカゴの産業技術博物館、デトロイトのヘンリー・フォード博物館など大規模な技術系博物館が数多く存在する。さらに中小の館を入れれば一〇〇のオーダーになるだろう。

では欧州はどうか？

筆者は九八年に当時勤務していた新聞社が英国の「ロンドン科学博物館」(Science Museum, London）の特別展を開催することになり企画記事（読売新聞一九九八・一・一）を書くためこの博物館を一週間かけてスミからスミまで取材した経験がある。その「ロンドン科学博物館」だが「科学」と冠がついてはいるが、資料、展示の中心は産業革命以来の英国の技術である。「技術博物館」と名乗っても少しもおかしくない。東京展の目玉はスティーブンソンの蒸気機関車ロケット号であった。

この取材で一番驚いたのはその資料の豊富さだ。当時約一万五千点あった展示品は所蔵品のわずか五％にしか過ぎない。

別館にある所蔵品を見に行った。元・銀行というその別館は大英博物館と共同で使っていて、地下一階から五階まで古いコンピューターから初期エックス線撮影機までおびただしいコレクションがぎっしり並んでいた。

さらに、電車で約一時間の郊外には空軍の元・飛行場を転用したという収蔵施設があった。ここには大型の格納庫が五基もあり、英国が開発した水陸両用のホバークラフト機、ポラリスA３型ミサイルまで収納されていた。吉田光邦氏の指摘のようにモノを集める執念がケタ違いなのである。

フランス・パリにある技術工芸博物館（Musée des Arts et Métiers）は一七九四年創立と世界で一番古い技術博物館といわれている。以前は古いだけで狭いところに展示品が押し込められているだけと評判は今一つだったが、二〇〇〇年に最新技術で改装し生まれ変わった。

ここには化学者ラボアジェの実験器具やフーコーの振り子のオリジナルなど科学史の視点からみても貴重な資料が揃っている。中でも一二世紀に建てられた石造の教会建築を改造し自動車のシトロエンやプジョーの人気モデルやミシュラン・タイヤを展示したスペースは秀逸だ。フランス人が自国の生んだテクノロジーに深い愛着を持っていることをうかがわせる感動的な展示となっていた。

ドイツ・ミュンヘンにあるドイツ博物館（Deutsch Museum）は、一つの館としては質、量ともに世界最高の技術博物館だと思う。筆者は四日間かけても全館見ることができなかった。展示面積は約五万平方メートル、見学コースは全長約一六キロメートルもあるというから無理もない。

二〇〇四年に新設されたという「コンピューター」展示室を見て驚愕した。現代のデジタル機が出てくる前のアナログ計算機も計算尺などしっかりと揃えたうえで、デジタル機ではドイツの生んだ天才技術者コンラート・ツーゼの「Z３」を再現し、米国のＵＮＩＶＡＣなど電算機史上、重要なマシーンをずらり並べているのだった。学芸員の並々ならぬ調査能力、収集力、企画力に脱帽する他はない。ここには、他に「天文」、「化学工業」など同じように充実した展示が五四室もあるのだ！　上野の科博の技術系展示は自動車、飛行機、コンピューターすべてをまとめてわずか一室だけである。
まともな文化国家ならば芸術や歴史資料と同じく自国の技術も博物館で収集し大切に保管、展示しているのである。残念ながら今日の状況では日本はとても追いつけまい。

でもわずかな展望はある。筆者が特集記事を書いた八四年以降、数少ないが技術系博物館は誕生している。主な館を思いつくままに並べると、トヨタグループによる「産業技術記念館」(名古屋市)、トヨタ自動車の「トヨタ博物館」〈同〉、東京電力の「電気の史料館」〈休館中〉、日本工業大学の工業技術博物館〈埼玉県宮代町〉、ＪＲ東日本の鉄道博物館(さいたま市)などである。いずれも国公立ではなく企業や大学が独自に作ったものだ。欧米の本格的な総合館とは比べようもないが、それぞれオリジナルな道を追求している。四半世紀前、吉田光邦氏が外国人研究者を案内するところがないと嘆いた状況よりは明らかに良くなってきたと言えるだろう。これに富岡製糸場がさらに加わったわけである。

小泉成史

読売新聞社入社後、一九八四年フルブライトのジャーナリストとして米国留学、マサチューセッツ工科大学でヴァヌーバー・ブッシュ・フェロー、スミソニアン協会米国歴史博物館客員研究員。読売新聞社ワシントン特派員・解説部を歴任。金沢工業大学客員教授、ＪＡＳＴＪ会員。一九四九年生まれ。早稲田大学大学院理工学研究科修士課程修了。

戦術的失敗の省察

――もう一歩踏み込み、本質に迫れ

牧野　賢治

はじめに

失敗のない人生は、古今東西どこにも存在しないだろう。科学ジャーナリストも例外ではない。それぞれのジャーナリストが、振り返ってほぞをかんでいるだろう。

私の場合はどうだったか。傘寿を期して『科学ジャーナリストの半世紀―自分史から見えてきたこと』[1]を上梓し、その中でもふれているが、改めて考察してみたい。いわば、私の「科学ジャーナリスト失敗考」である。

いろいろな失敗があり、分類の仕方も多様にありうるが、ここでは便宜上二種類に大別して筆を進めたい。「戦略的な失敗」と「戦術的な失敗」である。

いうまでもなく、戦略的な失敗は大局を見誤ることだ。一方、戦術的な失敗は、大局のなかでの小局、部分的な誤りといえばいいだろうか。すべての社会事象において、対応の仕方には両者を必要とする。その対応の結果が、事態を良くもするし悪くもなる。

この小論では、主に「戦術的な失敗」について述べるが、その前に「戦略的な失敗」についても若干の考察をしておきたい。

私の戦略的な失敗

いま振り返って、戦略的な失敗だったのかもしれない、と考えていることが私には少なくとも二件ある。一つは「人口問題」であり、もう一つは「原発問題」である。「原発問題」については、『科学ジャーナリストの半世紀―自分史から見えてきたこと』で一章をさいて反省の弁を述べているので、ここではふれない。ただ一言だけ述べれば、「原発と地震」問題こそが科学記者の最大の関心事でなければならなかった、ということだ。それが私の科学ジャーナリスト人生を通じての大局的な課題であるべきだった。どちらも、いったん過酷なことが起これば、そのもたらす災害は莫大なものだからだ。

さて、「人口問題」には一九七〇年の後半から十数年、かなり深くかかわった。国連は一九七四年を「世界人口年」と定めて、人口問題の重要性を訴えた。そして、世界的に人口問題への関心が高まった。そのピークは、一九七四年八月にルーマニアの首都、ブカレストで開かれた国連主催の世界人口会議であった。

私は、その年の二年ほど前から、個人的にも人口問題の勉強をはじめており、東南アジア諸国や中国に視察に出かけ、ハワイのホノルルにあるイースト・ウエスト・センターでの夏季研修合宿な

1　化学同人　二〇一四年八月一日発行。

どにも参加していた。七四年は年初めから人口問題に関する特集ページをつくり、世界会議直前には連載記事「人口爆発」も掲載して世論を盛り上げようとした。そして、私自身は世界会議へ特派員として派遣され、記事を書いたのである。さらに一〇年後の一九八四年、メキシコシティーで開かれた次の世界人口会議にも特派員として行くことができたのである。

ここで、なぜ戦略的な失敗の事例として取り上げるのか、その理由だが、一言でいえば「人口爆発」という視点を強調し過ぎた報道姿勢に対する反省である。

確かに、七〇年代から八〇年代にかけての、人口問題に対する世界的な論調、なかでも欧米先進国の有力な見方は「資源の限られた地球での、発展途上国における人口の爆発的な増加は問題であり、増加を抑制しないと人類の未来は大変なことになる」というものだった。

確かに、貧しい国における社会インフラの改善を伴わない人口の急増は、その国にとっても大きな困難を生みだす。しかし、先進国側からのそうした指摘は、すでに豊かな国の身勝手な主張でもあった。

実際にその後に起こったことは、世界の人口は、当時の約四〇億人が約二倍弱の七〇億人に増えているが、人口増加そのものよりも他の要因が世の中を険しくしている。宗教における宗派対立、民族紛争、国家間の抗争、大国の覇権主義、貿易を巡る駆け引き……いずれも、人口の問題は間接的な関与にすぎない。

七〇年代の人口問題の取り上げ方は、量的な側面に偏り過ぎていた。いま日本で問題になっている少子高齢化に象徴される質的な側面にはほとんど気付かないか、分かってはいても軽視して記事を書いていたのである。

急速に進む少子高齢化は労働人口の減少、それに伴う外国人労働者の増加、高齢者の看護・介護、そして医療、出産の奨励策、教育問題など、社会の様々なところに大きな変化をもたらしている。七〇年代の前半の時点で、四〇年後の現在を予見することは至難のことだが、少なくとも人口問題の奥深さには気付いていなくてはならなかったと思う。

人口の爆発的な増加をくいとめることができれば、後はなんとかなるだろう、と問題を甘く見ていたのである。科学ジャーナリストとしては、問題を総合的に深く検討し、考察するという点で、科学にとらわれている視野の狭さが災いしたのではないか、と思っている。

私の戦術的な失敗

戦術的な失敗の事例はたくさんある。ここでは、そのうちの三つにしぼって書く。「東大医学部紛争の発端に遭遇」「遺伝子組み換え技術と日本の科学者」「エイズの初期報道の際に」の三つである。いずれも前にも述べた『自分史』のなかでも取り上げているので、詳しいことはそちらを参考にしていただきたい。

三つの事例は、失敗例としてはそれぞれ特徴があるが、共通点として指摘できることは、ジャーナリストとしての「いま一歩の追求不足」である。追求していたらどうなったか。事態はさほど変わらなかったかもしれない。しかし、こうした「いま一歩の追求」の積み重ねがジャーナリストの仕事では極めて大切である。それが、世の中を変える大スクープにつながる可能性もあるからだ。

◆戦術的失敗：その一

印象に残る失敗のその一は、東大紛争の原点である医学部紛争の発端に偶然遭遇したときの経験である。一九六八年の春、東大本郷キャンパスには大きな立て看板が立ち並び、学内には緊張が高まっていた。なかでも医学部の学生や青年医師連合（青医連）が医学部教育の在り方をめぐって医学部執行部と対立、事態は次第に険悪になっていた。

ある日の夕方、たまたま構内にいたところ東大病院前をジグザグにうねりながらデモをする一団を見かけた。しばらくすると、数十人のデモの隊列は病院の正面玄関に入っていくではないか。何事かとついて行くと、病院二階にあった上田内科の医局に入っていった。そして春見医局長との直談判をはじめたようだった。おそらく、教育改革についての見解を質《ただ》そうとしたのであろう。交渉の現場には立ち入れなかったが、交渉は長引き夜になった。

当時はまだ、後に全国の大学に波及する東大紛争は始まっておらず、事態の成り行きにそれほどの関心をもたなかった私は、夜の八時ごろだったか、会社に引き上げてしまったのである。

じつはこれが大失敗だった。後日分かったのは、医局長を取り囲んでの談判は徹夜で朝まで続き、悪いことに医局の近くには内科の病室があった。静かであるべき病院の病室近くでの徹夜の騒ぎは大学当局による格好の処分対象になった。「患者に対する迷惑行為」という理由で、医学部長は交渉に参加した学生を退学、停学などの重い処分を含む処罰をしたのである。

ところが、処分された学生の中に不参加のアリバイがある学生が一人いたことで、学生たちは猛反発。そこから医学部紛争は全学紛争、さらには全国の大学紛争へと拡大していったのである。

悔やまれるのは、徹夜の団交を見届け、それが患者に迷惑をかける病院内で行われたことを、翌日の夕刊にきちんと報道しておくべきだったということである。

現場に居合わせた記者は私だけだったから、完全なスクープになったし、医学部紛争拡大の発端をこの目で見て報道できたはずである。

この場合は、科学報道というよりは社会部記者の事件報道という性格が強いが、執念深く事件を追いかけなくてはならないことは科学記者も同じである。それが可能なのは、医学部紛争の本質についての日頃の勉強が必要だ。残念ながら、私にはその準備はできていなかった。大阪本社から東京本社に転勤したのが、その前年の六七年八月。東京本社勤務の経験はまだ半年余で、大学問題にはほとんど通じていない科学記者だったのである。

科学記事だけでなく、科学の周辺の出来事にも関心を持とうとはしていたが、力及ばずであった。

この失敗は、失敗したとはいえ、それで他社に記事を抜かれたというような話ではない。些細かもしれないが、歴史に報道の記録を残せなかったという反省である。

◆戦術的な失敗：その二

一九五三年春のワトソンとクリックによる、遺伝子（ＤＮＡ）の二重らせん構造の記述（仮説）は、その後の分子生物学の驚異的な発展をもたらした。そして七三年には遺伝子組み換え技術が確立され、遺伝子の人工的な操作が可能になった。人間の技術が「禁断の聖域」に足を踏み入れたのである。毎日新聞は七一年に長期連載シリーズ記事「神への挑戦」を掲載したが、そのすぐ後に組み換え技術はその最たるものとして姿を現したのである。そこで持ち上がった懸念は「遺伝子操作がもたらす危険性」であった。

分子生物学が最も進んでいたアメリカの科学者有志が、組み換え技術の使い方への懸念から、モラトリアム（一時中止）を自発的に宣言したのが一九七四年七月。それを受けて、米国科学アカデミーはその夏、モラトリアムを呼び掛けて支持された。そして、問題を検討し、対策を議論する会議を一九七五年三月に、カリフォルニア州で「アシロマ会議」が開かれることになったのである。

アメリカの科学者が、基礎研究においては前例のないモラトリアムをするのに対して、日本の科学者はどう対応するのか。当時、日本の分子生物学者はまだ遺伝子組み換え技術を使う研究は行っていなかったが、その動向は気になるところだ。

私は日本の分子生物学界の大御所、渡辺格氏(当時、慶応大学医学部教授)を取材して、日本の科学者の動向を聞き出し、日本もアメリカに同調してモラトリアムを支持することを確認した。それを報じた記事は、一九七五年二月一四日の朝刊の一面トップのスクープ記事となった。見出しは「分子生物学者が自粛　潜在的な危険性を懸念　米学界の呼掛けに応え」だった。

ここまでは科学記者として大成功の話である。問題はそのあとだ。

遺伝子組み換え技術は生物学における革命的な基礎技術であり、それをモラトリアムすること自体が大変なことだが、その行方はもっと重大な関心をよぶ事柄である。それを決めるのがアシロマ会議だった。

アシロマ会議には、科学者、技術者はもちろん、法律家、倫理学者、哲学者、行政官、産業界の人など世界から一四〇人が参集して議論をした。日本からも分子生物学者二人が参加した。そして、アシロマ会議は極めて重要な提案をしたのである。

懸念される潜在的な危険性に備え、「厳しいルールを定め、それに基づいて研究を再開する。ルールはそれぞれの国が定める」というものだった。

主催国のアメリカは、事前にすべてのお膳立てを整えていたのだろう、会議終了後間もなくしてＮＩＨ(米国衛生研究所)がガイドラインを制定、いち早く研究は再開されたのである。すべてが遅れていた日本の場合は、ガイドラインができるまでに二年余を要し、研究の開始は大幅に遅れた。

さて、私の失敗は何だったか。アシロマ会議を取材、報道しなかったことである。一面トップのスクープを書いておきながら、その報道の行方をきちんとフォローしなかったのである。一方、私に抜かれたライバル社は科学記者をアシロマに派遣していた。

アシロマ会議は報道陣を閉め出しての完全な密室会議だったようだ。議論のプロセスや内容は、おそらく複雑なものだっただろう。そのためもあってか、特派されたライバル社の記者も深みのある記事は書いていない。私が取材しても、どこまで書けたかは疑問だが、歴史的な会議の現場から報道はできた。

実際にできたことは、外国の通信社が送ってくる記事を使いながら、アシロマ会議の意味を解説することだった。トップ記事をフォローはしたが現場からではなかった。

「あと一歩」踏み込んで、会社にアシロマ会議取材の重要性を訴えれば、会社も出張を許可した可能性は高い。かえすがえす残念な逸機だった。

◆戦術的な失敗　その三

三つ目の失敗としては、エイズ報道に関わることである。エイズは一九八一年にアメリカではじめて患者が発見された病気である。当初は男性の同性愛者の人たちに多く見つかり、原因もよくわからない奇怪な感染症という不気味なイメージで登場した。日本での第一報は週刊誌の小さ

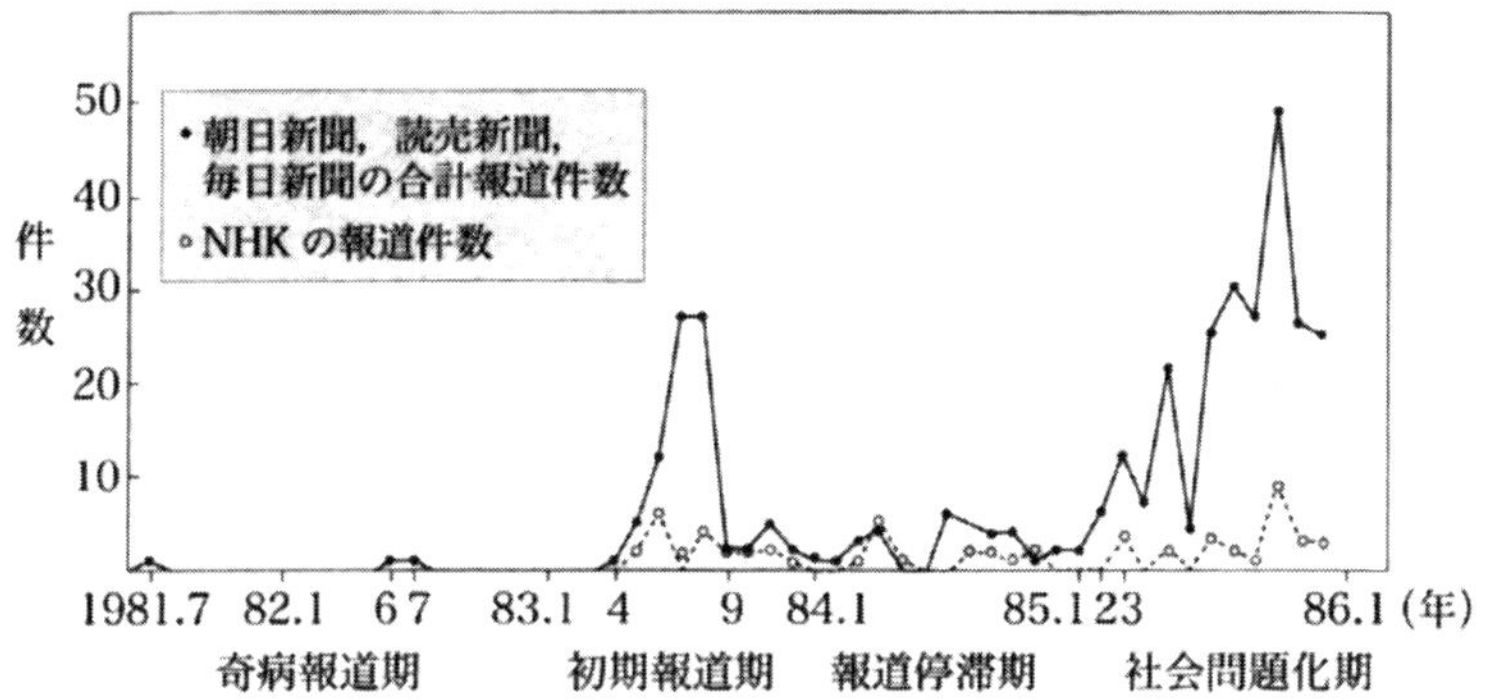

エイズ報道の分析（「エイズ報道の比較研究」東京理科大学紀要 1997）

なコラムだった。その後患者は同性愛者以外の人たちにも広がり、世界的なスケールで大流行するようになった。やがて、原因はＨＩＶというウイルスで、感染の仕方も解明され、近年は治療薬の開発もすすんだ。

私は一九八三年一月にそれまでの社会部科学班の科学記者という立場から生活家庭部の健康担当編集員という立場に変わった。週一回の健康面を担当することになったのである。結果的に、その仕事を五五歳定年まで六年間続けることになった。つくった健康面は三〇〇回にもなった。

その結果として、社会部科学班の時に比べてストレートニュースを書く機会は激減した。ほとんど書かなかったといっていい。ニュースを追う第一線記者という意識が弱まったのである。現実問題として、毎週一回、健康面を一ページ、ほとんど一人でつくるのは大変で、ニュースを追いかける余裕はない。科学班のときに追いかけていた科学関係の関心事のフォローもやめざるを得なくなった。

したがって、エイズについてもそのニュース的な取材にはほとんど関われなかった。しかし、健康面でのエイズ報道は必要だし、やるべきテーマだった。

そこで一九八三年四月一九日の健康面でエイズ特集を載せた。当時はまだ、エイズ患者は世界全体でも一三〇〇人ほど。日本では報告されておらず、国内での情報が少ないところから、アメリカの科学雑誌の特集号を参考に、日本の医学者の取材を交えながら書いた。その時点でのエイズに関するかなり詳しい科学記事としては、おそらく日本では初めてといっていいくらいに中身のある記事だった。ここまでは、自分でもよくやったという自負もある。問題はその先だ。

その記事で私は、エイズ薬害の発生を察知する重要な情報に手が届くところまで近寄っていたのだ。

その特集記事の最後に、次のような記述がある。

「松橋直・予防衛生研究所第二細菌部長ら免疫学者らは『強い関心を持ち、(国内での)発生に注意している』し、風間睦美・帝京大学医学部教授のように、血友病の治療にあたっている医者は、『日本には五〇〇〇～六〇〇〇人の血友病患者がいるが、まだ発生は聞いていない。一人でも発生すれば大変なことなので、最近の血液学会でも仲間では調べてみようと話し合った』と警戒を強めている。血友病では血液凝固因子の注射の際に感染する可能性が考えられ、血液製剤を製造する日赤でもエイズ対策に関心を寄せ始めた」

いま読み返すと、この文章にはいくつかの重要な示唆が隠されていた。その情報をたどり、追求していけば、エイズ薬害の発生は予見できただろうし、被害を多少なりとも軽減できた可能性があったのではないか、と考えている。

エイズ薬害はＨＩＶに汚染された非加熱の血液製剤を使用したために被害が広がった。その可能性は、少なくとも一九八四年四月の時点では予想できたのであり、関係する医学者たちは重大な危機感をもっていたに違いない。「もう一歩踏み込んで取材」していたら、おそらく多くの情報が得られ、社会に役立つ報道に結びついたはずである。

かなりたってから、他社の科学記者からは、当時のエイズ取材、血友病患者取材の難しさを聞かされたが、事件取材の経験が浅い科学記者の限界ではなかったかな、と思う。

エイズ取材での、反省すべきもう一つの点は、当時の所属した新聞社内の取材体制の問題があるように思う。つまり、エイズ報道には社会部の担当記者（厚生省担当や遊軍記者）を中心に、科学記者(当時はまだ社会部科学班)、そして生活家庭部(健康担当)などが取材グループをつくって情報交換や取材協力をすべきだったのだ。しかし、この時点では、そうしたものは存在しなかった。体制が整うのはもっと後の段階であった。

この失敗から学ぶべきことは何か。

エイズ問題の本質的で最も重要な点、一九八四年四月の時点では、血液製剤の安全性だったと思う。血液製剤そのものと、その使用の状況を科学記者の視点で追求すべきであった。医者は重大な問題があることを隠さずに指摘していたのであり、さらに追求しなかったのは私の怠慢としか言いようがない。

失敗をどう防ぐか

さて、私自身の失敗の事例をいくつか紹介した。後から考えると、戦略的な失敗については失敗を防ぐ手立ては非常に難しいように感じる。大きな時代の流れの中で、大局を見誤ることなく、数十年の世の中の動きを見誤ることなく先取りすることは至難である。それが国策であったり、世界の潮流であったりすれば、その流れに抗することはかなり困難だろう。

しかし、いろいろな選択肢があり、多様な考え方があるということは絶えず心がけるべき教訓として脳裏に刻んでおかなければならない。私自身の経験では、人口問題でも原発問題でも、多様な選択肢がありうることに気付かず、脳裏に止めることもほとんどなかったのである。

これに対して、戦術的な失敗は、教訓を生かすことはいますぐにでもできそうだ。つまり、問題追求に「手抜きをしない」ことなのである。何事につけても言えることであり、取り立てて言うまでもないことかもしれない。

だが、これが言うは易いが実行はなかなか難しい。

すべての事に手抜きを一切せずに当たったら、おそらく日常生活は成り立たない。緩急自在に事に当たらなければやっていけない。そこで求められるのが、問題の重要性を見抜くことなのだろう。もう一歩踏み込まなければならない事柄と、そうでない事柄の仕分けをする眼力が求められる。私の戦術的な失敗の三例は、いずれも問題の本質に迫る点で踏み込むべき事柄だったと思う。

ジャーナリストの仕事は最後は個人に負うべきところは多いと思うが、仕事を協働すれば仲間との意見交換や議論は大いに役立つのではないか。私自身の経験は少ないが、「取材グループ」の存在が重要なのではないだろうか。共通の問題を追う数人のジャーナリストが、情報を共有し、意見を出し合い、最善を尽くす。これは楽しい仕事にちがいない。私の現役時代、かなり昔の話だが、残念ながらそうした慣行はほとんどなかった。

新聞記者をリタイアしてすでに長い。仮に、いま一度現役に戻って仕事をするとしたら、大局観を磨き、小局には重要な手抜きをしないように心がけて仕事をするだろう。

前にも述べたが拙著『科学ジャーナリストの半世紀―自分史から見えてきたこと』をまとめたのは、若い科学ジャーナリストへ、私のつたない経験を伝えておきたかったからである。

男性の平均寿命が八〇歳を超えた。私はそこまで生きてきた。まだしばらくは生き続けるだろう。しかし、人生をふたたび繰り返すことはできない。若い人たちに期待する。

牧野賢治

毎日新聞社編集委員（科学・医学担当）を経て、東京理科大学教授などを歴任。訳書に『背信の科学者たち　論文捏造はなぜ繰り返されるのか？』（講談社）、著書に『科学ジャーナリストの半世紀　自分史から見えてきたこと』（化学同人）など。ＪＡＳＴＪ理事、元会長。一九三四年生まれ。大阪大学大学院修士課程（理学部化学科）修了。

伝えられなかった
長崎豪雨災害の教訓

佐藤　年緒

Ⅰ　はじめに

繰り返される豪雨災害

二〇一三年一〇月に台風二六号による集中豪雨で東京都の伊豆大島で土石流が発生し、三九人の死者・行方不明者が出た。二〇一四年八月にも広島市安佐地区で起きた土石災害で七四人が犠牲になるなど、日本列島で土砂災害が相次いでいる。地球温暖化の影響もあって、短時間の降雨量が各地で最高記録を更新するなど、雨の降り方が激しさを増している。

広島市安佐地区の土石流。

台風や河川の洪水、都市でのゲリラ豪雨が頻発し、行政が住民にどのようなタイミングで警報を出すか、その伝え方が課題になっている。伊豆大島の大島町では、気象庁からの土砂災害警戒情報のファクスに気づかなかった町役場の対応が論議になった。ではメディア自身が地域で災害への脆弱性をよく理解し、伝えているだろうか。気象庁や行政の情報だけに頼りっきりでよいのだろうか。マスメディアで働く記者自身が、自然現象や災害へのリテラシーを高めることが重要に思う。
私は三〇年以上前に長崎豪雨災害を体験した。長崎市に隣接する長与町で時間雨量一八七ミリメートルを記録した。この雨量はこれまでに破られていない日本の観測史上最大記録である。長崎市内で三時間降雨が三一三ミリメートルに及び、梅雨末期の湿舌現象だったと言われる。死者・行方不明者は二九九人に上った。土石流による犠牲者が大半だったが、歴史的観光都市だったこともあり、損壊した文化財の眼鏡橋を現地に残すかどうかが話題になった。

現在の眼鏡橋。市民や観光客が憩う風景から30年以上前の姿は想像しにくい。

当時、時事通信社の記者として駆け出しの時期であったが、過去を振り返り、そのときの災害の実際や原因を十分伝えられたかどうか、現在の日本の防災に教訓が生かされたかどうかは心もとない。自分の報道経験の失敗を省みて、今日に生かすべき教訓は何かをお伝えしたい。

長崎市の降水経過（1982 年 7 月 23 日～ 24 日）

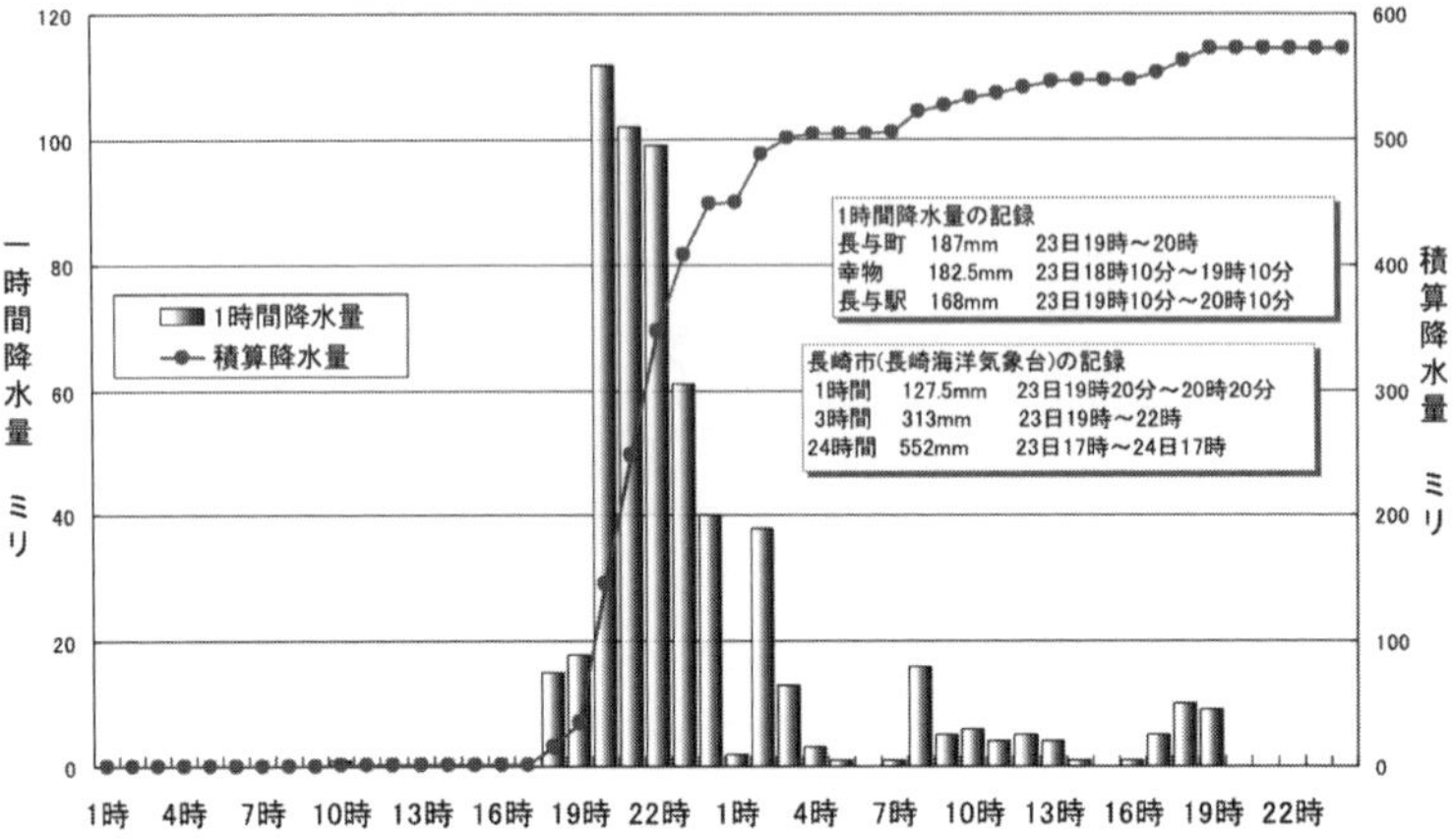

出典：『1982長崎豪雨災害報告書』（中央防災会議・市澤成介氏作成）

Ⅱ　一九八二年七月二三日に起きたこと

時間雨量一〇〇ミリメートル　傘が差せない中を

まずは、「その日」のことを伝えよう。

一九八二年七月二三日に長崎市で起きた「長崎大水害」のこと。学術的には「長崎豪雨災害」と呼ぶが、この日、長崎市域内では午後五時くらいから雨が強くなり、午後七時から一〇時くらいにかけて非常に激しい雨になった。

午後四時五〇分に長崎海洋気象台が長崎市域に大雨・洪水警報を出したが、よくあることとして、報道関係者も特に注意を払う様子はなかった。

その日、私は詰めていた県庁記者室での仕事が終わり、市内で予定された会合に出かけようと一階の玄関ホールに下りたが、退庁する職員たちが、みな外に出られずに人だかりになっている。誰も出て行こうとしない、それほど強い雨だった。

予定の会合に出るために思い切って外に出たが、傘を差すとすぐに折れそうなほどだったので、諦めて濡れながら歩きだした。低い空から雷が鳴り響き、怖いほど。道の脇に寄って雨の直撃を少しでも避けながら、市民会館にたどり着き、地下の会議室で開かれた会合に出た。

石橋が連なる歴史都市の川

市民会館の近くには中島川《なかしまがわ》という川が流れている。古い市街地を流れる都市河川だが、江戸時代に建造された石橋が十一橋架かり、その一つに国指定の重要文化財である有名な眼鏡橋（一六三四年建造）がある。河口にはもう一つの観光の目玉である出島もあり、この川は長崎の歴史を見守ってきた川とも言える。

被災前の中島川の石橋群。

さらに説明すれば、この中島川は戦後の経済成長期には、全国の例に漏れずに、ゴミが捨てられ、臭い川に変わり、一時は川を埋め立ててしまえ、暗渠にしてしまえと、という話もあったという。

それを町の青年会議所の若者や地元の大学生たちが、「石橋のあるこの川の価値を見直そう」と、ゴミ拾いからスタートして川をよみがえらせる運動を展開した。

汚れた川がだんだんときれいになり、石橋が並ぶ風情に愛好者も増えた。毎年五月の連休になると、市民らが川沿いの沿道にさまざまな出店を出す「中島川まつり」が開かれるようになっていった。赴任地でこの運動に出会った私は、歴史都市の川を巡るこの環境運動に共鳴して取材を続けていた。この日出席した会合とは、この川の周辺住民が催す「夏祭り」の打ち合わせのための会合だった。

膝の流れにヒヤリ

さてその日、会合が始まってすぐに、ザーっという音がして階段を通じて地階に水が流れてきた。すぐに「大変だ」と散会し、私も建物の外に出た。

市民会館横の道路には川の方から水がどんどん流れてきている。川にかかっている石橋はどうなっているだろうか、写真も撮りたいと思って近づこうとしたが、だんだん水かさが増し、あまりにも強い流れに、前にも進めない。これ以上近づいたら危ないと感じた。

そのまま路面電車が走る大通りに出たが、こちらも道路に沿って港方向に川のように流れており、膝ぐらいの高さの水の勢いに転びそうになった。仕方なく坂の上にある職場の支局に向かう。途中、銀行建物の入り口の石段で雨を避けて立っている女性がいた。だんだん水かさが増してくるので、「ここにいたら逃げられなくなりますよ。職場が高台にありますから一緒に来ませんか」

と声を掛け、その人を連れて支局に戻った。

「中島川が溢れる」と速報

後にわかったことだが、長崎海洋気象台によると、当時時間雨量一二七ミリメートル（一九時二〇分から一時間）の雨が長崎市内で降っていた。まさに天のバケツの底が抜けたような雨。街中の車も次々にドアの所まで水が漬かっていって走れなくなるような状況だった。私にとっては、見た通り中島川が氾濫した水害だと判断して、支局に戻った後すぐに本社（東京）の社会部に電話し、第一報として「長崎で水害、中島川氾濫」という速報（フラッシュニュース）を入れた。

続報の原稿を書いているうちに、支局の電気が消えた。懐中電灯やろうそくが近くに無かった。あるいはどこかに置いてあったのかもしれないが、だとしても場所を知らずに、その時に捜す余裕がなかった。

真っ暗で困り、手元にある原稿用紙を撚《よ》ってそれに火をつけて、先ほど一緒に避難してきた女の人に、「ちょっと申し訳ないけれど、これ持っていてください」と灯り番になってもらって、記事を書いた時間帯もあった。本社との間は専用の電話回線が一本だけつながり、社会部とのやり取りができた。

県警との電話はつながらず

地元の長崎放送はラジオでこの災害状況をずっと放送した。被害の状況だけでなく、途中からは「私は今ここにいます」とか、「家に帰れません」という安否情報を伝えるようになった。聴いていると、町のどこが水に浸かっているか、町のおおまかな状況が分かってくる。ラジオの情報を参考に社会部に被害状況を伝えたら、デスクから「それなんの情報」と聞かれた。「ラジオです」って言ったら、「なんだよ。報道機関がラジオを頼りにしていいの。ちゃんと警察に行って取材せよ」と指示された。

ようやく支局員が二、三人やってきたので、一人に警察のカバーに行ってもらった。支局と警察署との間は一五〇メートル程度しか離れていない近い距離。とはいえ警察に行ったその記者からの連絡がない。「何やっているんだろう」と困っていたら、夜遅くにその記者が帰ってきたので聞くと、「電話が繋がらない」という。

確かに市内の電話はほとんど繋がらない。警察の情報だけを頼りにしようとしても、このような不測の事態が起きる。わずかな情報を頼りに、その晩ずっと原稿を送り続けた。翌日の時事通信に加盟する地方紙の紙面は「集中豪雨で中島川氾濫」として、死者や行方不明者数を伝えた。

Ⅲ　失敗：振り返ってみて分かること

ここからは、後になって見れば、失敗だったという反省を込めて当時の災害報道を振り返る。

〔失敗1〕

第一報と異なった災害の実態

長崎市内の降雨量は七月二三日の一日で五〇〇ミリメートルを超えた。この町は港方向に開けているが、あとの三方は山で囲まれたすり鉢型の地形。だから、これだけの雨が降ればドッと周辺の山から水が流れてきて川が溢れるというか、町の全体が水に浸かってしまったとも言える。

徹夜明けに市内を出ると、上流からの濁流で眼鏡橋は欄干部がすっかり流され、他の石橋も壊れたり流出したりしていた。車が逆さになって電柱で止まっていた。「浜の町」アーケードの商店街は、「浜」の名の通り、もともとは海に近いところだ。ここは高さ二メートル以上の水に浸かった。人は建物の二階に逃げたり、電話ボックスの上にあがってなんとか一命を取り留めたりした人もいるという。私は、この段階までこの災害は「都市河川の氾濫」というイメージを強く持っていた。

損壊した眼鏡橋(「57.7.23 長崎大水害災害復興10年誌」長崎県発行)

ところが、二四日の昼前に時事通信福岡支社の記者一人とカメラマン一人の応援隊が、長崎市から北東二十キロ余り離れた諫早市から被害の大きかった東長崎地区を通って峠を越えて徒歩で半日かけて入ってきた。途中で撮った写真とその報告を聞いてびっくりした。

周辺部の土石流被害が後で分かる

茶色に肌けた崖や崩壊した家があり、瓦礫に埋まった所で人々が右往左往している。災害の様子が違う。土石流による被害だ。周辺部から見てきた記者によって、起きている災害の全体像を初めてつかめた。道路が寸断されて長崎市中心部からは行けなかったが、周辺部で様々な場所で土石流による被害が続いていたのだった。

土石流被害のあった長崎市芒塚地区（「57.7.23　長崎大水害災害復興10年誌」長崎県発行）

結局、この災害で長崎市内では二六二人死亡、周辺の地域を含め、全体で二九二人の死亡・行方不明だったが、そのうち土砂崩れによる犠牲者は九割近く、一方、中小河川の氾濫による犠牲者は一割近くだった。

川の溢れだけであれば、台地や高い所に逃げればなんとか助かるし、建物内でも二階に行けば助かるので、都市内の水浸しによる犠牲者数は大きくなかった。車に乗りながら最後まで中に入っていた人も犠牲になったが、犠牲者が出たのは土砂崩れが中心だった。

最初に目撃した状況にとらわれ、災害の実態に対する私の誤解があった。私が伝えた第一報は、ある一カ所を見た場面の報道に過ぎなかった。当然と言えば当然だが、災害の全体像をつかむには時間がかかったのだ。

〔失敗2〕

想定外――災害への備えなく

私は「長崎でこういう水害は珍しい。普段なかったと市民も驚いている。近年に無い災害だ」という記者座談会での記事を書いたが、その記事を使った地方紙は「災害処女地に大衝撃」との見出しで掲載した。「災害処女地」という言葉があるのかと、いま思うとびっくりするが、そのような見出しを整理部デスクに付けられても不思議はない記述だった。

確かに当時、私もそのような意識を持っていたことは間違いなく、日ごろからの防災の備えの怠りが紙面にも表れてしまっていた。どんな災害でも、電気や電話、水道などインフラの被害が伴う。そのような状態を想像しての設備面の備えが希薄だった。先に書いたとおり、東京との専用回線はあったが、当時、市内間の連絡に無線機もなく、懐中電灯やロウソクも手元になかったというお恥ずかしい状態だった。

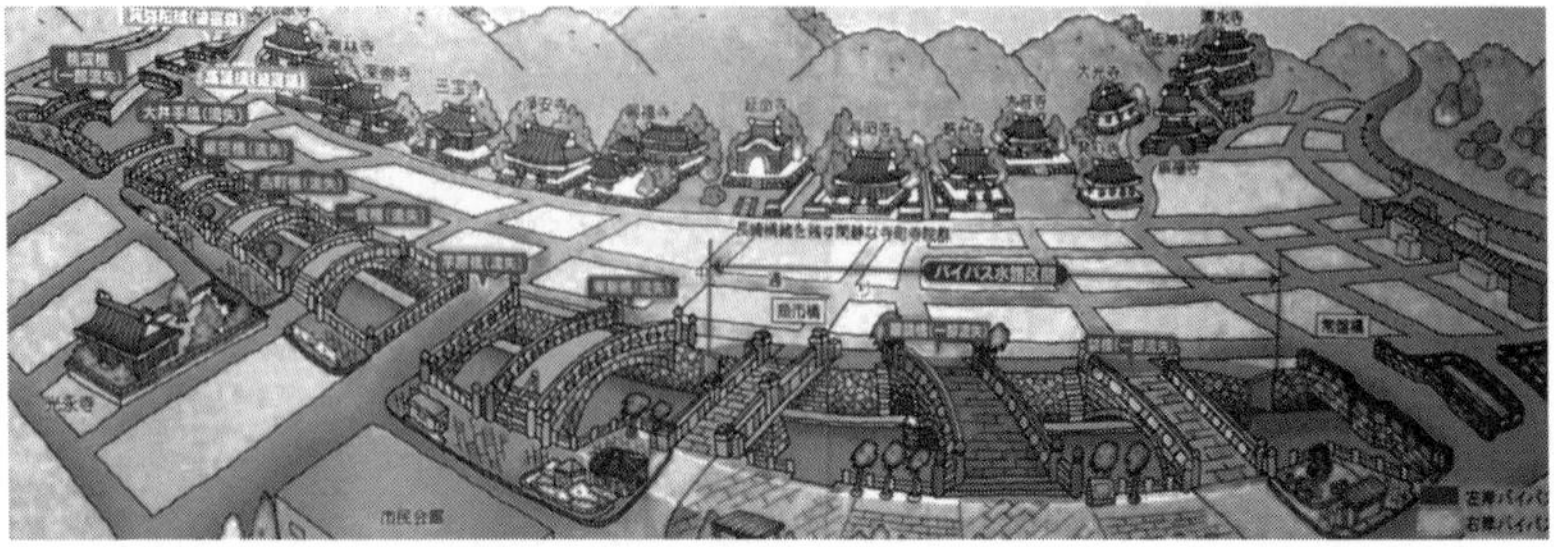

現在の中島川の橋と寺町（「母なる川　中島川～歴史探訪～」・長崎県土木部河川課作成資料より）。

地域の歴史的視点を欠く

私は川の溢水や土石流が起こることを全く想像していなかった。汚染した川の環境浄化運動に関心はあったが、まさかこの都市河川で水害が起きるとは思っていなかった。後で知ったこととして、江戸時代から何度も中島川はたびたび氾濫していたことが古文書などにも記されている。

長崎の地図を見ると分かるが、中心部から見て中島川の対岸には、寺院が並ぶ寺町がある。暴れる川に架かる橋が流される。その度に橋を架け、寺に寄進することが一番の善行だということで、地域の名士や僧侶が木の橋に代わって石橋を架けた。また、その石橋が流されてもまた造り替えていた歴史があったのだ。

〔失敗3〕
当局への情報に頼りすぎた

通信手段が確保できない状況下で、警察や当局からの情報を得る努力をしたが、それだけに頼り過ぎずに、直接の現場で見たことや住民、被災者からの聞いた情報を活かす工夫が必要だった。

地元放送局(長崎放送、ＮＨＫ長崎放送局)は、先に記したように視聴者からの安否の問い合わせや情報を直接放送することで、当局の情報とは別の形で視聴者に安心を与えた。町の声や、テレビ・ラジオなどのライブ情報から入手できる事実や災害時の状況を伝える方法があったかも知れない。

当局に確認を求めようと、失敗したことがあった。長崎市内の病院の地階にあった放射線医療機器などが水に浸かったのは安全上問題でないか、との指摘をある研究者から受けた。このため、当時水害後の対策の先頭に立っていた県保健部長にその事実の確認を求めたことがあった。「よく調べてみます」と部長は約束し、数日後、私に「大丈夫だよ」との返答があったので、私はこのネタをあいまいに終わらせてしまった経緯がある。

いま振り返って、私はなぜ県当局に最初に事実の確認を求めたのだろうか、恥ずかしい。自分が病院にカメラを持って現場に行って事実を確認すれば、そのままニュースになったのに、なぜそれができなかったのか。安全を確保すべき病院で、重要な設備が水害に弱い地下にあったことが浮き彫りになった都市災害だったことを考えれば、それを伝えられなかったのが残念だった。

Ⅳ　経験に学んだ「成果」

以上のような失敗とは別に、教訓は何かを考えるうえで、水害後の復興計画をつくる動きから、学んだ点がいくつかあったことを伝えたい。

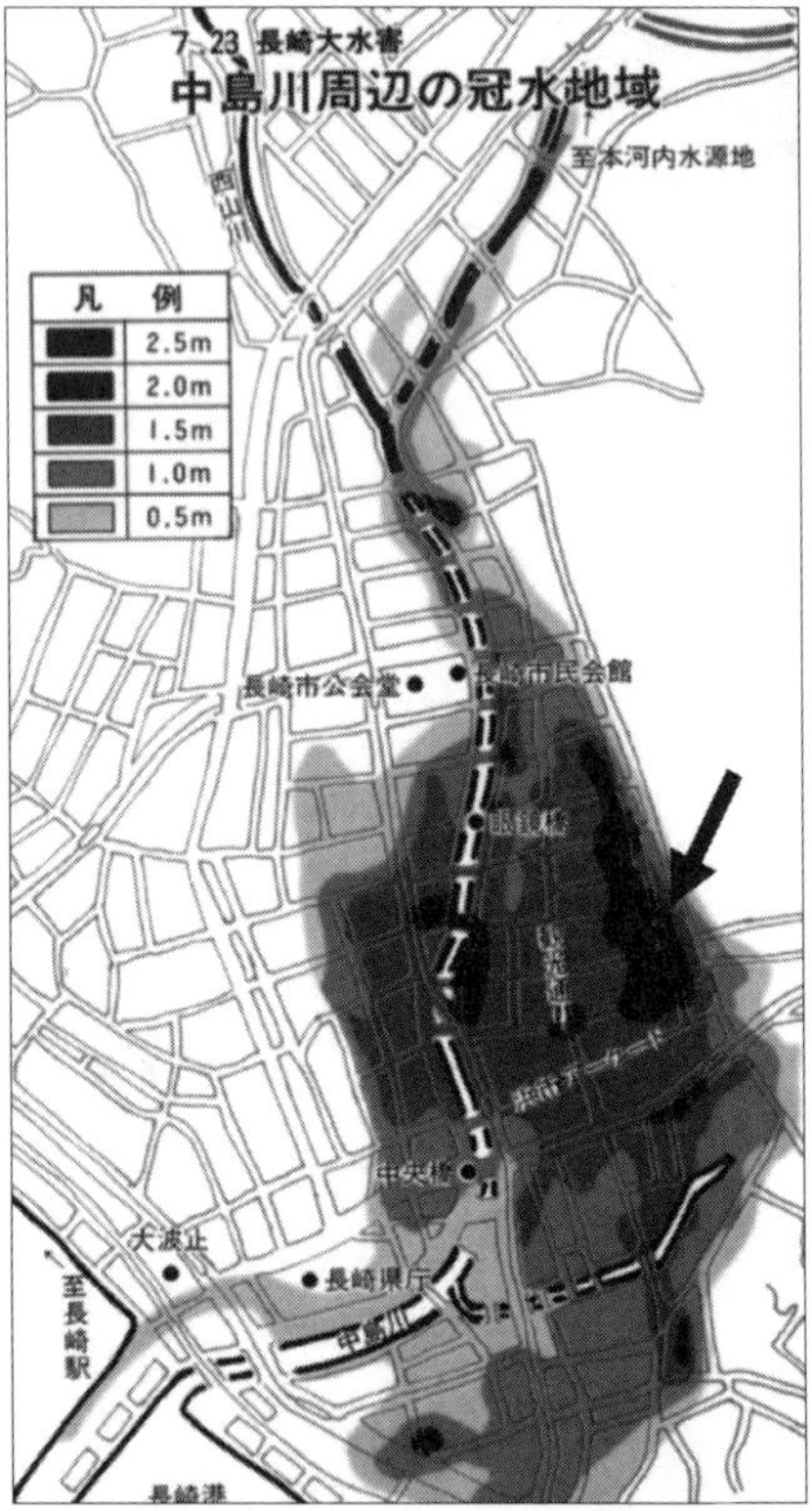

眼鏡橋付近の浸水図（長崎県長崎土木事務所提供）。黒矢印でシシトキ川の位置を示した。

河川改修・復興をめぐる論議から

この街をどう復興するか。まずは治水対策が焦点となったが、観光都市だけに損壊した眼鏡橋の扱いに関心が高まっていった。建設省（現在の国土交通省）や長崎県は、溢れた中島川を拡幅し、その結果としてこれまでの川幅で架っている眼鏡橋を、どこか公園のような別の場所に移設する案を打ち出していた。

それに対し、中島川の石橋群など文化財としての貴重さを日ごろ訴えていた住民グループ（中島川を守る会、中島川復興委員会）が別の提案をした。そのグループを応援していた元長崎県諫早市

現在のシシトキ川（撮影・徳田剛）

職員で土木技術者の山口祐造さんは、一九五七年に起きた諫早水害の復旧で本明川に架かっていた眼鏡橋を移設・再建した経験から、「中島川の眼鏡橋は移設しないで同じ場所で復元可能だ」と、自ら描いた設計図を見せて周囲を説いたのだ。

市民が水害調査

住民グループは、そもそもこの町の洪水の原因は何であったのかを調べようと、多数の市民ボランティアの協力を得て調査した。マジックインキで尺度を記した長い角材と地図を手に、町に繰り出し、浸水地点はどこか、どこから水が流れてきたか、浸水の深さはどれだけかと調べた。

その結果、中島川が溢れたのは眼鏡橋付近ではなく、むしろ風頭山の麓にある溝のような鹿解（シシトキ）川が最初に溢れ、二メートル以上の高さになっていたことが分かった。つまり、中島川の溢れより先に、山から流れてきた水が、この鹿解川で溢れたのだ。県が行った調査でも同じ結果となった。これはつまり中島川の拡幅だけを進めても町の浸水は避けられないことが明らかになったのだ。

埋め立てで出口をなくした川

長崎市は明治期に、外国人の居留によって石畳が整備された。鹿解川も同様に石を並べて作られた溝である。排水の役割を果たすわけだが、その後の町の発展で、川は建物の出入り口でふさがれ、繁華街・銅座につながる箇所で暗渠になっている。

古地図には、扇型の出島のほか現在中華街になっている四角い土地の「新地」が埋立地として海に出た形で表されている。鹿解川が合流する銅座川も直接海に注いでいたが、時代とともに埋められ、本来の川の姿ではなくなってきた。川筋を失い、捌《は》け口が悪くなっていたことから、それが豪雨によって溢れ出て、大きな被害となったこともわかったのだ。

公開の審議会、市民参加の復興プラン

「災害に強いまち」をどうつくるかを決める場として、今後の復興計画を策定するために県知事が設けた委員会（「長崎防災都市構想策定委員会」）が開かれた。学識者のほかに住民団体（中島川を守る会）の代表も加わり、片寄俊秀・長崎総合科学大学教授（当時）は、「安全性と住み良さ、美観の統一的な達成を目指す」ことを提案。これまでの市民による浸水調査の成果もあって、国や県の行政当局が当初示した河川改修計画に替えて、眼鏡橋を川に残す形で改修することを訴えた。

この委員会での審議については、当初、県の河川担当者が県政記者クラブに「この委員会を非公開で進めたい」と打診してきた。記者側が「それはダメだ」と突っぱねて、審議をオープンにした経

緯がある。このことはのちのちの決定プロセスに大きな影響があった。市民参加と情報公開が復興計画づくりに欠かせない。また復興への方向づけをリードしていくメディアの役割も発揮された。

眼鏡橋が現地で復元する工法として国と県は、眼鏡橋の周辺に増水時に本流の水を分流するトンネルを造る「バイパス方式」を採用したが、当時の治水行政としては非常に画期的な方法だったと言えよう。

Ⅴ　伝えるべき教訓は何か

では、これまでの失敗例と成果のあったことを踏まえた、今後伝えるべき教訓は何かを考察しよう。

①災害への心の準備

豪雨災害がますます身近なものになってきている。台風や局地豪雨を含めて、防災への心構えが必要だ。地球温暖化による気象の激化が言われており、科学的評価の専門家組織「気候変動に関する政府間会議（ＩＰＣＣ）」は二〇一三年九月にまとめた第五次評価報告書で、温暖化による豪雨被害の激化を指摘。北半球中緯度の陸域平均では、降水量が一九〇一年以降増加し、特に一九五一年以降は高い確度で増えているとしている。大都市部での洪水、極端な気象現象によるインフラなどの被害、海面上昇による沿岸での高潮被害などをリスクに上げている。

②時間雨量一〇〇ミリメートルの激しさを伝える

長与町で一時間に一八七ミリメートルという記録は現在も国内の観測史上では破られていない。梅雨末期のことであり。、それまでに土壌が雨を吸い込んでいたことを考慮しても、短期間の雨量の激しさが土石流被害を引き起こした。一時間に一〇〇ミリメートルの雨が降ると、外出しにくい、車を運転していてもワイパーで視界が効かないなど、それ自体で人間の行動が制約される。では、五〇ミリメートルではどうかといった感覚を少しでも理解し、伝えられるとよい。

伊豆大島では大島町役場では避難勧告を出さなかったと非難されたが、時間雨量は一二〇ミリを超えた午前三時の深夜に、住民を避難させても安全を確保できるかどうか疑問である。

③地域の災害史を学ぶ

地域には、その地域で災害が繰り返された歴史がある。

過去の歴史に、明治以前に遡って災害の事実を知る。古文書を調べる。地域の古老に聞く。古い時代のことであっても、「言い伝え」を聴き取ることができるかもしれない。

④最初は一点しか見えない

最初に現場にいた記者からの災害の情報の一報が、外に伝えられるときに、災害イメージを与えるが、それがすべてではない。むしろ被害が大きい地域からの情報は入らず、全体的な被災の実態は、のちに徐々に見えてくる。そのことを理解していることが必要だ。

長崎豪雨災害の際は第一報で「長崎の町が水害で壊滅した」というイメージで伝わっていたのか、職場に全国の知人から「大丈夫か」と安否を確認するための電話がどんどん掛かってきた。

⑤当局頼みにするな

報道は、研究者や観測機関の情報を受けて視聴者や読者に伝えることを使命としている。そのメディアで仕事をしている者として、また市民としても、気象情報や河川の情報を読み解く力を身に着けておくべきだ。

ただし、行政だけを頼りにしない。国や自治体が住民にできること（「公助」）は限られている面もある。地域社会で互いに助け合うこと（「共助」）のほか、最後は自らの力で助かる力（「自助」）を養っておくことと同じである。自分の「目」で見たことを伝えていくことが大切だ。

⑥誰に対する情報か

伝える相手によって伝える内容が違ってくる。地元ラジオは地域住民の安否情報をやっていた。一方、通信社など

三方が山に囲まれ、斜面地に住宅が広がる長崎市。現在は安全と言えるだろうか。（撮影・徳田剛）。

外の地域に事実を発信する役割のあるメディアもある。メディアによって伝える内容や役割が違う。

福島の原発事故のときに、福島県の地元紙は、住民の避難の取材で手一杯で、放射性物質がどう拡散し、濃度はどうだといった情報は現場でほとんど取れなかった。東京発の通信社が配信した記事が頼りだったという。メディアや地域によって取材できることや求められる情報が異なる。

⑦自身と家族の安全確保

災害時に自分自身が危ない、ヒヤッとする時があった。避難したらよいか、もっと現場に近づいたらいいのか、こうした迷いがあった。他人を助けたらいいのか、仕事のことだけを考えたらいいのかの迷いもあるだろう。私も避難途中に声を掛けた人があったが、仕事優先で急ぐときにそれができるかは分からない。

また、家族の安全についても考える。長崎豪雨災害のとき、妻は前日に次男を出産したばかりだった。町の産科病院に妻と赤ん坊と長男（二歳）がいたこともあって、私は安心して仕事に励めた。その産院では停電して水道も止まって、井戸水で対応したとあとから聞いた。いずれにしても、家族が安全な場所にいることがわかっていたからこそ、安心して仕事に専念できたわけである。

自然災害や大規模事故の発生時に、家族の安否をどのように確認するかは、どんな仕事に従事している人にも付き物の問題である。家族や近隣の人、さらに通りすがりの人で救護を求めている状況に、各人の置かれた場で自分や他人のいのちを優先に行動すべきことと考える。

⑧復興プロセスへの市民参加

長崎では防災都市構想策定委員会が、住民団体の代表を入れて構想を審議した経緯がある。公開でのこうした審議の決定プロセスが大事である。土木事業だけのハードな対策だけでない、避難対策や復興事業など、広い視点で進めるうえで市民の参加が必要になると考える。

Ⅵ　最後に――市民とメディアの防災リテラシー

最後にメディアの立場として多くの人に言えることは、新聞社や放送局、通信社の記者には転勤、異動がある。一人の記者が一つの地域やテーマで継続的に取材することはなかなか難しい。筆者の場合、長崎で水害報道を経験し、その後、転勤で大阪や東京に勤務したが、長崎豪雨災害から二二年過ぎた二〇〇四年に、「中央防災会議の災害教訓の継承に関する専門調査会」の「一九八二年長崎豪雨災害報告書」の小委員会の一員として、その後の現地での復興の動きを顧みる機会に恵まれた。

振り返って考えると、メディアはその特性から速報性が重視されるが、速報性がゆえに陥りやすい問題もある。その災害の実態や原因などをどこまで真相に迫れるか。一つの災害の原因やその対策の妥当性をどう報じたか、長い目で検証することは、容易ではないが大事なことだと認識している。

理想的には災害の発生する前に、未然に災害を防ぐ予防が望まれる。そのためには、地域の住民がその土地で起きた災害の歴史を知り、リスクを理解できるような防災リテラシーが身に付くようにメディアがリードしてくことに、またメディアに従事する者自身が、その土地を知り、より防災のリテラシーを高めることが求められていると思う。

佐藤年緒

環境・科学ジャーナリスト。科学技術振興機構（ＪＳＴ）科学教育誌『Science Window』編集長、元時事通信編集委員、ＪＡＳＴＪ理事。著書に『森、里、川、海をつなぐ自然再生』（中央法規、共著）など。一九五一年生まれ。東京工業大学社会工学科卒。

ＪＡＳＴＪの活動　科学ジャーナリスト賞

ＪＡＳＴＪは二〇〇六年から、科学技術に関する報道や出版、映像などで優れた成果をあげた人を表彰する「科学ジャーナリスト賞」を設けています。受賞者は原則として個人（グループの場合は代表者）とし、新聞、テレビ、ラジオ、出版といったマスメディアでの活動だけでなく、ウェブサイトや博物館での展示など、対象を幅広くとらえ、また、優れた啓蒙書を著した科学者や科学技術コミュニケーターなども対象としています。ＪＡＳＴＪが設けた賞であることから、授賞作品に社会的なインパクトがあることを重視して選考されます。

候補作品は自薦・他薦を問わず、どなたでも推薦することができ、応募要領はホームページ（http://jastj.jp/jastj_prize）に掲載されます。推薦されたすべての作品は、ＪＡＳＴＪ会員によって組織された小委員会で最終候補作品となる十数点に絞り込み、ＪＡＳＴＪ会員と外部の識者からなる委員会で最終選考を行います。

例年、贈呈式は五月のＪＡＳＴＪ総会に引き続いて行われ、和やかな雰囲気の中で行われています。

（編集委員会）

科学ジャーナリスト賞 2015（受賞作品／受賞者）

【科学ジャーナリスト大賞】

- 『捏造の科学者　STAP 細胞事件』（文藝春秋）／須田桃子（毎日新聞科学環境部）

【科学ジャーナリスト大賞

- 連載記事『廃炉の世紀』／山本洋子（中国新聞社編集局）
- 『死の棘・アスベスト　作家はなぜ死んだのか』（中央公論新社）／加藤正文（神戸新聞東京支社）
- 『原発と大津波　警告を葬った人々』（岩波書店）／添田孝史（科学ジャーナリスト）
- 『NHK スペシャル「腸内フローラ～解明！ 驚異の細菌パワー～』／代表 浅井健博（NHK 制作局科学環境番組部）

【特別賞】

- 企画展示「科学雑誌－科学を伝えるとりくみ－」／代表 大石和江（東京理科大学近代科学資料館）

科学ジャーナリスト賞 2014（受賞作品／受賞者）

【科学ジャーナリスト大賞】

- 『東電テレビ会議 49 時間の記録』／代表 白石草（OurPlanet － TV）

【科学ジャーナリスト賞】

- NHK スペシャル『“いのちの記録”を未来へ 震災ビッグデータ』／三村忠史（ＮＨＫ報道局社会番組部）
- 『宇宙へ行きたくて液体燃料ロケットを DIY してみた～実録なつのロケット団』（学研教育出版）／あさりよしとお（漫画家）
- 『巨大地震の科学と防災』（朝日新聞出版）／金森博雄（元 カリフォルニア工科大学地震研究所）・瀬川茂子（AERA 編集部）・林能成（関西大学社会安全学部）

過去の受賞作品のリストは、ホームページ（http://jastj.jp/jastj_prize）に公開されています。

水俣病の失敗を繰り返した
原子力報道

柴田　鉄治

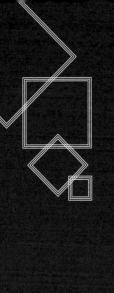

科学報道の誕生

科学ニュースは大昔からあったが、日本に「科学報道」という一つのジャンルが生まれ、専門記者が誕生したのは戦後のことである。

そのことを説明するのに、私はいつも「科学報道の産みの親は原子力、育ての親は宇宙開発、そして科学報道元年は一九五七年だ」と解説している。

一九五七年という年は、一月に南極に昭和基地ができ、八月に東海村の日本原子力研究所の第一号原子炉が臨界になり、一〇月にソ連のスプートニク一号が打ち上げられた年だ。華やかな科学ニュースがつづいて、新聞社やテレビ局に科学取材班といった専門記者集団が生まれたのも、だいたいこの年の前後である。

ちなみに朝日新聞社に科学部が誕生したのは、五七年五月一日だ。部長一人、デスク一人、部員四人という小さな組織だった。しかし、八月に原研一号炉の臨界を「初の『原子の火』ともる」と大々的に報じたあと、一〇月の初の人工衛星の打ち上げで、てんてこ舞いの忙しさになった。

初代の科学部長、半沢朔一郎氏によると、社内外からの「なぜ人工衛星は落ちてこないのか」といった質問に答えるだけでも大変で、一八日間も社に泊まり込んで自宅に帰らなかったというのである。

五四年の予算案に突如、二億三五〇〇万円の原子力予算が組み込まれたことによって始まった日本の原子力開発。それをカバーするには専門記者が必要だとなって誕生した科学部は、つづいて始まった宇宙開発によって一気に存在感を増し、新聞社やテレビ局にとってなくてはならない存在となって、急成長していくのである。

科学報道最大の失敗は水俣病と原子力

それから五〇年余り、社会の中に占める科学技術の比重は高まる一方で、それにともない科学報道の果たす役割も急速に大きくなっていったが、かといって科学報道の歩みは決して平坦ではなかった。

科学技術の発展があまりにも急速だったため、科学報道の対応が追いつかなかったという側面もあって、ある時はためらったり、ある時は勇み足があったり、ジグザグな歩みをたどってきたのである。

この半世紀におよぶ科学報道の歩みを振り返ってみるとき、最大の失敗は水俣病と原子力だと私は考えている。もちろん、これは私見であって、違う見方があるかもしれない。しかも、これはあとから振り返って検証してみた結論であり、「そんな『あと知恵』なんて…」という声もあろう。

しかし、報道に限らず、歴史に学ぶことは何よりも大事なことなのだ。なかでも、報道は、きのう報じたことをきょう検証して、直すべきところは直す、という作業の繰り返しともいうべき仕事だ、と私は考えており、検証作業はひときわ重要なのである。

そのことは分かっていても、報道の仕事は次々と起こってくる事件などに追われて、過去の報道の検証に費やすひまがないと、なおざりにされてきたきらいがある。

科学報道を学ぶにはまず歴史に学ぶほかなく、最大の失敗例には最大の教訓が含まれていると考えるべきだろう。そういう観点から、水俣病と原子力について、私が検証した結果を次章以下に詳しく記してみたい。

水俣病は、企業・行政・学界ぐるみの『犯罪』だった！

水俣病の「公式発見」は五六年五月、新日本窒素肥料（のちにチッソと改称）水俣工場附属病院から保健所に奇病患者の多発が報告されたときとされている。ただちに保健所や市医師会などを中心に「水俣奇病対策委員会」が組織され、周辺を調査したところ、水俣湾沿いの住民にかなり広がっていて、すでに一一人も死亡していることが分かった。

原因が分からず、熊本大学医学部が各教室を挙げて究明に取り組み、翌五七年一月、「魚介類を媒介した工場排水からの重金属中毒の疑いが濃い」と中間発表したが、原因物質をめぐってマンガンか、タリウムか、セレンかと難航し、ようやく五九年七月、有機水銀が原因と突き止めた。

病気の担当は厚生省である。この報告を受けて同省の食品衛生調査会に諮問した結果、五九年一一月、「有機水銀による食中毒である」との答申を得た。ここまでやや時間はかかったとはいえ、本来なら、この答申を受けて厚生省が工場排水の規制や患者の救済に乗り出すべきところだったのだ。

ところが、そうはならなかった。この答申を厚生省が握りつぶしたのだ。いや、正確に言うと、企業と一体になった通産省が厚生省を抑えこんで、原因の確定を先延ばしにさせたのである。

通産省はまず、意を通じた学者に「原因は水銀ではない」という論文を書かせ、それを食品衛生調査会の開かれる前日に通産省で発表させた。この論文は食品衛生調査会によって「海水調査に過ぎない」と却下され、一見空振りに終わったようにみえたが、そうではなかった。

「非水銀説」と「水銀説」が二日続きで新聞に報じられたことを利用して、通産省は「学者の間で意見が割れているようだから、厚生省だけでなく通産省や水産庁、それに水質保全を担当する経済企画庁も加えた四省庁で慎重に検討しよう」と提案して、食品衛生調査会の答申をウヤムヤにしてしまったのだ。

その直後に、チッソは患者たちと見舞金協定を結び、死者には三〇万円、患者には一〇万円、子どもには三万円支払う代わりに「将来、工場排水が原因だと分かっても、これ以上の要求はしない」という誓約書を取っていたのである。

それだけではない。チッソはそのときすでに原因は工場排水であることを知っていたのだ。工場附属病院の医師たちを中心に進めていた、工場排水を混ぜたエサをネコ与える実験で、狂い死にした「ネコ四〇〇号」の実験結果が出ていたからである。チッソは箝口令を敷いて一切外部には出さなかった(このことが明るみに出たのは六八年である)。

こうした経緯を経て、水俣病は封印されたまま歳月だけが流れ、政府が公害病と認めた六八年九月まで、工場排水の垂れ流しは続いていたのである。大量発生の「公式発見」から実に一二年、熊大医学部が有機水銀と断定してからでも九年が経っている。

その間にどれほど患者を増やしたか、どれほど死者を出したことか、その罪深さには測りしれないものがある。

しかも、政府が公害病と認定したきっかけは、六五年に新潟県の阿賀野川流域で「第二水俣病」が発生し、その波紋が広がった結果だったのである。新潟・水俣病の発生がなかったら、熊本・水俣病はさらに対応や救済が遅れたかもしれないのだ。

この企業・行政・学界ぐるみの『犯罪』に対して、司法はなにをしていたのか。警察も検察も、漁民が工場に抗議のため乱入したり、患者がチッソの本社に座り込んだりしたことに対しては、厳しく処罰していたが、核心の水俣病に対してはまったく動かなかった。

チッソの本社に座り込んだ患者が傷害罪で起訴され、一審で有罪判決を受けたとき、「チッソの殺人罪はどうしてくれる！」と怒った患者たちがチッソを告発し、それによってようやく重い腰を上げ、チッソの元社長と元工場長を業務上過失致死・傷害罪で起訴したのだ。公式発見から実に二〇年後のことである。

しかし、主犯ともいうべき厚生省や通産省、さらには御用学者たちも、処罰どころか、誰一人、責任を問われた人はいなかったのだ。

なぜメディアがチェックできなかったのか

以上が水俣病の概要である。なんともひどい状況であり、メディアはいったい何をしていたのか、と検証をつづけながら、私自身の責任も含めて、痛恨の思いを何度もかみしめた。メディアがしっかり取材していたら、こんな策謀は見破れたはずだと思うからだ。

メディアといっても、当時はテレビの力はまだ弱く、報道の中心は新聞が担っていたので、新聞の責任だといっても過言ではない。それも水俣病のような地方のニュースを全国に伝えるという点で、朝日新聞をはじめとする全国紙の役割がひときわ大きく、全国紙の責任だと言い換えてもいいほどだ。

最初の失敗は、水俣病の大量発生を九州地方のローカルニュースにとどめてしまった判断ミスだ。水俣地方に奇病が広がり、すでに一一人も死亡していたことが分かったというのに、九州地方に大きく報じられただけで、東京の紙面にはまったく載っていなかった。

最初の記事が載らないと、その続報が載りにくいことはよく知られているとおりである。熊大医学部が「魚介類が媒介した重金属中毒の疑い」と中間発表したニュースも、工場排水による公害病の疑いが濃くなったというのに、東京の紙面には報じられず、東京では水俣病はほとんど話題にさえなっていなかったのだ。

驚くのは、熊大医学部が原因を有機水銀と突き止めたという大ニュースも、朝日新聞の特ダネとして九州地域には大きく報じられたのに、東京の紙面ではあっさり没にされ、もちろん他紙も追わなかった。東京の紙面に水俣病の関連記事が大きく載ったのは、五九年一一月、漁民がチッソの水俣工場に押しかけ、事務所などをめちゃめちゃに壊して警官隊とぶつかったときである。もちろん事件記事として、だったが…。

発生も原因究明もローカルニュースにとどめてしまった判断ミスも痛かったが、その後の企業・行政・学界ぐるみの策謀を見破れず、それにあっさり乗せられてしまったメディアの失敗は、もっと痛かった。なぜ、こうもやすやすとメディアは乗せられてしまったのか。

その理由の一つとして、一般に対立や論争がある場合には「報道は中立でなければならない」という原則があり、その「報道の中立」が逆手に取られたのだといえよう。つまり、水銀説に対して、学者に「非水銀説」の論文を書かせ、対立・論争の形を作り出したのである。

しかも、チッソ・通産省側は、それをいっそう際立たせるため「地方対中央」の構図を徹底的に利用した。地方大学の熊大に対して中央の学者を対峙させ、しかも現地ではなく中央で発表する方法をとった。非水銀説の論文に、わざわざ「東大医学部の協力を得た」とあったのもそれだろう。そのうえ、対立を際立たせるための舞台も、メディアが載りやすいように選んでいる。非水銀説の発表を通産省の記者クラブでやったり、四省庁の協議会の場を利用したりと、中央官庁の権威と官庁ごとに置かれた報道の取材体制をたくみに活用したのである。

言い換えれば、メディアの『弱点』が衝かれたといってもいいのだろうが、「それにしても」という思いがどうしても消えない。たとえば、食品衛生調査会の答申がウヤムヤにされたことに厚生省担当の記者は、疑問を感じなかったのだろうか。

また、いかに「報道の中立」といっても、熊大医学部が総力を挙げて三年がかりでやっと突き止めた水銀説と、食品衛生調査会が「海水調査に過ぎない」と却下した非水銀説と、どちらに理があるかは、科学記者でなくとも取材を深めればわかったはずである。

さらにいえば、非水銀説の「東大医学部の協力とは、誰が、どのような協力をしたのか」を調べた記者は一人もいなかったのである。

突き詰めて言えば、水俣病報道の失敗は、科学記者が水俣病にまったく関心を持っていなかったことが原因だといってもいいのではあるまいか。

といっても、当時はまだ、科学記者が誕生して間もないころであり、社会全体が公害問題に関心が薄かった時代でもあったため、科学記者にすべての責任を押し付けてしまうのは無理がある。

そこで、思い当たるのは私自身の「痛恨の思い」である。六四年の東京オリンピックが終わったあと、次の社会の課題は「都市問題だろう」という見通しのもとに、朝日新聞社は全国から記者を集めて「都市問題班」をつくった。土地問題、住宅問題、公害問題などの取材チームに分かれて、それぞれ問題を深く掘り下げる狙いで、入社六年目の新米の社会部記者だった私も公害チームの一員として参加したのである。

しかし、当時は水俣病について東京での関心が薄かったときであり、私たち公害チームは、四日市ぜんそくや東京・多摩川のカシンベック病などに取材を集中し、水俣病にはまったく立ち向かわなかった。

もし、あのとき公害取材チームが水俣病に取り組んでいたら、政府の公害病の認定も、一、二年は早くさせることができたのではないかと、痛恨の思いがその後もずっとつづいている。

ちなみに科学記者に限らず、社会全体が公害・環境問題に大きな関心を抱くようになったのは、七〇年代からである。六九年にあったアポロの月着陸で、月から見た小さな地球の映像が全世界に生中継され、それをきっかけに「地球環境を守れ」の声が一気に高まったためだといわれている。

原子力も企業・行政・学界ぐるみの「安全神話」を見破れず！

原子力は科学報道の産みの親だから、水俣病とは違って科学記者の関心が薄かったことはまったくないが、企業・行政・学界が一体となって築き上げられた「安全神話」に酔って安全対策のチェックを怠ったため、福島原発事故を起こしてしまったという点では科学報道の大失敗の一つであることは間違いない。

福島事故を「想定外」の地震や津波のせいだと主張する人がいるが、地震も津波も決して想定外のものではなく、地震国・日本に原発を造る以上、当然考えておかなければならない安全対策を怠ったことは明らかだ。

水俣病の場合は、大量発生から公害病と認定されるまでの一二年間に失敗が集中しているが、原子力の場合は五四年のスタートから二〇一一年の福島事故まで五〇余年の歳月が流れているので、時代を追って失敗の内容を検証していきたい。

まず五〇～六〇年代は、原子力に対して国民世論もメディアもバラ色一色の見方をしていた時代である。ヒロシマ・ナガサキの被害を受けた国民が原子力にバラ色の夢を抱くとは不思議な現象だが、エネルギー資源のない日本が原爆のあのすさまじいエネルギーを利用できたらいいなと、逆に夢みたのではなかろうか。科学技術にはプラス面とマイナス面があるが、軍事利用は悪、平和利用は善と割り切って、平和利用のマイナス面が見えなかったという側面もあったのかもしれない。

国民やメディアがバラ色一色だったことを示す事例には事欠かない。五五年の新聞週間の標語に「新聞は世界平和の原子力」が選ばれたこと、原研をどこにつくるかで誘致合戦が展開されたこと、その一号炉が臨界になったとき花火が打ち上げられ、「原子力饅頭」が売り出されたこと、等々。この空気が六〇年代いっぱい続いたことは、六九年の原子力船「むつ」の進水式に皇太子妃がシャンパンを割ったことでも明らかだ。

国民がバラ色の夢を抱いてもかまわないが、科学記者は原子力のマイナス面をしっかりと報じなければいけなかったのだ。放射性廃棄物の処理ができないことなどは、当時から分かっていたことなのだから…。それが第一の失敗だった。

原子力に反対派が登場するのは七〇年代に入ってからである。アポロの月着陸で公害・環境問題に火がつき、原子力に対しても「トイレなきマンション」などと激しい反対運動が起こってきた。そのとき「絶対安全か」と迫る反対派に推進側が「絶対安全だ」と答えてしまったのだ。そのため、どの原発にも事故時の防災計画が立てられなくなってしまったのである。

ところが、メディアは「絶対安全だ」と答えた推進側の非合理を衝かずに、「絶対安全」を求める反対派のほうが非科学的だと非難したのだ。これが第二の失敗である。

七九年の米スリーマイル島事故、八六年のソ連チェルノブイリ事故があって、「やはり事故は起こったではないか」と反対派が勢いづき、八〇〜九〇年代は国民世論も逆転して反対意見のほうが圧倒的に多くなった。それなのに、原発政策はまったく変わらず、メディアもそれに追随して、世論と政策の乖離を衝かなかった。それが第三の失敗である。

二一世紀に入って、省庁の再編があり、科学技術庁が文部省と合併した機会をとらえて、原発推進役の経済産業省（元の通産省）が規制役の原子力安全・保安院まで傘下に収めてしまった。水俣病では規制官庁の厚生省を通産省が抑え込んだことが被害の拡大を招いたわけだが、原子力では推進も規制も経産省が一手に握ってしまったのだ。

そのことをメディアは何の批判もしなかった。第四の失敗である。

福島事故が起こってからのメディアは、ただ東京電力や政府の発表に依存して現場に肉薄せず、緊急時迅速放射能影響予測ネットワークシステム（ＳＰＥＥＤＩ）のデータなども住民に知らせなかったことで、「まるで戦時中の大本営発表と同じではないか」という批判の声が渦巻いた。

これを第五の失敗と名付ければ、最初から現在までほとんど失敗続きだったといってよく、原子力が科学報道最大の失敗だという理由は分かってもらえただろう。

規制する側が規制される側の虜《とりこ》になっていた！

水俣病の場合は、チッソと通産省と一部の学者が一体となって規制官庁の厚生省を抑え込んだわけだが、原子力の場合は、規制官庁が推進官庁と同じ省内に属しているのだから、抑え込む必要さえなく、チェックが極めて甘くなってしまったのである。

福島事故に対する国会の事故調査委員会は、そのことを「規制する側が規制される側の虜になている」と表現した。つまり、規制する側（原子力安全・保安院や原子力安全委員会）が、規制される側（東京電力）の虜、すなわち、原子力安全・保安院や原子力安全委員会は、東京電力の言いなりになっていたというのである。

確かにそんなケースは多々あったようだ。たとえば、福島原発一号機は予定の運転期間三〇年を過ぎて一〇年間延長し、さらに一〇年間の延長を認めるかどうかの検討会議に、最近明らかになってきた貞観地震（八六九年）の津波の大きさが報告されたのに対して、東京電力が「そんな千年も前の話なんて…。対策にはカネもかかるし…」と一蹴したのを、保安院も安全委もあっさり認めて引き下がってしまったというのである。

また、米国政府からテロ対策として「全電源が喪失した場合の対策を検討しておくように」との忠告を受けていたのに、電力会社に気兼ねしてか、規制する側はその指示さえ伝えていなかったようなのだ。

規制官庁まで「原子力ムラ」に取り込まれてしまったような状況のうえに、司法のチェックもまったく働かなかった。七三年の伊方原発訴訟を皮切りに、全国各地で反対派が起こした原発訴訟は数えきれないほどあるが、そのほとんどすべてといっていいほど、住民側の敗訴に終わっている。

なかには「専門学者の協力を得て政府が安全だと認定しているのだから…」と、まるで司法の役割を放棄しているかのような判決もあって、「裁判所まで原子力ムラの一員なのか」という声さえ出ていたほどである。

　こうなると、メディアのチェックしかない。原子力に対してメディアのチェック機能がなぜ働かなかったのか。とくに、最大の取材対象として最も力を入れてきたはずの科学記者が、原子力に厳しい目を注いでこなかったのは、なぜなのか。

　その理由はいろいろ考えられるが、私はこう考えている。原子力がバラ色一色だった初期のころは、科学記者は難しい科学を分かりやすく説明する解説者の役割を期待され、原子力の「負の面」を見ることを怠ってしまったこと。

　七〇年代に入って反対派が登場してからは、推進側を科学部が担当し、反対派を社会部や地方部が担当するという「奇妙な分業」がおこなわれ、科学記者が反対派の論理を深く洞察する機会があまりなかったこと。

　この二つの流れがその後も尾を引いて、メディアまで原子力ムラの一員であるかのように言われる状況が生まれてしまったのではあるまいか。

　本来、専門記者というものは、その分野の「負の面」を最もよく知っているはずの記者である。むしろ負の面を知っているからこそ専門記者なのだ、というべきなのかもしれない。それが、科学記者の場合、その生い立ちと歴史の浅さから、科学技術の負の面に関心が薄かったと言わざるを得ない。

その弱点が最も端的に現われたのが、水俣病と原子力だったのである。

柴田鉄治

朝日新聞論説委員・科学部長・社会部長・出版局長、国際基督教大学客員教授などを歴任。著書に『科学事件』(岩波新書)、『新聞記者という仕事』(集英社新書)、『原発国民世論』(共著・ＥＲＣ出版)など。ＪＡＳＴＪ理事。一九三五年生まれ。東京大学理学部物理学科卒。

著作権法はこのままでいいのか？

大江　秀房

はじめに

著作権の問題を扱うといっても、筆者自身は科学分野とのかかわりが多く、法律的な内容にそれほど精通しているわけではないので、ここでは著作権問題の渦中に身をおいた経験を振り返り、反省点も踏まえ、現著作権法が抱える問題点と今後の方向性について考擦してみたい。

特に、人間のあらゆる創作活動が模倣をもとに行われ、それが文化の発達に寄与してきた事実に注目し、近代導入された著作権法が模倣による自由闊達な創作活動を阻害する危険性について検証する。時に問題となる「表現の類似性」についても、あまりに矮小化されたレベルで論じるのではなく、アメリカのフェア・ユースのような大局的な視点で論ずることが不可欠である。二〇一三年春に日本音楽著作権協会の理事が「ツイッターで歌詞をつぶやくのも有料」と発言したが、これはまさに二〇一二年に文部科学省が打ち出した〝違法ダウンロードの刑事罰化〟という危険をはらんだ流れに沿うもので、慎重な検討が必要だ。

歴史が教えるところでは、科学であれ芸術であれ、規制でがんじがらめにして発展をとげたためしがない。自由な発想を抑え込むと萎縮効果が働くからだ。特に、めまぐるしいＩＴ技術の発展は、著作権者がふところ深く自由使用を見逃してきたおかげであることを忘れてはならない。ともすると経済性を優先させる著作権の管理団体の主導の下で著作権法をきびしくすると、将来の技術開発に支障をきたす恐れがある。

① 言語の著作物
- 文書―小説、脚本、詩歌、俳句、論文
- 口述―講演、講義

② 音楽：楽譜に固定された曲、歌詞（即興演奏も含まれる）

③ 舞踏又は無言劇の著作物：日本舞踊、ダンス、バレエなどの舞踏やパントマイムの振り付け・台本など

④ 美術の著作物：絵画、版画、彫刻、漫画、舞台装置など造形美を表現したもの
書道の書やタイプフェイス（書体）については状況による

⑤ 建築の著作物：建物、庭園、タワーなどの設計図およびそれに基づく建築物

⑥ 地図または図形の著作物：学術的な性質を有する図面、図表、模型など.
＊地図に何を載せるか選択したり、見やすいように表現を工夫したりする場合

⑦ 映画の著作物：劇場用の映画、テレビ映画、ビデオなど連続画像によって表現される

⑧ 写真の著作物：写真やグラビア

⑨ プログラムの著作物：コンピュータへの指令の組み合わせとして表現されたもの.
1985年に著作権法で規定された

表１　著作物のいろいろ

Ⅰ　著作物と著作権

まず著作物についてであるが、著作権法二条一項一号に「思想又は感情を創作的に表現したものであって、文芸、学術、美術又は音楽の範囲に属するもの」と定義されている。「思想又は感情」というのは、人間の精神活動をさす。わかりやすく言えば心の中で感じたり考えたりしたことだ。逆に「思想又は感情」を含まないものといえば、例えば日本で一番長い信

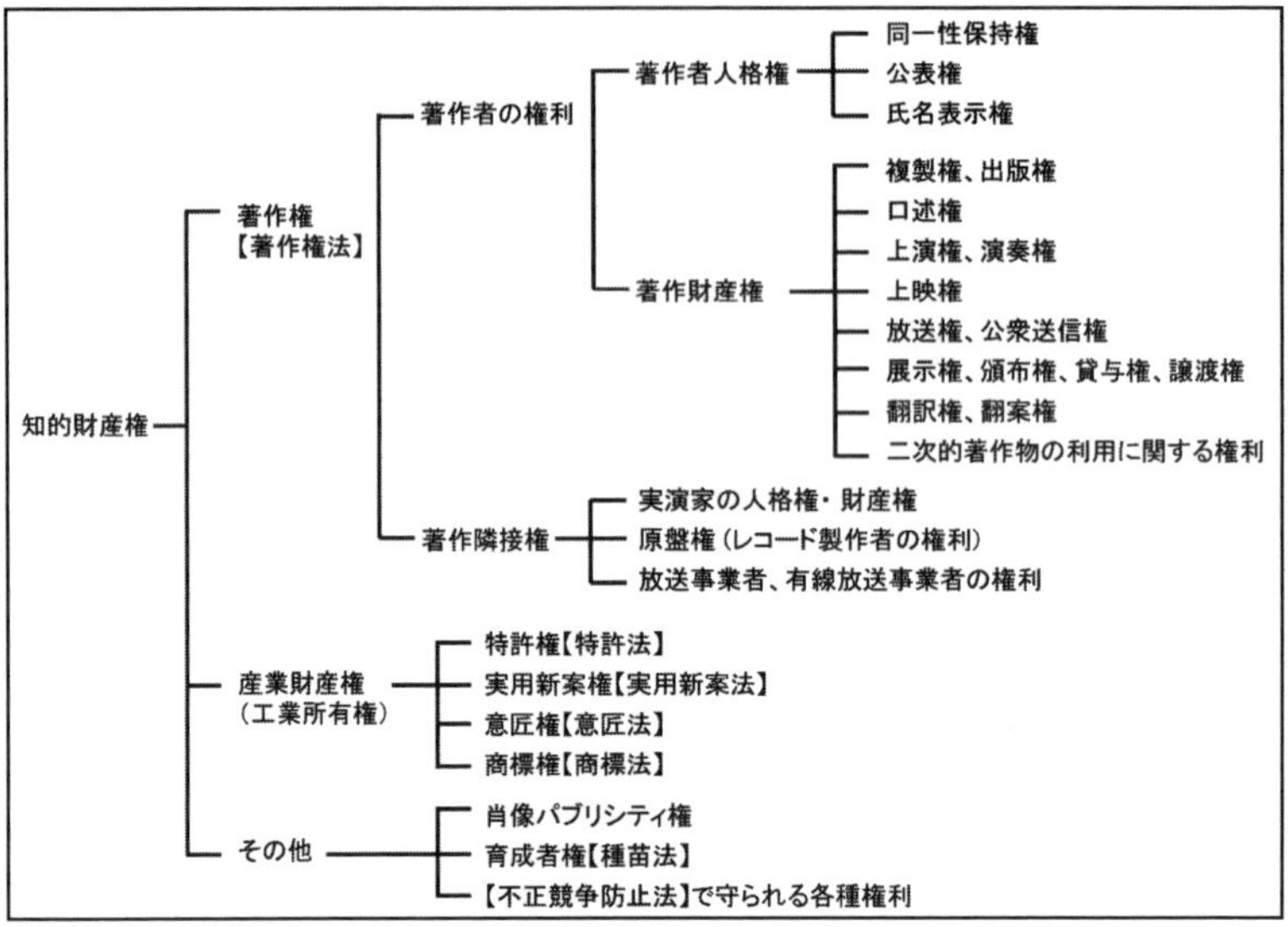

表２　知的財産権（知的所有権）にはどのようなものがあるか

濃川は三六七キロメートルだという事実、東京の八月の最高最低気温を記載したデータ、あるいは広島に原爆が投下されたのは一九四五年八月六日といった歴史的事実などである。また、挨拶文のように誰が書いても同じような表現になる「ありふれた表現」も著作物とはいえない。

また「創作的表現」とは、以前から存在していたもの比べて、何らかの形で著作者の個性が現われているものをさす。それは表現の上手下手とか、学術的か芸術的かによらない。極端な話、四、五歳の子どもが描いた絵でも、個性が認められれば著作物となりうる。表１に著作権法に認められている著作物の例を示した。

次に著作権であるが、本来、著作者が著

【日常生活に関するもの】
◎タイトル：書籍やテレビ番組などのタイトルは保護対象とはならない.
◎プログラム著作物：プログラムのバージョンアップ（これまで利用できなかったコンピュータでも利用できるように改変）には、同一性保持権は及ばない.
○プログラム著作物の複製の所有者：コピーの所有者は、自らのコンピュータで利用するかぎり、複製・翻案できる.
◎データベースの著作物：情報の選択又は配列に創造性が見られないもの.
◎編集著作物：音楽や画集のアルバム、それぞれが著作物ですが、例えばある時代の画家の作品を独自の傾向に基づき分類して画集を作った場合、その編集物も「編集著作物」となる.
○古書店・中古CDショップ：書店やCDショップは著作権の許諾を得ている. 中古については“一度正当に譲渡された著作物やコピーには、その後譲渡権は働かない”とされている.
◎私的利用のための複製：個人的・家庭内の範囲で使用するための複製（翻訳・編曲・変形・翻案）. 図書館の書籍のコピー、音楽の録音、テレビの録画など.
◎図書館等における複製：政令で認められた図書館は、非営利事業として、提供および保存（絶版作品）のための複製を行うことができる.
◎**引用**：引用の目的上正当な範囲内で、かつ明瞭区分性と主従関係を満たしておれば複製できる.
→他人の著作物を広く伝達したり、研究したり、論評したりすることは文化活動の基本
→著作物に実質的な害がないような利用が過度に制約されると、萎縮効果を生む
【教育・非営利活動に関するもの】
●教科用図書等への掲載：学校教育の目的で著作物を教科書に掲載できる. 著作者に通知し、著作権者へ補償金を支払う. 弱視の児童・生徒用に文字の拡大、視聴覚障害者向けの点字、録音も可能.
●非営利の教育機関：教育担当者および学生・生徒は、授業に必要な限度で著作物の複製ができる.
●試験問題：入学試験その他の試験・検定に必要な限度で、著作物を複製・公衆送信できる.
●学校教育番組の放送：著作物を放送・有線放送したり、番組用教材に掲載したりできる.
●非営利目的の上演・上映・口述など：公表された著作物（映画以外）のコピーも貸与できる.
●憲法その他法令、行政機関の告示・訓令・通達など、裁判所の判決・命令・審判およびこれらの翻訳物・編集物.
【政治・行政・裁判などに関するもの】
◎**情報公開法**等による開示のための利用：一定の手続きに従い、公衆に提供または提示できる.
○時事問題に関する論説：新聞・雑誌に掲載されたものは、禁止表示がないかぎり、他の新聞・雑誌に掲載、および放送・有線放送できる.
○公開の政治上の演説・陳述、裁判での陳述：方法を問わず利用できる.
○時事事件の報道への利用：事件を構成するもの、事件の過程で見聞きされる著作物は用できる.
◎裁判手続き等による複製：手続き上、あるいは内部資料として必要な複製は許容される.
【美術品に関するもの】
●美術の著作物：美術・写真の著作物の原作品の所有者等は、それを公に展示できる. 公に展示する者は、観覧者のために解説・紹介用の小冊子に掲載できる.
●公開の美術品や建築物：屋外に常設されているものは、方法を問わず利用できる.

表3　著作権の対象とならないもの、著作権が制限されるケース

作物を創作することにより得られる権利の総称である。表2に示したように、これは著作者が経済的利益を得る機会を保障するための著作財産権と著作者の名誉を守るための著作人格権に大別される。その詳細については専門書に譲るとしよう。当然ながら、権利者以外の人がその著作物を利用するときは、原則として権利者の同意や許諾を得る必要がある。ただし、そこには例外があって、表3に示すように、個人的利用のための複製や引用など、権利の及ぶ範囲から除外される場合がある。いわゆる「著作権の制限」といわれるものである。

Ⅱ　著作権の歴史

もともと著作権の考えは、ヨーロッパにおいて印刷術が発達し、一般の人たちの識字率が向上したことから生まれた。イギリスを例にとると、英語のコピーライト（copyright）は、印刷業者による複製（copy）の権利（right）を意味していた。つまり、印刷機の出現により本の大量複写が可能となり、さまざまな作品を制限なく印刷する風潮が蔓延し、作者、編集者、印刷業者の利益が阻害されたため、一五五七年にイギリスのメアリ一世が書籍出版業組合（ギルド）に印刷の独占権を与えた。その見返りとしてギルドは、異端的あるいは扇動的な本が出版されないよう監視する役割を担っていた。

(1)　近代著作権法の基になったアン法

時が流れ、ギルドの各構成員は取り扱う作品について独占権を主張するようになり、その手段として登録制が導入された。当時、ギルドの構成員は著者から原稿を買い取り、時には構成員同士で作品の権利を売買することもできた。しかし、一六九四年に、王室による独占権の乱発にメスが入り、ギルドの独占権も廃止され、一七一〇年にアン法が制定された。

アン法は近代の著作権法に多大な影響を与えた。まず、この法律によりはじめて、著作権（当時はcopyrightという用語は使われていない。copyrightという単語が初めて登場したのは一七三四年で、オックスフォード英語辞典である）は印刷・出版業者にではなく著作者に与えられた。その権利期間は二八年で、それを過ぎたものはすべてパブリック・ドメイン（公共・公有）になると定められた。しかし現実には、ロンドンの印刷・出版業者はコモンロー（英国で、通常裁判所が扱う判例をもとに発達した一般国内法）を盾に、権利切れの作品でも「著作権は永久に著作者に帰属する」と主張し続けた。

とはいえ、一七七四年にスコットランドの法廷で、「議会が著作権の長さを決めることができる」という決議がなされ、この決定がイングランドに根付き、やがて他国へと波及していった。

(2) 日本における著作権の歩み

歴史上初めて木版印刷および活版印刷を手がけたのは中国である。中国で活字を並べた組版による印刷が行われるようになったのは一一世紀であるが、日本が木版印刷から活字印刷に移行したのは明治初期である。当時ベストセラーになった福沢諭吉著『学問のすゝめ』(一八七二)や中村正直訳『西国立志論』などは、まだ木版印刷によっていた。ちなみに、後者の原本はスマイルズ著"SELF HELP"(『自助論』)で、そこに登場する「天は自ら助くる者を助く」はよく知られている。

当然ながら、その頃、日本にはまだ著作権という概念はなかったが、福沢諭吉の『西洋旅案内』(一八六七)がまったく違うタイトルで出版されたのがきっかけとなり、彼が中心となり政府の注意を喚起したという。一八七五年に「改正出版条例」が出され、そこにはじめて福沢諭吉がコピーライトに「版権」という訳語を与えた。

表4に世界における著作権の流れを示したが、日本で著作権制度が確立したのは、ベルヌ条約に加盟した一八九九年である。その後の改正を経て、一九七〇年にやっと現行の著作権法が公布された。参考のために、表5に著作権に関する主な条約を示しておいた。

Ⅲ　著作権をめぐる身近な事件

一般の人たちになじみはうすいが、著作権の侵害をめぐる事件は、小説、ノンフィクション、漫画、音楽などでいくつか起こっている。ここでは、小説、アニメ、科学読み物を例に、そこに内在する本質的な問題点を明らかにするとともに、真に文化、芸術、さらには科学の発展に寄与する視点をさぐってみた。

1445年ごろ	グーテンベルグが活版印刷技術を考案し、実際に印刷.
16世紀	ヴェネツィアをはじめとする出版の盛んな地域で出版権が認められる.
1662	イギリスで、国王の大権により最初の出版権を定めた法が制定される.
1709	イギリスの「アン（女王）法」で著作権がみとめられた（著者の死後14年）
1790	アメリカが著作権法を制定
1869	出版条例（著作権に関する日本初の法律）　＊福沢諭吉の『西洋旅案内』が別の題名で出版
1875	改正出版条例．福沢諭吉がコピーライトを『版権』と訳した
1886	ベルヌ条約締結（文学的および美術的著作物の保護に関する無方式主義国際条約）
1893	版権法制定
1899	日本がベルヌ条約に加盟．著作権法制定
1931	プラーゲが欧州の著作権管理団体の代理として日本の放送局などに音楽著作権の使用料を要求
1939	「著作権に関する仲介業務に関する法律」施行．大日本音楽著作権協会が設立される
1951	サンフランシスコ平和条約により、”戦時期間の加算”を義務付けられた.
1952	万国著作権条約（方式主義の著作物でも、無方式主義の国で保護される）日本は1956年に加盟
1970	新著作権法制定
1978	レコード保護条約に加盟（2012年現在78か国）
1984	映画以外の著作物の複製物の公衆への貸与について貸与権が創設される
1989	方式主義の米がベルヌ条約に加盟．万国著作権条約は時代遅れとなる
1992	日本における私的録音録画補償金制度が生まれる（デジタル方式の機器にかぎる）
1994	日本がＴＲＩＰｓ協定に加盟（2013年現在159か国）
1996	WIPO著作権条約（発効は2002年）．ベルヌ条約加盟国が、コンピュータプログラムやインターネット関連の技術を保護するために特別の取り決めをした．2000年に加盟（2013年現在90か国）
	WIPOの実演・レコード条約（実演家、レコード製作者の権利保護）2002年に加盟
1997	日本における公衆送信権・送信可能化権の明文化.
	＊レコード会社や著作権者の許可なく、アップロード（CDの音楽データをMP3などで圧縮してインターネット経由で配信すること）は違法であると改正された.
1999	米でソニー・ボノ著作権延長法への違憲訴訟（結局、2003年に合憲判決）.
2003	著作権法改正により、映画の著作権存続期間は「公表後70年」となる
2005	国外頒布目的の商業用レコード（日本販売禁止）の還流防止措置
2009	違法アップロードされた音楽・映画をダウンロードすることは、私的使用でも違法.
2012	著作権法の改正．違法ダウンロードの刑罰化導入

表4　著作権の歴史年表（日本に関係する事項については字体を変えてある）

条約の名称	署名の年（発効年）	日本の加盟年	加盟国数	特　徴
ベルヌ条約	1886 (1891)	1899	166	無方式主義．アメリカの加盟は1989年．内外人平等の原則
万国著作権条約	1952 (1955)	1956	100	コピーライト記号、著作者名、発行年を表示方式主義の国でも保護が受けられる．
実演家保護条約（ローマ条約）	1961 (1964)	1989	91	実演家、レコード製作者、放送事業者の権利（著作隣接権）保護
レコード保護条約	1971 (1973)	1978	78	レコード複製からの保護を図る
TRIPs協定	1994 (1995)	1994	159	WTO加盟国の付属協定．知的財産権保護に関する最低限条項
WIPO著作権条約	1996 (2002)	2000	90	コンピュータ・プログラムやデータ編集物の保護、著作物の保護期間などを規定
WIPO実演・レコード条約	1996 (2002)	2002	91	実演家の生演奏に関わる複製権・放送権、レコードに関わる実演家・製作者の権利などを規定
視聴覚的実演に関する北京条約	2012	2012	48	俳優や舞踏家などの視聴覚的実演家にもWIPO実演・レコード条約を認める

WIPO (World Intellectual Property Organization) =世界知的所有権機関

表5　著作権に関する主な条約

(1) 重厚な社会派小説を得意とした山崎豊子

a 『大地の子』事件

この小説は、山崎豊子が「文芸春秋」に連載（一九八七年五月～一九九一年四月）し、ＮＨＫでドラマ化され、さらには菊池寛賞を受賞した作品でもある。一九九七年、筑波大留学センター教授の遠藤誉が、自著三冊から多数盗用されたとして提訴。ただし、一冊だけは『大地の子』の巻末に参考文献として掲げてあった。

山崎豊子は、取材に七年八か月かけ、多くの関係者から聞き取りを実行し、中国共産党からも協力を得て書き上げたものので、単に他人の作品を盗用して書けるものではないと反論。さらに、「膨大な書籍や資料、幾人もの体験が折り重なって完成した作品を、批判者が自分の体験や歴史認識と違うからといって、全面的に否定してしまうのは常識を欠いている」というくだりは傾聴に値する。もちろん、遠藤氏から事前に許諾をとっていれば問題はなかったのだが…。

b 『不毛地帯』事件

一九七三年一〇月二一日付の朝日新聞で、「サンデー毎日」連載の『不毛地帯』の一部が、無名の今井源治著『シベリアの歌』からの盗用であると報じられた。山崎側の反論はこうである。「批判が細かすぎるのは感情が先行している証拠で、作品中のすべての事象を強引に盗用と結び付けている。ストーリーとの関連性を考えて判断すべきである。そうでないと、一部に盗用の疑惑をかけられた著者は、その作品すべての独自性を否定されてしまう。」

この二つの事件で彼女が訴えたかったのは、作家というのは読者の期待に応えて「意義深い」そして「おもしろい」物語を編む職業であり、もちろん一定のモラルは必要だが、ヒステリックに他の作品との類似性だけを問題にするのではなく、「どのように盗用に成功しているか、さらにその部分的盗用が全体の脈絡のなかでいかにうまく活かされているか」という視点からの評価も必要だということ。称賛すべきは、いくつかの盗用事件にもかかわらず、『白い巨塔』『華麗なる一族』など骨太の作品を世に送り出し続けた勇気で、これこそまさに独創性とよぶにふさわしいものかもしれない。良い作品あるいは意味のある作品は、時に盗用という疑いをかけられたとしても、決して消しさることができないものである。

(2) ディズニー映画『ライオンキング』事件

一九九四年に公開された『ライオンキング』は、興行収入においてもダントツのヒット作品であった。このアニメが手塚治虫の『ジャングル大帝』によく似ているとして、手塚のファン有志がディズニー側を訴えた。それに対するディズニー側の反論は、①『ジャングル大帝』なるアニメの存在を知らないので、どんなに似ていてもそれは「偶然の符合」であり問題はない、②着想の基はディズニーの名作『バンビ』とシェイクスピアの『ハムレット』である、というもの。

結局のところ、手塚プロダクション側が「もし手塚作品の影響を受けたとするなら、これまで欧米文化の影響を受け続けてきた日本が逆に影響を与えたのだから、すばらしいことだ」という声明を出し一件落着となった。真相は今も闇の中である。

(3) 著作権問題の渦中で筆者が経験したこと

a 事の顛末

二〇〇五年一二月、講談社ブルーバックスから『科学史から消された女性たち』というタイトルの自著が刊行された。予想外に注文が多く、一か月後には増し刷りの準備に入るよう要請された。ところが二月上旬、担当編集者経由で、ある女性研究者からの抗議文を受け取った。それは参考図書に掲げてある学会誌に、個人名が記載されていないというものであった。通常、学会誌の場合、個人の著作と違って、わざわざ個人名を出さないので、その旨の返事をしたと記憶している。

その直後、本文中に他書との類似表現があるという指摘（A４判で一ページほど）を受領したが、学生時代から少なからず科学史に興味をもっていた私にとっては「ごくあたりまえの表現」と思われるものが多かったので、正直、あまりぴんとこなかったのは確かである。一般に、著作権侵害の場合、権利者自身が被権利者に問題点を具体的に指摘し、その部分について検討・論争するのが常識なのだが、それとはかなり事情が違っていた。おまけに、事実かどうかの確認がないままネット上で騒ぎ立てるやり方には閉口した。ここに書くのもはばかられる妨害行為も含めて、明らかに感情が先行していたので、冷静に見守ることにした。

途中から、今度は私が参考にした英語版"Nobel Prize Women in Science"（一九九八）の翻訳本『お母さん、ノーベル賞をもらう』（工作舎）から流用したという指摘。しかし、私の知識不足で、翻訳本についてはまったく知らなかったのだ。英語版を参考にしたときも、原文を一～二章読み終わったら、その中の事実を拾い出し、それをつなぐ形で文を構成していったつもりである。にもかかわらず、英語版の国際的著作権違反というレッテルを貼られてしまった。実は、この英語版そのものがドイツ語の原書"Nobel-Frauen"（一九九一）【一九九六年に学会出版センターが翻訳版を刊行】とかなりの部分オーバーラップしていたことも、事態を複雑にしたのかもしれない。

ところで、女性研究者や出版社がかなり感情的に対応をしてきたのには伏線があった。一九九二年に、ロンダ・シービンガー著"The mind has no sex?"を翻訳した『科学史から消された女性たち──アカデミー下の知の創造』(工作舎)という大部な本が出版されていたのだ。私自身は、タイトルを決めるとき、翻訳者の苦労を考え、タイトルを同じにすべきではないと主張したが、担当編集者には魅力的なタイトルに映ったらしく、「刊行からすでに一三年も経っているし、読者対象も違うので、問題ないのでは…」と押し切られてしまった。まさにこの判断が大きな間違いで、翻訳した化学史研究会のメンバーは、プライドにかけて同じタイトルの本の存在が許せなかったにちがいない。

また、それまで努力を注ぎ込んで得た成果の「おいしいところ」だけをすくいあげられた、という感じをもったのかもしれない。しかし、知識は広がりをもつことで人々の役に立つものだから、知識を囲い込んではならないというスタンスも大切である。キュリー夫人が言うように、「知識は専門家の独占物ではない」のだ。われわれサイエンスライターは、専門家が額に汗して獲得した知識を、一般の人びとにわかりやすく伝えることを使命とする。ただし、ライターの中には、全体像を直感でとらえるのを得意とするものの、個々の知識の深さが専門家の域に達していない人も少なからずいる。そこでやはり、専門家の協力を仰ぐ術《すべ》を構築しておくべきだろう。今回の騒動で最も反省しているのは、この点である。

b　出版社とマスコミの責任

今回のような盗作問題が起こったとき問われるのは、出版社やマスコミの見識である。正直のところ、出版社が当事者同士の話し合いをセッティングしてくれるはずだったが、一向に声がかからなかった。出版社の法務部が対応を検討しているという段階でとどまっていた。少なくとも、当事者の言い分を聞くべきであった。結果として、問題点を洗い出すこともなく、うるさい抗議相手をなだめるために、早急に幕引きをした感は否めない。

この事件はもちろん新聞でも報道された。しかし、残念ながら、紙面には剽窃あるいは盗作という言葉だけが踊っており、その中身についてはまったく触れられることはなかった。担当記者がどれほど真実を知っていたかは疑問である。なぜなら、私は一度も口を開いたことがなかったからだ。一方、ネット社会の宿命なのか、声高にわあわあ騒ぎ立てた方の言い分がまかり通ってしまい、事の真偽はどこかへ吹き飛んでしまった。まさに、ネット社会の落とし穴と肝に銘ずべきであろう。

最も悲しいのは、私と同じ志で、女性の活躍を描いた一般向けの本がいまだに刊行されていないという事実。「なぜそうなのか」、よくよく考えるべきであろう。

Ⅳ　模倣と創造性

(1)　すべては模倣からはじまった

そもそも科学や教育において、創造は模倣から始まる。例えば多くの子どもたちは、親をはじめ大人の模倣をすることから始まる。それなのに、小・中学生の親たちを悩ませている夏休みの宿題「自由研究」で、教師が「自分の頭で考えることが大切」と強調するのを聞くにつけ、疑問を感じざるをえない。もちろん、既成のものをそっくり真似ただけというのも問題だが、要は、真似をしてもいいから何かひと工夫付け加えるよう助言すればいいはずである。

模倣はなにも子どもに限ったことではない。いわゆる専門職につくと、まずはそれまでに積み上げられてきた常識的な要素(知識・成果)を「模倣によって」消化・吸収することが要求される。例えば、専門用語とその使用法を身に付けるのに膨大な書籍や資料を読みこなさなければならない。これは物理・化学・医学などの自然科学にかぎらず法学などの世界でも同じで、かなりの時間を費やし独特の用語・表現法・思考法に慣れることが不可欠となっている。注目すべきは、これが逆に、専門外あるいは一般の人たちとの間に大きな壁をつくっていることだ。この壁を形成する過程を解明する中に、壁を突き崩すヒントが隠されているのかもしれない。

このように、本来、模倣は事を始める際の基礎であり、決して恥ずべきことではない。問題は、模倣を創造の対局として「卑しいもの」と決めつけている点にある。その結果、模倣をあたかも創造であるかのように装う風潮が生まれ、盗作を生み出してしまうことにならないだろうか。

(2) 模倣を乗り越えて

二〇〇六年五月末、芸術選奨文部科学大臣賞を受けた洋画家和田義彦氏(六六)が、展覧会に知人のイタリア人画家アルベルト・スギ氏(七七)の絵と酷似した作品を数点出展したとして文化庁が調査に乗り出したことが報じられた。彼はイタリア留学時に、スギ氏のアトリエを訪れては作品をカメラに収めていたという。このケースは明らかな盗作であったが、以下に創造的盗用ともいうべき例を紹介しよう。

a 盗用の天才パブロフ・ピカソ

盗作の問題でいつも俎上にのぼる画家といえばピカソ(一八八一〜一九七三)である。美術学校の教師を父にもつ彼は、一六歳で王立フェルナンド美術アカデミーに入学するも、間もなく中退し、その後はもっぱらプラド美術館に通いつめ、同じスペインの大画家ベラスケス(一五九九〜一六六〇)の名画を模写することに専念した。

ピカソが「ベラスケスにもとづいて」と称して描いた絵は、構図は似ているが、イメージが再構成されているためまったく違った世界を表現しているようにも見える。これ以外にも、他の画家の構図を真似たと思われるものはいくつかあるが、そこにピカソ独特の描き方を組み合わせることで、ほとんど別種の絵になっている。まさに「合法的盗用」といえなくもない。彼は、パリに住んでいるとき、よく仲間の画家のアトリエを訪れ、構図のアイディアを借用していたという。そのため、仲間は彼が来る前に自分の絵を隠したという話も伝わっている。彼の有名な言葉「すぐれた芸術家は模倣する、偉大な芸術家は盗む」には、少なくとも模倣した相手と同レベル以上の技量があるという自負がうかがえる。その根底にはやはり、「模倣は必ずしも悪ではない」という考えが貫かれており、まさに模倣から新たな価値を創造していたのだ。

独特の口ひげでおなじみのスペインの画家サルバドール・ダリ（一九〇四〜一九八九）も、画家のようなクリエイティブな仕事に携わっている人にとって盗むことの大切さを「そもそも人間は模倣することで成長してきた。他人から何かを学び、それを自分に生かすことは決して恥ずかしいことではない」と説いている。

b　盗む才能に長けたスティーブ・ジョブズ

スティーブ・ジョブズ（一九五五〜二〇一一）は、アップル社を創立した人物として知られる。一九七六年にスティーブ・ウォズニアックと共に初期のホームコンピューター"Apple I"を、その後"Apple II"を開発し、一九八四年に「マック」の愛称で人気を呼んだ「マッキントッシュ」を発売した。しかし彼は、天才的な発明家だったわけではない。彼はまさに盗用の天才だったのだ。というのは、現代のパソコンとよく似た機能をもつすばらしい超小型コンピュータ「アルト」を最初に開発したのは、ゼロックス社パロアルト研究所の技術者なのだ。ただ、ゼロックス社ではあまりに製作費をかけ過ぎたため、一台の価格が当時で七〇〇万円以上になってしまい、一般の人たちには手が届かなくなったため、世の中に売り出されることはなかった。

そんな折、手ごろな価格で使いやすいパソコンを作ろうと苦悩していたジョブズに幸運の女神が舞い込んだ。一九七九年に、パロアルト研究所を見学する機会が与えられたのだ。ガイドの技術者が「マウス」を使って、「アルト」の画面にあるアイコンをクリックすると、画面が自由自在に変化するのを目にして腰を抜かすほど驚いたという。それまでの先端技術では、キーボード操作でしか画面を変えることはできなかった。この「マウス」の仕掛けに潜むすごい技術こそ「ビットマップ方式」というもので、簡単にいうと、パソコンの画面に何十万という点（ビット）が埋め込まれ、各ビットに半導体素子をつなげたものである。

結局、ジョブズはなりふり構わず「アルト」と同じものをつくろうとしたらしい。『アルト』の技術を盗んだ」と言われるゆえんである。こうして開発されたのが「マック」で、その重要な機能の多くは「アルト」から取り入れた。しかも、その販売価格は二五〇〇ドル（当時の日本円で九〇万円）だったため多くの人たちが入手可能となった。裏話であるが、かつて「アルト」の開発に携わっていた優秀な技術者たちの多くがアップル社に移ってきたという。

このように、ジョブズは決してゼロの状態からアップル社を立ち上げたわけではない。既存のものを組み合わせることで新しい価値を創造したのだ。ゼロックス社からタダ同然でもらいうけ、それを自分たちが開発したものに組み入れた。上手に盗む才能に長けていたといえよう。実際、ジョブズはピカソの言葉を引き合いに出して、「僕たちは、偉大なアイディアを盗むことに関して、恥じることはない」とのべている。

(3) 文化を担ってきた翻案―翻案の天才シェイクスピアの功績

一般に、「翻訳(Translation)」というのは、ある言語から他の言語にそのまま変える(訳す)ことを意味し、「翻案(Adaptation)」というのは、例えば欧米の原作品を日本風の内容に書き換えることを意味する。東洋においては、特に一九世紀から欧米の作品を自国の内容に置き換えた翻案作品が次つぎと作られ、現代の著作権からみれば、明らかに盗作あるいは剽窃(ひょうせつ)に当たるものも数多く存在した。一例を挙げると、明治時代の尾崎紅葉による『金色夜叉』にも種本(たねほん)があった。いずれにせよ、明治以降の日本文学の発展に翻案が少なからず寄与したのは確かである。

翻案について最も有名な人物といえば、イングランドの劇作家で詩人のシェイクスピア(一五六四〜一六一六)である。彼の主な戯曲四五作品のうち、オリジナルの筋書きと確認されたのは『真夏の夜の夢』を含めてたったの四編しかない。したがって、独創性という点では疑問が残る。しかし彼は、まさに「翻案の天才」(あるいは「書き直しの天才」)だったことはまぎれもない事実である。種本という既存の題材をうまく書き直し、そこに時代に合った新しい息吹を吹き込む技術において群を抜いており、結果的に同時代の人びとばかりでなく後世の人びとからも惜しみない賛辞を贈られた。例えば、よく知られる『ロメオとジュリエット』は、その三〇年ほど前に公表されたアーサー・ブルック著『ロミアスとジュリエットの悲劇物語』とストーリーがそっくりだという。おもしろいことに、このブルックの長大詩物語もイタリアの聖職者・軍人マッテオ・パンデッロの散文物語を種本にしており、さらにその散文詩にもまた種本があったという。

このほか、一七世紀フランスの劇作家モリエール(一六二二〜一六七三)は、ギリシャ喜劇などを翻案した作品で人気を集め、コメディ・フランセーズの基礎を築いた一人として知られる。また、ドイツの劇作家ベルトルト・ブレヒト(一八九八〜一九五六)の『三文オペラ』は、イギリスの作家ジョン・ゲイの『乞食オペラ』を基に改作したといわれる。ちなみに、日本が世界に誇る名監督黒澤明の『乱』や『蜘蛛巣城』はシェイクスピアに拠っていたこと、その他にも既存の作品に基づくものが少なからずあったことを付け加えておこう。

このように、古今の作品から自由に拝借して数々の名作を生み出したシェイクスピアやモリエール、ブレヒトらは文化の担い手として大きな役割をはたした。もし彼らが現代に登場していたなら、あのような傑作を書けたかどうか疑わしい。なぜなら、現代のように著作権という網をかけられたら、原作の権利者から使用許可を得にくいばかりか、仮に得られたとしても高額の権利料を請求されてしまうからである。これによって自由闊達な創作意欲が阻害されてしまわないか?

結果として、つまらない作品の山が築かれてしまわないか? もし、そういう事態になったら、著作権というシステムそのもののあり方を考え直さなければならないだろう。

V　行き過ぎた著作権保護からフェア・ユースへ

複製(copy)というのは一般に、既存のものを写し、これと同じものを作成することを意味する。俗にいうデッドコピーがその典型で、そっくりそのまま丸写しの再製を意味する。例えばある作品全体を複製した場合、言うまでもなく複製権侵害に当たる。問題となるのは、作品の一部分に対して原著作者が権利侵害を主張した場合で、その部分が創作性をもつ表現であるかどうかをよく検討しなければならない。これは二次的著作物においてよく起こりうるので、それについて簡単に説明しておこう。

(1)　二次的著作物

まず、著作権法でいう二次的著作物とは「著作物を翻訳し、編曲し、もしくは変形し、または脚色し、映画化し、その他翻案することにより創作された著作物」とされる。Ⅳ章(3)節でのべたように、翻案は中世ヨーロッパにおいてはもちろん、明治時代の日本においても盛んに行われていた。これまで翻案の範囲についてはいろいろ検討されてきたが、現時点では次のように定義されている。

「既存の著作物の存在とその表現内容を認識したうえで」、「その創作的表現部分」に「修正、増減、変更等が加えられており」かつ「その過程に創作性が認められ」、「表現上の本質的な特徴の同一性が維持されており」かつ「これに接する者（一般人）が既存の著作物の表現上の本質的特徴を直接感得することができるものを」「作成しようと意図して」「作成すること」（高林龍著『標準著作権法』第二版、二〇一三、有斐閣による）

もう一つ大事な問題点は、既存の著作物の創作的な表現を流用している場合でも、著作権全体からみると創作的表現部分の本質的特徴が直接感得できない、つまり翻案に当たらないという場合である。言い換えれば、元の表現上の特徴が失われるほど換骨奪胎されている場合は権利侵害とはならず、むしろ新たな創作とみなされるのだ。

また、かりに既存の著作物の創作的表現部分が流用されたとしても、それが作品全体からみて些細な部分を占めるにすぎず、新たに加えられた創作的部分に埋没してしまっている場合も翻案とはいえない。つまり、権利者が侵害と指摘した部分にのみ目をむけるのではなく、指摘部分が著作物全体に占める比重にも注目すべきだというもの。これは「全体比較説」とよばれ、このおかげで例えばパロディーなどの創作活動がやりやすくなった。それを支えているのは「パブリック・ドメイン（公共・公有）」の考え方であり、新しい作品が古い作品を創作の源泉としているので、著作権など気にせず、他人の作品から自由に拝借して、新しい視点で組み合わせたり、入れ替えたり、少し手直ししたりして、新たなる創作につなげるものである。

(2) フェア・ユースの思想

パブリック・ドメインが文化活動や社会活動にとってきわめて重要であることに異論を差し挟む人はいないだろう。特にIT関連では、パブリック・ドメインのおかげで大きな発展をとげた例は少なくない。逆に、著作権を振りかざしそれに制約をかけてしまったら、創作の源泉を枯らすことになり、結果として文化は滅んでしまい、元も子もなくなる。

そこに登場したのがフェア・ユースの法理（一九七六年・アメリカの著作権法第一〇七条）で、「評価、解説、ニュース報道、教授、研究または調査などを目的とする著作権のある著作物のフェア・ユース（公正な利用）は、著作権の侵害とならない」というもの。もっと平たく言えば「著作者の許諾を受けることなく著作物を利用したとしても、その利用が公正だと認められた場合には著作権侵害にはあたらない」とするもので、アメリカ以外でもイギリス、カナダ、オーストラリア、ニュージーランドなどでは「フェア・ディーリング」規定として認められている。この規則のめざすところは、日々進化するインターネットやデジタルの世界で、次つぎと著作物の新しい利用形態が生まれ、それらを単純に著作権侵害とすることが必ずしも妥当とはいえないケースが多発するので、それに俯瞰的立場で対応することであった。

日本では、表3に示したように、私的複製や引用など個別的「著作権の制限」を認めているものの、現時点で、技術革新の激しいインターネット化・デジタル化の時代に対応できていない。やはり、裁判所が権利制限について包括的に判断するための「一般的権利制限規定」の導入が必須である。事実、二〇〇〇年代後半から著作権法における権利者の利益を不当に害しない範囲内で公正な利用を許容しうる権利制限の一般規定(日本版フェア・ユース規定)の導入が叫ばれはじめ、「知的財産推進計画二〇〇八」のなかで早急なる検討が提言された。そして、二〇一一年四月、文化庁の著作権分科会から報告書が提出されている。

しかし残念ながら、この報告書には「一般権利制限規定」は盛り込まれなかった。結果として、相変わらず不都合な事例に対する対処療法に終始するしかないのだ。その最大の原因は審議会のメンバー構成にあり、権利者団体の代表や権利者の代理弁護士が過半数を占めていたことだ。本来なら、国としてデジタル戦略の目標を立て、それを実現するために、法律の専門家集団である弁護士ばかりでなく経済学者、科学者やジャーナリストなど広範な知恵を結集して大局的な観点から議論を重ねるべきであった。悪いことに、内閣法制局によるきびしいチェックの過程で、「委縮効果」を招かないよう配慮された規定も削られてしまった。

(3) 深刻な現実—委縮したソフト技術開発

フェア・ユースを導入しているアメリカと導入に失敗した日本とでは、技術開発の速度や効率に大きな開きができてしまった。ここで、アメリカと日本の技術開発に対する姿勢の違いをみせつけた象徴的な事件を紹介しておこう。

二〇〇二年、当時東京大学大学院特任助手の金子勇氏が、P2P（「仲間から仲間へ」の意）技術を用いたファイル共通ソフト「ウィニー（Winny）」を開発し、それをウェブ上で公開した。翌年、二人のユーザーがウィニーを使って他人の著作物をネット上に公開したため、著作権法違反容疑で逮捕された。二〇〇四年には、二人の犯行を幇助（ほうじょ）したとして金子氏自身が逮捕・起訴されたのである。結局は無罪になったものの、すでに七年半も経過していた。大きな損失は、金子氏の一審有罪判決で、ソフト技術開発に深刻な「萎縮効果」をもたらしたばかりでなく、その間にウィニーの改良が禁じられたため、欠点の修正が一切行われなかったことである。P2P技術はインターネットテレビ放送でも将来性ある技術であり、現在もヨーロッパでは研究が進められているが、日本ではいまだ合法化されていない。まさに著作権法の壁が科学技術の発展を阻害しているのだ。

一方のアメリカで、一九九四年に、当時マサチューセッツ工科大学の学生であったラマッキア氏が大学のワークステーションを利用して、著作権のあるソフトウェアを違法コピーし、世界に配布できるシステムを作った。彼は起訴されたものの、八か月後には無罪確定となっている。なぜなら、当時はまだ「ネット上で不特定多数にソフトを提供することが幇助にあたる」という法律がどこにもなかったからである。法が未整備の状態なら、その判断は立法府に委ねるのが普通なのに、京都地裁は先走って幇助罪を適用してしまったのだ。

アメリカの判決文に「著作権法は古いビジネスモデルを守るためにあるのではない」あるいは「新しく生まれた技術の芽を摘み取るべきではない」という姿勢がみられるが、その根底にはフェア・ユースの思想が息づいている。

この姿勢の違いはさまざまな問題点を内包している「秘密保護法」の作成にもみられ、民主主義の根本に立ち返り、広範かつ緻密な議論を経ることなく進めれば、同じような過ちを繰り返すのではないかと危惧している。

大江秀房

大学、出版社を経てフリーランスの科学ジャーナリスト、レキシコグラファー（事辞典の企画・編集）。著訳書に『新しい物理の世界』（啓学出版）、『科学理論の本質』（地人書館）、『科学は冒険』（講談社）『シリコン・アイドル』（地人書館）ほか。ＪＡＳＴＪ理事。一九四四年生まれ。東京大学理学系大学院博士課程単位取得。

ＪＡＳＴＪの活動　会報『ＪＡＳＴＪニュース』

JASTJ NEWS　No,1　1994.12

日本科学技術ジ　ナリスト会議　会報

交流の場を広げよう　　会長・岸田　純之助

「日本科学技術ジャーナリスト会議」の役割は、次の三つに集約される、と私は考えている。

第一は世界各国の同じ分野で活躍するジャーナリストとのつながり、情報交流をもっと密接なものにすることである。

1992年11月に開催された「第1回科学ジャーナリスト世界会議」の準備段階、また実際の会議の中で、日本の参加者が強い印象を受けたことの一つは、欧米をはじめ世界の各地域に科学ジャーナリストの組織が存在している、という事実であった。主催国の日本では臨時編成の組織である点にたえず歯がゆさを感じた実行委員会の人々が、日

しつづけている科学技術の領域でのニュースに適切な評価を下す学習の場として、「同じ釜の飯を食って」いるのではない同業の人たちとの切磋琢磨を貪欲に求めることが肝要である。

第三に、この新組織が行政組織や会社などの情報源とは少し異なる角度からニュースを眺め分析する、いわばテクノロジー・アセスメントの機能を持つ集団に育って欲しい。

それぞれの分野の専門家は、社会や人類に役立つ業績をあげたいと努力しているだろう。だがいかに善意に満ち満ちた努力であっても、結果が好ましいものになるとは限らない。科学技術ジャー

『ＪＡＳＴＪ　ＮＥＷＳ』創刊号表紙の一部。

年四回（三・六・九・一二月）に、ＪＡＳＴＪの活動を報告するための会報『ＪＡＳＴＪニュース』を発行しています。会報は全会員に印刷物として配送されるほか、一九九四年のＪＡＳＴＪ設立時から発行されていますが、ウェブサイトではそれらすべてをダウンロードできます。

会報は、ＪＡＳＴＪの直近の活動を伝える「ニュース」や各担当者からのお知らせ、月例会をリポートする「例会報告」、会員の活動を紹介する「会員だより」、会員によ

『ＪＡＳＴＪ　ＮＥＷＳ』設立１０年目の３２号（左）、同じく２０年目の７２号（下）それぞれの表紙。

10周年記念特集号

日本科学技術ジャーナリスト会議 会報 No.32

2004.7

Japanese Association of Science & Technology Journalists

JASTJ NEWS

巣立った幼鳥を大きく育てる

牧野賢治

1年はあっという間に過ぎた。昨年7月の会報に「幼鳥は巣立ち、大空を目指す」と書いたが、幸いにも幼鳥は大空を元気に飛んでいる。改革後、会の活動は活発化した。「会員が150～200人に達する数年後には」などと、過大とも思える予測をしたが、いまのところ倍増の勢いだ。

会員資格の見直しで、新しい血が流入している。積極的に活動に加わる会員が増えているのが会の未来を明るくしている。

この1年間の変化を見ると、月例会や見学会への参加者が増えていることが特徴的である。こうした定例活動は、ともするとマンネリ化するが、担当理事らの努力で、バラエティーがあり、役に立つ勉強会になっている。2期目に入った「科学ジャーナリスト塾」も盛会だった。まだ試行錯誤の最中ではあるが、新しい試みは常に生みの苦しみを伴う。

会のロゴマークの制定や会報のデザインの一新などでは、佐藤事務局長のアイディアが実った。医学ジャーナリスト協会が、ほとんど同時に同様なイメージチェンジをしたが、期せずして思いは同じだった。

設立10周年を記念する2つの企画のうち、「科学ジャーナリズムの世界」の出版は40人の協力の結晶だ。会員各位には本の活用をお願いしたい。ま

た記念イベントは豪華な顔ぶれで、にぎやかな会になる。会員が知恵を出し合った成果である。10年の揺籃期を経て高く飛び立つ準備はできたと言っていい。

科学ジャーナリズムをめぐる状況は、とくに表 …… しかし、変化

CONTENTS

巣立った幼鳥を大きく育てる

会員だより　井上正男

会員だより　浅井恒雄

会員だより　舘野佐保

会員だより　辻　篤子

会員だより　田川泰賢／杉山邦夫

会員だより　荒川文生／橋本曉子

日本科学技術ジャーナリスト会議 会報 No.72

2014.9

Japanese Association of Science & Technology Journalists

JASTJ NEWS

アメンボ航海記

瀧澤美奈子

私はあの日、アメンボになった。

シーカヤックが「スイー、スイー」とまっすぐに進む。体が音もなくすーっと前に進む不思議な感覚。東日本大震災の被災地の漁村をシーカヤックで巡って、被災住民の話を聞くという水産生物学の先生の試みに参加したときのことだ。

櫂を漕ぎながら、「思えば遠くに来たもんだ」と感じた。本稿はテーマ自由ということなので、恥ずかしながら私自身のこれまでを書いてみたい。

幼少期、風景画を描くのが好きだった。うまくないので画家は早々に諦めたが、「写し取る」という行為そのものが好きだった。生まれも育ちも信州小諸で、北は浅間山、南は八ヶ岳、そして千曲川が流れる盆地には、見渡す限り田園風景が広がっていた。

美しいと感じる風景は、なぜ美しいのか。「写し取る」ことでその謎に近づける気がした。

しかし、そのうちに道具は絵筆だけではないことに気がついた。科学だ。

科学では、目に見えるものの背景にストーリーがあり、より深く景色を見ることができる。浅間山からたなびく噴煙の形、厳寒に小川が造る氷の彫刻。自然の美しさには理由があって、それを理解できたときに嬉しかった。風や光、雷、星などの法則性を説く物理学の魅力に惹かれ、将来は物理学者になろうと決めた。

大学院で宇宙物理学の研究室に入った。しかし、そこは思い描いていたものとは違い、頭の良さを人工的なゲームに費やす利己的集団のように感じ、社会に出た。

しかし、いちど恋した科学への思いは忘れがたく、やがてはその近くに舞い戻ることになる。まったく予想しないときにその機会が訪れた。

大学院卒業後にメーカーに就職したが、夫が立ち上げた小さな会社を手伝うことにして退職。日々の糧を得るために、ウェブ制作などさまざまな仕事をしていたある日のこと。出版の編集者が、先に本を書きはじめていた夫との打ち合わせのために事務所にやってきた。そのときの雑談で、自分の経歴と、いつか科学の本を書いてみたいという話をした。それなら「企画書を書いてみて」となり、最初の本を執筆することができた。2002年秋のことだ。

その後つらい時期もあったが、出会った人に恵まれ、その時々にベストを尽くし、今日に至る。気がつけば本は十冊を超えた。

JASTJに入れていただいたのも大きな出来事だ。同じ志を持つ方々に巡り会い、科学ジャーナリズムとは何かを問いかけ、科学ジャーナリスト世界会議（WCSJ）2013やSjCOOPで、一気に世界に視野が開けた。

シーカヤックのうえで、ふと思い出した。仕事で疲れた頃、大学を訪れて「私、いったい何をしているんでしょう」と恩師に愚痴をこぼした時、「人生なんてのはな、漂流でいいんだよ」と言われたことを。

ちっぽけな小舟に乗って、波にもまれ、アメンボのように進む。スイスイと進めないときの方が多い。しかし、ふだんは見えない角度から陸地を見て、なにかに気がつく。私の人生も、きっとそんなことでいいと思う。

（JASTJ理事）

CONTENTS

巻頭言……1

特集 JASTJ設立20周年……2

記念イベント「科学とウインナワルツの夕べ」開催／講演「あかつきの金星再挑戦」／これからの10年／20年を振り返って

ニュース……4

10月に科学ジャーナリスト塾開講／STAP問題で座談会

ソウル会議準備会合報告

例会報告（6月）遺伝子組み換え作物……6

例会報告（7月）STAP問題……7

会員だより　創造力とビジネス世界会議……8

会員だより　防災情報を伝える……9

オピニオン……10

WEB編集長から……10

事務局だより……12

1

るコラム「オピニオン」で構成されています。

過去の会報は、この二〇年のＪＡＳＴＪの歩みだけでなく、日本の科学技術ジャーナリズムあるいは科学技術がどのように進んできたかのかを知るための貴重な史料でもあります。たとえば、創刊の一九九四年は、純国産ロケットＨⅡロケットが打ち上げられたり、高速増殖炉「もんじゅ」が臨界に達した年でもありました。この頃すでに、科学コミュニケーターの必要性を指摘する記事が掲載されていました。また、個々の事例における科学ジャーナリズムの検証について誌面を割いて議論されており、これは現在の「なんでも検証プロジェクト」にも引き継がれています。

（編集委員会）

巨大化する情報システムの落とし穴？

山本 威一郎

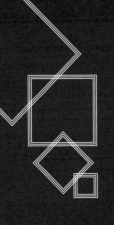

コンピューターと通信の融合により構築された情報システムの歴史を振り返ると、コンピューターと携帯電話やスマートフォンなどの情報端末機器の低価格化・高性能化に加え、インターネットの普及が情報革命(IT革命)を身近な存在にしたといっても過言ではない。

情報システムによって世界中の企業、団体、個人などが容易にオンラインで連接し、瞬時にして多くの情報が入手・交換できるようになった。便利さや効率化が図られた反面、システムの欠陥や誤操作による運用トラブル、悪用・改ざんによる被害など、高度に構築されたシステムが負の側面を露呈することも多くなっている。わが国の情報システムの発展を振りかえると、その進化の裏側には大きな犠牲や損害が伴ったという事実も忘れてはいけない。

情報革命の真っただ中に

人類史における農業革命、産業革命、情報革命を技術の三大革命と呼ぶことがある。約一万年前に世界四大文明の発祥地の一つであるメソポタミアで農業革命が起きた。灌漑《かんがい》技術により農耕地域が拡大したことで、食糧の生産性が飛躍的に向上し、やがて国家が誕生したといわれている。次の大きなイノベーションは一八世紀後半に英国で起きた産業革命である。技術革新によって産業構造の変化および経済発展をもたらし、現在の工業社会の基盤が築かれた。まだ工業製品や産業機械は自己完結型で動作していたので、装置一台の故障や暴発によって社会全体が一度に大きな損害を受けることはなかった。

二〇世紀になると、科学・技術の進歩と相まって装置も高性能化・巨大化し、人類はついに原子力開発、宇宙開発、生命科学などの分野に必要な技術力を有するまでにいたった。

とりわけ、わずか半世紀程度におけるコンピューターや通信に代表される電子情報機器の技術開発の急伸は、大量の情報を素早く処理し、世界中に瞬時に情報を伝達することを可能にした。その結果、社会構造や経済、ライフスタイルに大きな変化を与えている。高度に構築されたシステムがネットワーク化された情報革命は現在なお進行形だが、システムの故障、あるいは数人の故意による不正操作によって地球上の経済や国家を危機的状況に陥らせる可能性も否定できなくなっている。

情報システム社会の到来

一九五〇年代には、わが国でも企業や大学などで主に技術計算を目的に大型コンピューター（当時は電子計算機と呼んでいた）が使われるようになっていた。最近ではあまり聞かなくなった電子計算機という用語は、今でも刑法や官公庁の公式文書である入札公告、条例で使われることがある。

岩波書店の広辞苑では、一九六九年の第二版から「コンピューター」という用語が登場している。単なる高速大型計算機としての機能が、情報を高速処理できる汎用性を持つという認識が出始めてコンピューターという名称を使うようになったのではないかと思われる。システムという用語がコンピューターの応用分野として電子情報処理システム(EDPS)などの名称で、わが国の新聞紙上に登場してきたのは一九五〇年代後半以降である。

戦後のコンピューターを始めとした情報機器の急速な普及には、電子技術の発達が大きく寄与している。コンピューターを構成する論理素子の種類によって世代が分けられる。

一九四〇年代後半から一九六〇年頃までを第一世代コンピューターと呼び、真空管、パラメトロンといった素子に機械語というプログラミング言語を用いて、主に技術計算に使われていた。第二世代コンピューターは一九六〇年代までの期間にわたり、トランジスターで構成されたハードウェアにアセンブラー言語で記述したプログラミングなどにより、主に計算を中心に使われていた。第三世代コンピューターは一九六〇年代後半から一九七〇年頃までの期間に、IC（集積回路）やLSIで構成されたハードウェア上で、COBOL、FORTRANといった高級言語を用いて技術計算、事務処理用に使われていた。

その後は、超LSIを使った第四世代コンピューターの時代に入り、高級言語によるプログラミングが中心となって情報処理全般に使われるようになっている。一九八〇年代に入り、小型・低価格の個人向けモデルとして登場したパソコン(PC)は、家庭や中小企業にまで普及するようになった。九〇年代になるとインターネットの実用化と急速な普及によって、世界中のコンピューターが多重に接続し、情報システムとして用途が拡大していった。今ではほとんどの分野において多種多様な情報システムに使われており、個人と社会を結ぶ大きな社会基盤になっている。

次世代の第五世代コンピューターの研究は、すでに三〇年以上前から行われていた。推論機能や知識ベースを持つコンピューターとして、新世代コンピューター技術開発機構(ICOT)が開発を目指し、連想機能や推論機能などを持つのが特徴だった。それまでのノイマン型コンピューターとは異なり、非ノイマン型のアーキテクチャーで計算を並列処理させる方式を採用することを目指した。ICOTは当時の通商産業省（現経済産業省）の第五世代コンピューター開発計画のために設立され、一九八二年から開発が始まったが、一〇年間にわたり五七〇億円という予算を使って完成したのは、応用ソフトがほとんど存在しない並列推論システムだけという結果に終わってしまった。所期の目標としていた開発レベルまで達成せず、マスコミや海外からは非難の的になった。

スパコンの登場

コンピューターの中でも最先端の技術を使って開発され、大規模な高速演算処理性能を有する高価なコンピューターをスーパーコンピューター（スパコン）と呼ぶ。日本のスパコンは一九八一年に、当時の通産省（現経済産業省）による「科学技術用高速計算システムプロジェクト（スーパーコンピュータープロジェクト）によってスタートした。国内電機メーカーが開発を進める中、一九八八年に当時の科学技術庁（現文部科学省）が六〇〇億円をかけて開発・製造したNECスパコンが、海洋研究開発機構（JAMSTEC）に納入され「地球シミュレーター」として地球規模の環境変動の解明・予測に役立つことになる。二〇〇二年六月にLINPACKベンチマークで実効性能三五・八六テラフロップスを記録し、スパコン計算性能の世界ランキングであるTOP五〇〇で一位になり、以降二年半の間にわたってトップを維持したことがあった。

二〇〇五年一〇月に国家プロジェクトとして、「世界一のスパコン」を理化学研究所が中心になって開発するという構想が文部科学省の主導で作成された。スパコン「京」はすでに予算化されていたが、行政刷新会議（いわゆる事業仕分け）で、国会において蓮舫参議院議員から「世界一の必要」を問われ、また科学技術分野の有識者からも指摘を受けたことがあったものの、予算の一部削減にとどまった。二〇〇九年には共同開発をしていたNEC、日立製作所が財政上の理由から離脱したが、富士通主体のスカラー型スパコンが二〇一二年から運用が開始された。八〇〇台の筐体により一〇ペタフロップス級の計算能力を達成し、二〇一一年にはTOP五〇〇で久しぶりに一位にランクされた（二〇一四年現在では四位）。

「京」は軍事などの特定な目的のためにのみ運用されるスパコンではなく、生命科学、新物質・エネルギー創成、防災・減災、物質と宇宙にいたる広範囲な分野の一般の研究者にも解放された、汎用スパコンであることが大きな特徴である。二〇二〇年には、現在の一〇〇倍近い性能を達成する次世代機を開発する計画を進めているという。

システム社会に囲まれて

現在では「システム」という言葉は一般社会に浸透しており、日本語では一言で正確に表現できないほど多岐にわたって使われている。システム（system）の語源は、ギリシア語で「結合する」という意味に由来するといわれている。日本では、「複数の要素が有機的に関係しあい、全体としてまとまった機能を発揮している要素の集合体」と広辞苑に書かれており、系、制度、組織、体制などに使われている。

一九世紀にカール・マルクス（ドイツの哲学者・思想家）は、紡績機が道具機、伝達機、動力機の各機器の有機的な結合によって大きな機能を実現するという姿を見て、オートメーション時代の到来を予言していたが、これが生産設備のシステム化の原点になっている。一方メディアに「システム」という言葉が登場したのは、一九一三年にアメリカの自動車製造企業フォード社が工場のコンベア作業の生産方式をデトロイトジャーナル誌に使ったのが最初だといわれている。現在では、システムという用語はコンピューターによる情報処理分野で使用されることが多い。

コンピューターが社会基盤の情報システムとして利用されたのは、わが国では一九五〇年代になってからである。一九五五年には日本に初めてコンピューターシステム「ＵＮＩＶＡＣ１２０」（米国レミントンランド社・現ユニシスコーポレーション製）が導入され、東京証券取引所と野村證券に設置されてオンラインの株式取引が開始された。

一九五九年には気象庁が導入した気象観測データ処理システム（日立製作所製）が運用を開始し、日本の行政官庁において初めてコンピューターが利用された。一九五八年から一九五九年にかけて開発され、一九六四年から実用化した国鉄（現ＪＲ）オンライン座席予約システム「ＭＡＲＳ１」「ＭＡＲＳ１０１」は「みどりの窓口」と呼ばれ、今では発券になくてはならないシステムになっている。一九六〇年代に入ると、大企業や官公庁においても事務処理効率化システムが導入され、管理運営する情報システム部門も新設されていった。七〇年代頃からは、中堅企業にも事務管理のシステム化が図られ、主に効率化・省人化に役立った。八〇年代からはＰＣの普及もあって事務処理になくてはならない存在となっていく。

今ではシステムに連接する情報端末機器（ＰＣなど）を所有しない官公庁や団体、企業は皆無といってもよい。また携帯電話の個人所有率が九五％、スマートフォンが五〇％、ＰＣも約八〇％（「総務省二〇一二年通信利用動向調査」）というほど普及しており、この一〇年ほどの間に老若男女を問わず、各種の情報システムに場所と時間を選ばずに容易に連接可能になっている。

システム化を加速させた事故

大量・高速な輸送が可能な交通機関の事故や金融機関のトラブルなどは、人命や経済損失を招き大きな社会問題になることが多い。大きな犠牲や損害の結果、人間のミスをなくすためのシステム化が図られて、被害を防止することが可能になるということが繰り返されている。以下に過去におけるわが国を中心とした事故を振り返り、おもに人的犠牲の上に構築されたシステムを紹介する。

《航空システム》

一九七一年七月三〇日に岩手県雫石町の上空で、千歳発羽田行の全日空の旅客機と航空自衛隊の訓練用戦闘機が空中衝突し墜落するという事故が起きた。自衛隊機のパイロットは脱出したものの、全日空機の乗員と乗客一六二人が犠牲になるという、当時の日本における航空機史上最悪の事故となってしまった。

事故は訓練機の教官が、訓練空域を外れて民間機のルートの中に入ったことに気づかず訓練飛行を続行したことが要因だった。当時の地方空港では航空管制は未整備であり、東北地方では航空路監視レーダーも設置されていなかった。また運輸省（現国土交通省）が運用していた航空管制と航空機運航者の連絡体制にも不備があったことも指摘された。

この事故を受けて自衛隊訓練空域と民間航空路を完全に分離すること、及び訓練空域内を飛行するすべての航空機に管制を受けることの義務付けなどを定める航空安全緊急対策要綱が一九七五年一〇月から施行された。さらに技術的には、二次監視レーダー[1]、航空機同士が空中衝突する危険を知らせる空中衝突防止装置、フライトレコーダーなどの安全運航に必要な装置とシステムの搭載が義務化されることになった。当時の運輸省は航空路監視レーダー（ARSR）の導入を推進し、一九九一年六月には日本国内のほぼ全域を一七基のレーダーで運用するレーダー管制システムが完成している。

一九八三年九月一日に、大韓航空のボーイング七四七が慣性航法システム[2]の入力ミスと取扱ミスが原因で、当時のソ連(現ロシア)の領空を侵犯してしまった。同国防空軍の戦闘機により撃墜され乗員乗客合わせて二六九人全員が死亡した事件があった。当時のわが国では、一九七八年から推定航法による洋上管制データ表示システム(ODP)が運用に入っていたが、航空機位置の精度は粗かった。現在では全地球測位システム(GPS)を航空機に搭載することによって、洋上を含む広域における高精度位置測定が可能になっている。

《海上システム》

船舶の事故といえば、二〇一四年四月一五日に韓国の大型旅客船・セウォル号（総トン数五八二五トン）が転覆・沈没し、多数の犠牲者を出したことは最近の出来事だが、原因は過積載とバラスト水の操作、船体改造、船員の経験不足と過失、運航船会社の問題などが指摘されている。この事故は運行システムなどに欠陥はなかったと思われるが、船舶を安全に運航しなければいけない企業や政府の「組織」というシステムが未熟だったともいえる。

海上を運航する船舶は航空機と異なり平面内を低速度で移動するが、大量の貨物や原油、また多数の人を運ぶことができるので、大きな被害や犠牲を伴うことがある。海難事故の場合、船舶同士の衝突と、座礁や転覆などの単独事故がある。タンカーの事故では船体損失だけではなく原油などの荷物の流失、港湾施設の損壊、燃料・輸送物の漏えい・散乱による海洋汚染など国際問題に発展するケースもある。

最近では少なくなった大型タンカー同士の衝突事故だが、一九七五年一月に日本の大型タンカー船「祥和丸[3]（二四七万トン）」が、マラッカ海峡で座礁し大量の原油を流出させた。その一部はイ

1　SSR：地上レーダーから出した質問信号を受信した航空機が、識別情報、方位、飛行高度などのデータを指示器上に表示するシステムのこと。
2　INS：三軸の加速度を二回積分して距離・方位を算出するもの。
3　当時は太平洋海運が所有し、その後修復して平和丸と改称された。

ンドネシア、マレーシア、シンガポールの海岸を汚染し、三国は太平洋海運に対して巨額の賠償を請求した。マラッカ海峡は岩礁や浅瀬が多く、また海上交通が輻輳していることも事故要因だった。この七〇年代には海上交通による大量輸送が活発になり、海峡などにおける船舶衝突事故も問題になっていた。その後、船舶安全航行のためにレーダーによる「自動衝突予防援助装置（ARPA）」の搭載が義務付けられた。GPSの普及とコンピューターの小型化によって、現在では大型船舶には自動車のカーナビの船舶版である「電子海図システム（ECDIS）」と呼ばれる国際規格で定められた航海援助装置が搭載されている。

一方、東京湾における輻輳した船舶交通の安全性と効率性の向上のために、一九七七年から海上保安庁の東京湾海上交通センター（東京マーチス）が、「海上交通システム」（沖電気工業）の運用・管理を開始している。レーダー、テレビカメラ、VHF無線機、気象観測装置、自動船舶識別装置（AIS）などを装備し、管制信号板や船舶無線などにより通航船舶に対し航行管制を行うシステムである。東京マーチスを皮切りに船舶が輻輳する四国、名古屋、大阪湾などの七箇所の海上交通センターに設置されている。

《鉄道システム》

日常の生活において、車と同様に利用する交通手段が鉄道である。今でこそ日本の鉄道が安全性と運航の正確性で世界一といわれているが、安全システムが構築された背景には、大きな事故による多くの犠牲が伴っていることを忘れてはいけない。

一九六二年五月三日の夜、当時の国鉄（現ＪＲ東日本）常磐線三河島駅付近で列車の三重衝突事故が発生し、死者一六〇人、重軽傷者二九六人という大きな犠牲者が出てしまった。最初の事故は貨物列車の赤信号の見落としによって車止めに突っ込み脱線し、二五人が負傷した。その脱線のわずか一〇秒後に、本線側に傾斜した機関車に下り電車が接触し二重衝突を起こしてしまった。さらにその事故発生から六分後、上野行きの上り電車が急接近し、非常コックを開けて線路上を歩いていた乗客が次々と跳ねられ、さらに脱線していた電車と衝突して先頭車両は粉砕、二両目から四両目が線路下に転落したことが事故を大きくしてしまった。この事故によって、運転士の信号見落としのミスをバックアップする装置として、一九六七年から国鉄全線に自動列車停止装置（ＡＴＳ）が導入されることになった。

二〇〇五年四月二五日に西日本旅客鉄道（ＪＲ西日本）の福知山線（ＪＲ宝塚線）塚口駅と尼崎駅間で発生した列車脱線事故で、乗客と運転士合わせて一〇七人が死亡し五六二人の負傷者を出した事故は記憶に新しい。航空・鉄道事故調査委員会の認定した事故原因は、ブレーキ操作の遅れにより半径三〇四メートルの右カーブを時速約一一六キロメートルで進入したため一両目が外へ転倒するように脱線し、続いて後続車両も脱線したためだった。

事故当時のATSは赤信号停止機能の国鉄時代のものだったが、事故後には国土交通省が曲線等速度超過防止用ATSの整備を指示した。この事故では急カーブ脱線の危険性予知とATS設置指示の義務を怠ったということで、JR西日本の歴代社長三人が業務上過失死傷罪で起訴されていたが、二〇一三年九月に神戸地裁から無罪が言い渡されている。ATSは大事故の発生ごとに進化し、安全性が向上していることを忘れてはいけない。

多発するシステム障害と情報漏えい

現在では、社会基盤となっている情報システムは多く存在する。官公庁における税務、雇用・労働、貿易、交通、防衛、警備などから、民間企業の金融関連システム、航空輸送システム、通信システムなど多岐の分野にわたっている。とくに輸送システム障害では人命、通信システム障害では情報伝達、金融システム障害では経済、データベースシステム障害では情報漏えいなどと与える損害は甚大になるケースも多い。

システムは人間が開発・製造したものなので、すべてが完全なものとはいえない。完成したシステムを利用する運用者が開発者の想定外の使用をしてしまうケースや、他のシステムと連接することで設計ミスが起きることがある。この約二〇年の間で起きた代表的なシステム障害を振り返ってみる。

《航空管制システム障害》

二〇〇三年三月一日わが国航空史上最大規模のシステムトラブルが起き、欠航二一五便、大幅な遅延一五〇便以上、足止め客二七万人という大混乱が起きてしまった。国土交通省の東京航空交通管制部が運用する飛行計画情報処理システム（FDP）に、防衛省のシステムを追加する作業を担当していたメーカー（NEC）が作成したプログラムのバグが原因だった。NECが過去の改修時に小さなバグに気づいていたものの、システムに影響なしと判断し運用させていた。

防衛庁と飛行計画情報を共有するために、国土交通省航空管制システムのプログラムを更新した際に、このバグが動作してしまいトラブルが発生しシステムダウンにつながったという。二重化されていたFDPシステムは、両システムとも同一のプログラムで動作するためにシステム切り替えが機能しなかったのだ。メーカーのテスト体制、国土交通省のバックアップ体制も浮き彫りになり、その後に体制強化が図られた。

《金融・証券システム障害》

東京証券取引所では株式売買システムをはじめとして、いくつかのシステム化が図られている。その一つである相場情報配信サービスが、二〇一二年二月一六日九時の株式取引開始から二四一銘柄の売買が停止し、連動している札幌証券取引所でも全銘柄の売買が停止する障害が起きた。システムを開発したメーカー（富士通）の株式売買システム「ＡＲＲＯＷＨＥＡＤ（アローヘッド）」が運用中に起こしたトラブルだが、保守を担当していた富士通のシステムエンジニアが診断レポートを誤認し、東証の職員が経営陣に適切な報告を怠っていたことが対応の遅れにつながった。

株式売買を扱う証券会社のシステムも近年大きなトラブルを起こしている。二〇〇八年一一月一一日未明に、楽天証券が基幹システムのデータベースをメンテナンス中に、システム障害が発生し取引が昼過ぎまで停止してしまった。さらに二〇〇九年一月三一日には同証券で株の発注が五時間にわたって不可能となるなど、他証券会社も含めてトラブルは多い。

二〇一一年三月一四日、みずほ銀行は大規模なシステム障害を起こしている。三月一一日に発生した東日本大震災の義援金振り込みが集中したことにより、振り込みの遅れや店舗でのサービスがダウンし、ＡＴＭの取引停止などを連発して三月二三日に復旧するまでシステムが中断してしまった。原因として現場が全体の仕様・機能を理解せず、バッチ処理の運用時にミスを重ねたことがあげられたが、一九八八年に勘定システムが完成した後にも、何回かのシステムトラブルがあった。このような金融システムトラブルは、バブル崩壊以降の金融機関の整理統合の際にも起きていた。

二〇一一年一月四日には三菱ＵＦＪ信託銀行がコンビニＡＴＭで障害が発生し、二〇一〇年七月一二日には、ゆうちょ銀行が他行へ送金できないなど、大小のトラブルは日常化している。金融機関の統合によるシステム再統合や歴代経営者の情報システムへの理解不足などが背景にあるといわれている。

《西暦問題》

「西暦二〇〇〇年になった途端に世界中のコンピューターが誤作動を起こし、公共機関、飛行機、銀行などに障害が起きる」と以前から指摘され世界的な問題になっていた。これを二〇〇〇年問題（Y2K）と呼んでいたが、今では話題にする人もいない。九九年から〇〇年にわたって桁があがるものの、ソフトウェアがこれを一九〇〇年と認識して誤作動を起こしてしまうというプログラムミスである。七〇年代頃に作られたコンピューターシステムでは、四半世紀年以上も先のことを考慮せずプログラム設計していたので、カレンダー処理を二桁で行っていた。それが二〇〇〇年近くになって旧式コンピューターのプログラム問題として顕在化したというものだった。そのためソフトウェアを改修するのに、企業や官公庁などは多額な費用をかけて対処した。

当時の大蔵省（現財務省）では、各金融機関に対して「コンピューター二〇〇〇年問題対応に関する資料の提出について」という通達を出し事前対処を徹底させた。内閣官房にも対策室が設けられて、各企業や政府、地方自治体などでも納入済みのコンピューターを改修させるなど事前の対策が功を奏した。新たな年を迎えても小さなトラブルは頻発したものの社会に大きな影響を与えるような問題は発生しなかった。将来においてもこれに類するコンピューター時刻問題が予想されていて、C言語を実装しているUNIXのタイマーが起こす二〇三八年などが有名である。二〇三八年一月一九日三時一四分七秒（UTC・世界時）を過ぎると、コンピューター誤作動の可能性が生じ、UNIXなどのタイマーがオーバーフローすると予測されている。一九七〇年が原点の三二ビットタイマーが約二一億秒を超えるからである。コンピューターシステムには必須の時刻や暦に関する問題は、これからも生じるであろう。

《サイバーテロ》

二〇〇〇年一月、国土交通省、総務省をはじめとする八つの中央省庁などのインターネット上に開設しているホームページが改ざんされたり、消去されたりする事件が相次いで発生した。同時多発的に発生しており、サイバーテロ発生の日本初の事例となった。WEBサーバーの修正ソフトの適用対策がされていなかったためにハッカー被害が拡散したといわれた。電子政府の構築を目指し、「ハッカー対策などの基盤整備に係る行動計画」を策定したばかりの政府の取組みに大きな影響を与えた。

また米国でも、国防総省のコンピューターシステムに侵入したイスラエル人が逮捕される事件や空軍の研究所のサーバーが攻撃を受けて重要な情報が盗まれ、またFBIでもサーバーが攻撃を受けて業務不能となった事例も発生している。サイト改ざんは従来、内容を勝手に書き換えるなどいたずら目的が目立っていたが、最近は手口も巧妙化していて、ウイルスを拡散するなどサイバー攻撃を目的とした不正プログラムを仕込むケースも増えている。

《個人情報の漏えい》

二〇一四年七月九日、教育・介護事業を展開している大手企業のベネッセが、同社の二〇〇〇万人以上の顧客情報を流出させたという事件が報道された。ベネッセは顧客である保護者と子どもに関する個人情報を顧客データベースとして構築し運用管理していた。防犯カメラが常時監視する中、データベースを閲覧可能な関係者は数人で、複数のIDとパスワードを入力する必要があり何ら問題はなかった。これらの業務を外部に委託していたが、その会社の派遣社員がスマートフォンにUSBケーブルを使ってデータを持ち出すという方法によって、過去一年間で一五回にわたり個人情報をコピーして名簿業者に売りさばき不正利益を得ていたという。ベネッセのみに登録した個人情報が、別の通信教育を運営する会社から届いたダイレクトメールに顧客が不信感を覚え、同社に問い合わせが急増して事件が発覚したという。

このように企業や機関に登録されている膨大な個人情報はコンピューターシステムで管理されているが、ハードウェアやソフトウェアといった設計上のミスではなくても、そのシステムを管理する人や会社に問題があることも運用上の一種のシステムトラブルといってもよい。二〇〇〇万人というデータは情報システムが発達していなかった時代では考えられない数字である。個人情報が一ページ五〇人として四〇万ページ（本にすると一トン以上）に及ぶ量を短時間で大規模・広範囲に拡散してしまう情報システムとその管理にも大きな課題を残した。情報漏洩は迷惑メールや架空請求詐欺の被害にも及び、現代の社会問題になっている。

可視化できなくなっているシステム

スタンドアローン（単独動作）で動く装置は、個人が買える一般消費者向け製品や工業設備機械などに多く存在する。その装置には、現在ではファームウェアと呼ばれるプログラムが組み込まれることが多い。装置の多くは目視可能な大きさであり、開発設計も少人数でおこなわれていることもある。故障しても他の機器に与える影響は極めて少なく、修理は部品交換やプログラムの更新で済むケースが多い。

計算機専用のコンピューターもかつては大規模な装置の一つだった。やがてコンピューターが電気通信業者の提供する専用回線を使って通信ができるようになると、コンピューターと他の情報装置を連接したシステムが構築され、アプリケーションソフトウェアの規模も大きくなっていった。六〇年代になると大型コンピューターを本社に設置して、端末装置を支店などに分散して事務処理の効率化を図る企業も増加していった。いわゆる分散処理時代の到来だった。コンピューターメーカーもハードウェアと基本ソフトウェア専門の各部門を置き、開発は分業化されるようになった。大型コンピューターは汎用機と呼ばれてインフラシステムに使用されることが多くなり、メーカーには、金融、官公庁、製造企業向けのいわゆるソリューション対応（課題解決型）のシステム開発部隊が設置された。

九〇年代になると、PCとインターネットの急速な普及によって、個人でも企業や官公庁などと直接接続できるようになった。欧米などでも同様であり、世界同時IT革命が起きたのである。グローバル化のおかげで個人向けサービスや企業、官公庁などの情報収集力も各段に向上した。必要なデータを入力さえすれば所要の答えが出てくる情報システムは、現在では完全に生活や仕事の一部となっている。さらにゲームや簡単なプログラムをインターネット上に公開する一般人、さらにはIT事業をめざす人も急増してきた。

一方、システム同士を結合してより大きな複合システムを構築し、クラウドで一括管理するサービスを提供する大手IT企業やコンピューター企業が増加している。巨大化したシステムでは、最終的な運用全体を知らずに部分開発をする技術者もいる。他社が開発した既存のシステムの一部と接続してシステム拡張した結果、相手側のシステムからみれば想定外のデータが入力され、その結果システムがダウンするという例も増えている。

システムを構成するコンピューターはハードウェアだけでは動作しない。ソフトウェア開発は、OSと呼ばれる基本ソフト、アプリケーションプログラム、データベース、ネットワークを包括し、システム構築には重要な役割を果たしている。「ハードウェアの故障は見えるけど、ソフトウェアは実体がなく見えない」とコンピューター黎明《れいめい》期から言われていた。ハードウェアを制御するソフトウェアも、装置組込みや簡単なシステムではエンジニアはすべてを把握できた。だが開発規模の大きなシステムでは、ソフトウェアの細部にわたって全体を完全に把握している技術者はいないとも言われている。

システム開発の目的や用途の異なる個々の複数のシステムが巨大化し、実体の見えない存在となって社会の中に置かれてしまうことが懸念される。見えないところで動いている巨大システムは人間が構築したものであり、完全なものではないことを忘れてはいけない。

すでに大型システムが誤作動、あるいは停止して社会的な混乱を引き起こす障害は多く起きている。システムを企画・設計するにあたり、通信量やデータベースなどの設計値の見積もりを誤る場合や、潜在するバグが想定外の条件下で顕在化するなどシステム設計の落とし穴は多く存在する。細分化されたソフトウェアを下請け会社に丸投げし、受け入れ検査をきちんとしないでシステムに組込み、運用に入ってから誤動作することもある。さらに維持管理・運用するシステム部門において、企業トップの理解不足から運用維持費に消極的なためにシステムトラブルになったケースも過去にあった。一方、サービスを受ける側の誤った操作や悪意ある操作でシステムを暴走させることも可能である。

人間が構築するシステムを取りまとめるためには、運用する側と開発する企業の両方にプロジェクト管理体制と見合うプロジェクトマネジャーのアサインが重要である。プロジェクトを完遂するためには、最適な組織を構築し、人材、環境、コスト、納期、品質などを割当て、とりわけソフトウェアのシステマティックな管理が求められる。日本では装置レベルのハードウェアに対しては品質管理面で優れた実績を有していたが、プロジェクトマネジメントという概念の導入が遅れていた。大規模ソフトウェア開発では、多くの技術者によって分業で設計され、システム全体を管理するのは複数のプロジェクトマネジャーによって行われる。米国では一九五〇年代に国防省（DOD）がプロジェクトマネジメントの体系的知識の蓄積を開始していた。一九六〇年代にはマネジメント理論や手法などが進展していて、アポロ計画などにも応用された。

これからの日本における情報システムの発展には、運用者側と開発企業側のプロジェクトマネジメント体制を、今以上に積極的に取り入れることが必須であるが、過去に起きた障害・事故を教訓として、若い技術者に失敗事例を学ばせることも重要だと思っている。

山本威一郎

日本電気株式会社で海洋開発システム開発、航空宇宙システム開発などの技術部長を歴任。著書に『東京理科大学ユニーク人物列伝』（東京書籍）など。ＪＡＳＴＪ理事。一九四八年生まれ。東京理科大学大学院修士課程（物理学専攻）修了

暴走!? 核燃料サイクル

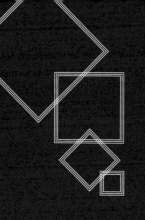

林 勝彦

第一章　なぜ私が「核燃料サイクル」を書くのか

福島第一原子力発電所の「原発三連続爆発・メルトスルー」による「熱暴走」は、日本国民はもちろんのこと、全人類を震撼させた。科学ジャーナリストとして原子力番組を制作してきた私たちにとっても、それは大きな衝撃となった。なぜ私が「核燃料サイクル」について書くかと言えば、NHK時代に、多くの「原子力」と「人体」に関する番組を制作したことに対して忸怩《じくじ》たる思いと自戒を含め、ジャーナリズム自体が犯してきた過ちを、今一度ここに記しておきたいと思ったからだ。そしてその反省を後世に残すことで、健全なジャーナリズムの育成に少しでも役立てられればと思ったからである。本稿の構成として、第一にジャーナリストが犯してきた過ちを記す。次に、核燃料サイクルと、その問題点を記す。最後に核燃料サイクル問題とジャーナリズムに対する、筆者の提言を記す。

第二章　自戒　～何が失敗だったか～

私自身の失敗

筆者は現在七二歳。先の戦争、「アジア・太平洋戦争」中に生まれ福島に疎開、敗戦を迎え、渋谷で焼け跡と飢えを体験し、戦後の豊かさと平和も享受した世代である。

ＮＨＫとＮＨＫエンタープライズ21を定年退職する六三歳まで、核の平和利用については「ＹＥＳ・ＢＵＴ」で揺れていた。ＹＥＳ・ＢＵＴとは、原発は認めるが、安全と倫理を脅かす情報も合わせて伝えることを言う。この立場でないと人事異動で番組を制作できなくなる部署に追いやられることになる。同僚の大場英樹や、小出五郎ら何人かの例を見てきた。また、先輩からの助言もあった。卑怯であったかもしれない。しかし、映像作品をどうしても作りたいとの「志」を貫き通すため、組織ジャーナリズムの中で生きることにし、外部での発言は極力控えてきた。そのこともあり、ＮＨＫ特集（以下「Ｎ特」）『調査報告・チェルノブイリ原発事故』やＮＨＫスペシャル（以下「Ｎスペ」）『調査報告・プルトニウム大国　日本』シリーズ等の番組制作にあたることができた。

しかし、三・一一をきっかけに原発震災は起きた。ＩＮＥＳ（国際原子力事象評価尺度）で最悪のレベル七、さらにチェルノブイリにはない放射能汚染水問題がレベル三として加わった。私は完全に「ＮＯ・ＢＵＴ」に豹変した。ＮＯ・ＢＵＴとは、新増設を認めず、原発を廃止する立場である。筆者の場合、プルトニウムを増やす核燃料サイクルは即廃止し、六ヶ所村には補償を行う。ただし、軽水炉だけは予備電源として電力割合の五パーセント以内は認める。再稼働には、後述する五項目が最低条件であると考える。

これほどの惨劇が日本で起こるとは思ってもみなかった。筆者はある講演会で「日本はソ連と違う。深刻な事故までは起こさないと思う」と語った。間違いであった。申し訳ないと思う。私を含めて日本の科学ジャーナリストとジャーナリズムの敗北と言える。「原発三連続爆発・メルトスルー」で引き起こされる放射性物質による大惨事を未然に防ぐことができず、またいかにも大本営発表的な「ＹＥＳ」の報道があまりにも多く、原子力安全神話作りに少なからず寄与してしまったためである。反面、国民の知る権利に応える「ＢＵＴ」の批判的な情報はあまりにも少なかった。例えば、原発最大の難問「トイレなきマンション」、未完の技術である核のゴミ問題等の報道は極めて少なかった。

三四年前、ある番組を制作した。その時すでに、将来世代にそのツケを回せばよいとする推進側の倫理なき無責任さに気づいてはいたが、それらの問題を継続して追求し続けることはできなかった。ＮＨＫではチェルノブイリ事故や東海村臨界事故等が起こらない限り、「ＢＵＴ」問題だけに取り組むことは極めて困難であったためである。しかし、組織を離れた今、ＢＵＴ情報は最大限記すことにする。失敗を二度と繰り返さないためにも。

爆発の第一報は友人、軍司達男からの電話で知った。「原発が爆発した！」。彼とは、Ｎ特『原子力・秘められた巨大技術』三本シリーズを共に制作した。一九八一年、ＮＨＫが総力をあげて制作した最初の原発大型企画で、彼は第二集『スリーマイル島原発事故』を担当、筆者は第三集『どう棄てる、放射性廃棄物』をディレクターとして制作した。信用できる友人ではあるが、にわかには信じられなかった。ニュースで福島第一原子力発電所一号基が「白煙」を巻き上げるシーンをこの目でみるまでは(三月一二日爆発)。第二爆発は三号機。この炉だけは、プルトニウムも使った核燃料で爆発時「オレンジ色の閃光」を放った後、「黒煙」をひときわ高く六〇〇メートルまで吹き上げた。第三爆発は四号機で「白煙」であった。二号機も爆発音を鳴り響かせた。

日本の原発はチェルノブイリ原発と違い、核燃料ウラン二三五(以後Uと略)やプルトニウム二三九(以下Puと略)を包み込む原子炉容器(専門用語で圧力容器)をさらに囲う格納容器がある。多重防護のため、トラブルや事故を起こしたとしても放射性物質を外に漏らさない、と原発推進派は大PRしていた。事実、Nスペ『いま原子力を問う』の討論番組で元科学技術庁原子力局長の生田豊朗は、「地元の住民が県外に避難しなければいけないとか、それは絶対にないんですね。そういうことがあったとしてもそれが大事故に繋がらないというところが多重防護です」と断言している(一九八九年放送、司会は橋本大二郎)。また、原発PR館や小・中学校の副読本では、「五重の壁」としてPRしてきた。筆者を含めこの安全神話によって少なからず、マインドコントロールされていたことは事実であり、それを無批判的に報道してきたことは自戒せねばならない点である。

爆発直後、政府は「放出は直ちに健康に影響を及ぼすものでない」と発表。毎日新聞編集委員の斗カ沢秀俊は「皆さんが、今受けている放射線は全く影響しません。安心して下さい」（三月一六日）と語った。[1] 科学的には問題があると思う。[2] また、福島県放射線健康リスク管理アドバイザーで長崎大学教授の山下俊一も「一〇〇ミリシーベルト以内は問題ない」との趣旨で福島各地の講演で発言していたと、何人もの被曝者から聞いたし、出版物にも記述されている。[3] この表現も科学的に不正確である。

こうした報道の結果、震災後の福島県民は以下のような声をあげている。まずは証言。

「新聞もテレビもみんな信じてたんですよ。（放射線の人体の影響は微量のため）大丈夫、大丈夫、大丈夫って言われ続けて、結局何か月後に、『こうでしたよ』って。言われたみんなの心は、どう思いますか！」……原発から五〇キロ、伊達市小国町の三〇歳代の母親[4]

爆発から九六日目。原発から五〇キロも離れている伊達市小国町に住む、回答者の母親は突然、「特定避難勧奨地点」と宣言され、故郷を追われた。私が足掛け二年、約一〇〇人の心の叫びを聞いて制作したドキュメンタリー映画『いのち～from Fukushima to Our Future Generations』のひとりである。

組織と科学ジャーナリズムの失敗

組織の失敗は、人材育成を継続的に行ってこなかったことである。

ＮＨＫはこれまで、原発ニュースは二万本強、番組は一〇〇〇本強を放送してきた。ニュースは記者クラブを通じて政府・官公庁の発表を速やかに伝えることを重視するため、時の政権や原子力ムラ（後に解説）の動向を伝えることが主流になる。どうしても政府などによる発表に依存する傾向が強い。番組は速報性より歴史的・国際的視点も交え、深く掘り下げることが可能になる。こ

1　とんでも発言集『ただちに健康に影響はありません』ラピュタ新書　三〇ページ。

2　①三月一五日は放射性物質最大の放出日であり、正確な放射線被曝量は不明であった。②放射線の人体に与える影響は「原爆症」などから小児甲状腺がんや小児白血病のほか、晩発性の癌の「確率的影響」や免疫力低下に伴う疾病を考慮すべき。ＩＡＥＡですら認めている「ＬＮＴモデル」や「人類に及ぼす放射線の遺伝的影響についての見解」（日本遺伝学会と日本人類遺伝学会・一九五七年）の存在は無視できない。

3　当時は太平洋海運が所有し、その後修復して平和丸と改称された。

4　伊達市・川内村・南相馬市の一部の計二六〇地点・二八〇世帯が年間二十ミリシーベルトを超える高線量のため、自主避難を促されたホットスポット。爆発から三年六ヶ月後全て解除されたが、南相馬の住民七三九人の八〇パーセントほどは線量がまだ高いと避難を続行中。今年四月、住民が国を相手取り「20ミリ撤回訴訟」を起こした。日本国では通常、一般人の被曝線量は年間一ミリシーベルト以下と定めている。

の点こそ、映像のプロが受賞作品を選定する際の重要なポイントとなる。また、ニュースより時間も長いため、公共放送の枠内で批判精神を発揮することができる。しかし、時間が長く、NHKの看板番組「N特」や「Nスペ」は大事件が起こらない限り、企画は極めて通りにくい。Nスペでは〇一年の『被曝治療八三日間の記録〜東海村臨界事故〜』が最後となる。従って、NHKは大型企画での人材育成を怠ってきたといえる。元NHK放送総局長や理事らもこの点を語り反省していた。さらに、次に述べる重大な出来事があったが、我々ジャーナリストは大きく取り上げなかった。失敗と言える。

二〇〇四年、経産省の事務次官の内諾を得た若手官僚が良心的な『一九兆円の請求書〜止まらない核燃料サイクル』[5]を手に永田町や霞が関を回り「今こそ立ち止まって考えなおすべきだ」と訴えた。核心的な情報だけにスクープ的に連載記事や、調査報道ドキュメンタリーを制作したり、国民的熟議を深めるべきだったと反省している。

また、班目春樹（元・原子力安全委員会委員長）は今回の事故を「人災」といった。なぜか？IAEAは『最終事故報告書』で「日本は長年にわたり国際レベルの勧告に従わなかった」と厳しく総括した。なぜか？　本来は、科学ジャーナリストが爆発前に鋭く問題提起すべきであった。

証言
「実際の原子炉が安全にできているかどうかは、本質的なことではない。〝原子炉は何があっても安全〟というようなものの考え方が重要。」……大熊由紀子・朝日新聞科学部記者[6]

なんとも過激な発言である。「健全な批判精神」こそ科学ジャーナリストの本質・真髄であるからだ。しかし、我々も少なからず「安全神話」を支えてきた推進側による二大キャンペーンにマインドコントロールされてきたことも失敗の原因だと思う。第一のキャンペーンは多重防護の核心「五重の壁」である。文科省による小学生の副読本『わくわく原子力ランド』にも「五重の壁ゆえ、放射能は外に漏れず、安全です」と記されていた。ＰＡ[7]の一環でもある。「五重の壁」とは一体なんだろうか。

5　http://kakujoho.net/rokkasho/19chou040317.pdf

6　とんでも発言集『ただちに健康に影響はありません』ラピュタ新書　一七三ページ（茨城県東海村・大洗町の原子力関連諸機関共同ＰＲ誌『あす』第五号）より。

7　パブリック・アクセプタンス。住民の合意を得るＰＲ作戦の一つ。原発反対世論対策のマニュアル作りのため旧科学技術庁（現文科省）の委託を受けて纏められた九一年報告によれば「繰り返し繰り返し広報が必要である。新聞記事も読者は三日もすれば忘れる。繰り返し書くことによって刷り込み効果が出る」と記載されている。なお、「繰り返し作戦」はＣＭや新興宗教にも使われる。

第一の壁は「核燃料ペレット」である。直径一センチメートル、高さ一センチメートルの円筒状の小さな粒で核燃料のUが二〜五パーセント程度に濃縮されて、焼き固められている。この時点では、放射線量は非常に低いが、原子炉で燃やした後の放射線量は「一〇〇〇万倍」を超す。「死の灰」で満たされているためである。水で冷やし続けていれば核燃料ペレットは第一番目の放射線防護壁となる。第二の壁は「核燃料被覆管」である。厚さはわずか一ミリ弱に過ぎないが、細長い形状の管で外径一センチメートル、全長四メートル程である。[8] 一本の被覆管の中には四〇〇個程のペレットが積み込まれ、一本の「核燃料棒」が六〇本程集まり一つの「燃料集合体」をつくる。一五〇〇体ほどが原子炉に使われているため、核燃料棒は一〇万本ほどとなる。万一、ペレットが溶け出しても、核燃料棒の被覆管が放射線を防ぐ。第三の壁は原子炉を包み込む「原子炉容器」。心臓部である。直径五メートル程、高さ二〇メートル強、鋼鉄の厚さは一六センチメートルある。万一、第二の壁が破られたとしても死の灰が外には出ない。第四の壁は、第三の壁をさらに外側から包む「格納容器」である。鋼鉄の厚さはわずか三〜四センチメートルであるが、チェルノブイリ原発には第四の壁がなかった。第五の壁が鉄筋コンクリート造りの建屋である。一号機の場合、地上五階、地下一階で放射性物質の外部漏れを防ぐ最後の砦《とりで》となる。

今回五つの壁はすべて打ち破られたが、この惨事を予言的に表現していた人たちがいた。三人を記述しておく。

(1)黒澤明監督は映画『夢～赤富士』で六基（福島第一原発は六基）の原発が連続爆発する悪夢の映像を創作し、脚本も書いた。「でもね、原発は安全だ。」「絶対ミスは犯さないから問題ないって抜かしたヤツらを許さない！　あいつらみんな縛り首にしなくちゃ死ぬに死にきれないよ！」（九〇年）

(2)九五年、現・原子力資料情報室を創設した故・高木仁三郎博士は『日本物理学会誌』（第五〇巻一〇号）にメルトダウンの詳細を、原子炉から水が抜けると三〇〇〇～四〇〇〇度に達し、原子炉も建屋ももたない（要旨）と記した。。

(3)地震学者、石橋克彦博士は九七年『科学』一〇月号に「原発震災」という新しい概念を発表した。巨大地震発生期に入った日本で地震と原発事故が複合し、原子力の大惨事が起こるとする造語だ。現在も「地震・活断層・火山大国の日本で原発を稼働させるのは狂気の沙汰」と警告を発し続けている。

第二のキャンペーンとは原発・過酷事故の発生確率は極めて低いとするものである。七五年NRC（米原子力規制委員会）は"WASH-1400"を発表した。この報告書の核心は、原発・過酷事故の発生確率は原子炉一基当たり一〇億年に一回で、それは一億年に一度ヤンキースタジアムに隕石が

8　BWU沸騰水型原子炉の場合。

落下するようなものとされ、世界の原子力関係者のバイブル的存在であった。

四つの安全神話の崩壊へ

批判派は利権構造が絡んだ「原子力ムラ」[9]が「原子力安全神話」を作り、原発五四基体制を確立、さらに増設し「原子力立国」計画まで作成していたとする。なぜ可能となったのか？　自民党議員の河野太郎は、その謎解きを自民党議員の個人名をあげて詳述している。[10]原子力推進派の利権構造を「電力会社には総括原価方式で全く経営を必要としない地域独占、送電と発電を一体化し、自民党には政治献金をし、民主党にも政治献金プラス労働組合が票集めをやり、官僚は、役員だけでも数十人を天下りさせ、マスコミには膨大な広告宣伝費をばら撒いて黙らせ、大学の先生には研究費と、卒業生を採用するよと。もうとにかく、全員を輪の中に巻き込んで少なくとも原子力政策に対しておかしなことを言う奴は黙らせるという体制のもと、皆で分け前を掠《かす》め取ってきた」と筆者によるインタビューで語った。[11]また、経済評論家の内藤克人は自著に[12]地元自治体の首長は、「原発はもってきさえすればあとはタナボタ式にいくらでもカネは落ちてくる。早い者勝ち！」（ただし）「一〇〇年経って片輪がうまれてくるやら五〇年後に生まれた子供が全部片輪になるやらそれはわかりませんよ。」（福井県敦賀元市長 故・高木孝一）との談話をのせている。

実は脱原発派は、原子力ムラが作り上げた四つの神話が崩壊したと批判する。

(1)「原発絶対安全神話」の崩壊は先述した通りである。旧ソ連のチェルノブイリ、米国のスリーマイル島、日本の福島第一で、わずか六〇年間で三件もの大事故が発生した。現在、世界の原発数は四〇〇基を超える（二〇一〇年）。国際原子力ムラの村長（故・綿貫礼子の造語）とも言われるＩＡＥＡ（国際原子力機関）など原発推進派が安全性の根拠にしてきた科学的データは"WASH-1400"である。この報告書をまとめた主査はＭＩＴ物理学教授のＮ・Ｃ・ラスムッセンである。ＡＥＣ（米国原子力委員会）から付託され「原子炉安全性研究」を一九七五年にまとめた。ＭＩＴのラスムッセン教授の同じフロアーにこの見解を間違いだとする教授がいた。「憂慮する科学者同盟」のＨ・ケンドールである。前述したＮ特『原子力・秘められた巨大技術』では

9 環境エネルギー政策研究所所長・飯田哲也の造語。利権構造で結びつく官僚・政治家・財界・御用学者・御用マスコミを指す。司法を加える人もいる。

10 『原発と日本はこうなる～南に向かうべきか、そこに住み続けるべきか』（講談社）の「自民党政権下での『原子力村』の暴走」（八〇～八三頁）と「資源エネルギー庁の暴走の末に」（八七～八八頁）の中で、甘利明・細田博之・小池百合子・加納時男らの実名をあげて記述。ジャーナリスト以上にジャーナリスティックとの評価が高い。

11 「映像作品いのち第三章」河野太郎×林勝彦より。

12 「日本の原発、どこで間違えたのか　復刻〝原発への警鐘〟」（朝日新聞社）二二五頁　石川県羽咋郡志賀町で地元の広報商工会主催の原発講演会での録音テープより。

この対立する二人の見解をぶつけてラストシーンとした。

(2)「原子力電気安定供給神話」の崩壊とは、この三年間、原発がなくても節電や一部計画停電により無事乗り切っている事実をエビデンスとして取り上げている。図1を見ていただきたい。故・北澤宏一（前・科学技術振興機構理事長）は我々のJASTJの月例勉強会でこの図を使われた。二〇一〇年、原発がなく、かつピーク時においても電力は足りている。また、明治天皇の玄孫で元慶応義塾大学非常勤講師・竹田恒泰も産経新聞の『正論』（二〇一一年八月臨時増刊号）に、二〇〇九年のデータを分析し、最大電力ピーク時（八月七日）でもまだ原発三〇基分ほど余裕があると書いている。

(3)「原子力安価神話の崩壊」とは、これまで原発コストは一キロワット時あたり五・三円と最も安いとさ

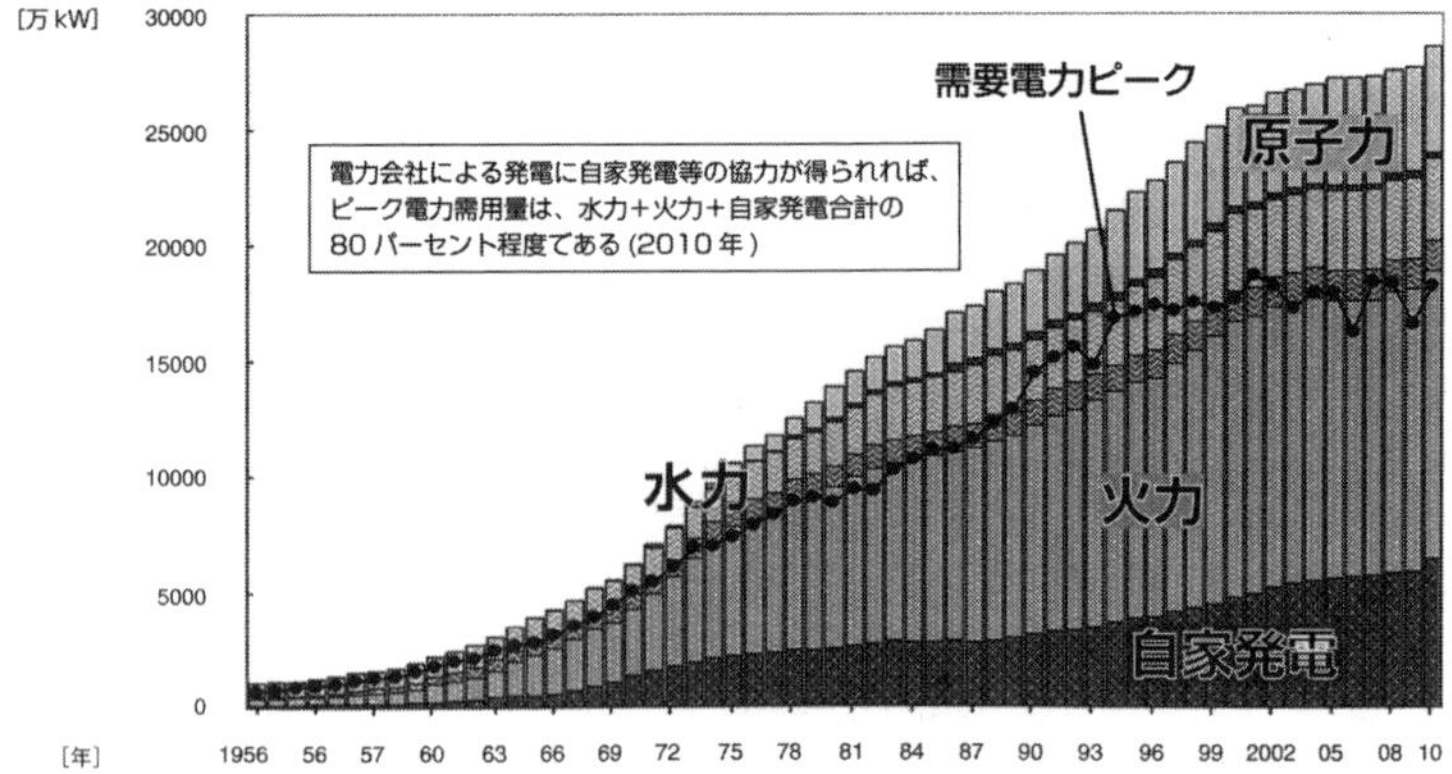

〔出所〕資源エネルギー庁電力調査統計（2011年以降のデータ），(財)日本経営史研究所に本電力業史DB（2000年以前のデータ）
資料作成：北澤宏一

図1　エネルギー別の発電量（北澤宏一氏の作成による）

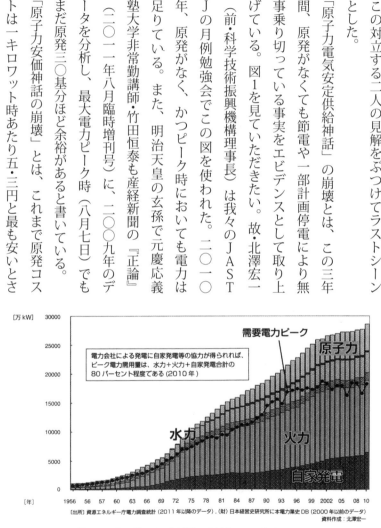

れてきたが、その推計方法に問題があるというものだ。『原発のコスト〜エネルギー転換への視点』で第一二回大佛次郎論壇賞を受賞した立命館大学教授の大島堅一は、実績を示す「有価証券報告総覧」をもとに原発財政支援コストを加味し算出すると一キロワット時あたり一〇・六八円で、さらに原発は通常、揚水発電を行うため、算出し直すと、一キロワット時あたり一二・二三円になり、石油・石炭・LNG火力よりコスト高になる、と筆者によるインタビューで語った。さらに小野次郎議員は、これまで原発開発に投入してきた七〇兆円（電源

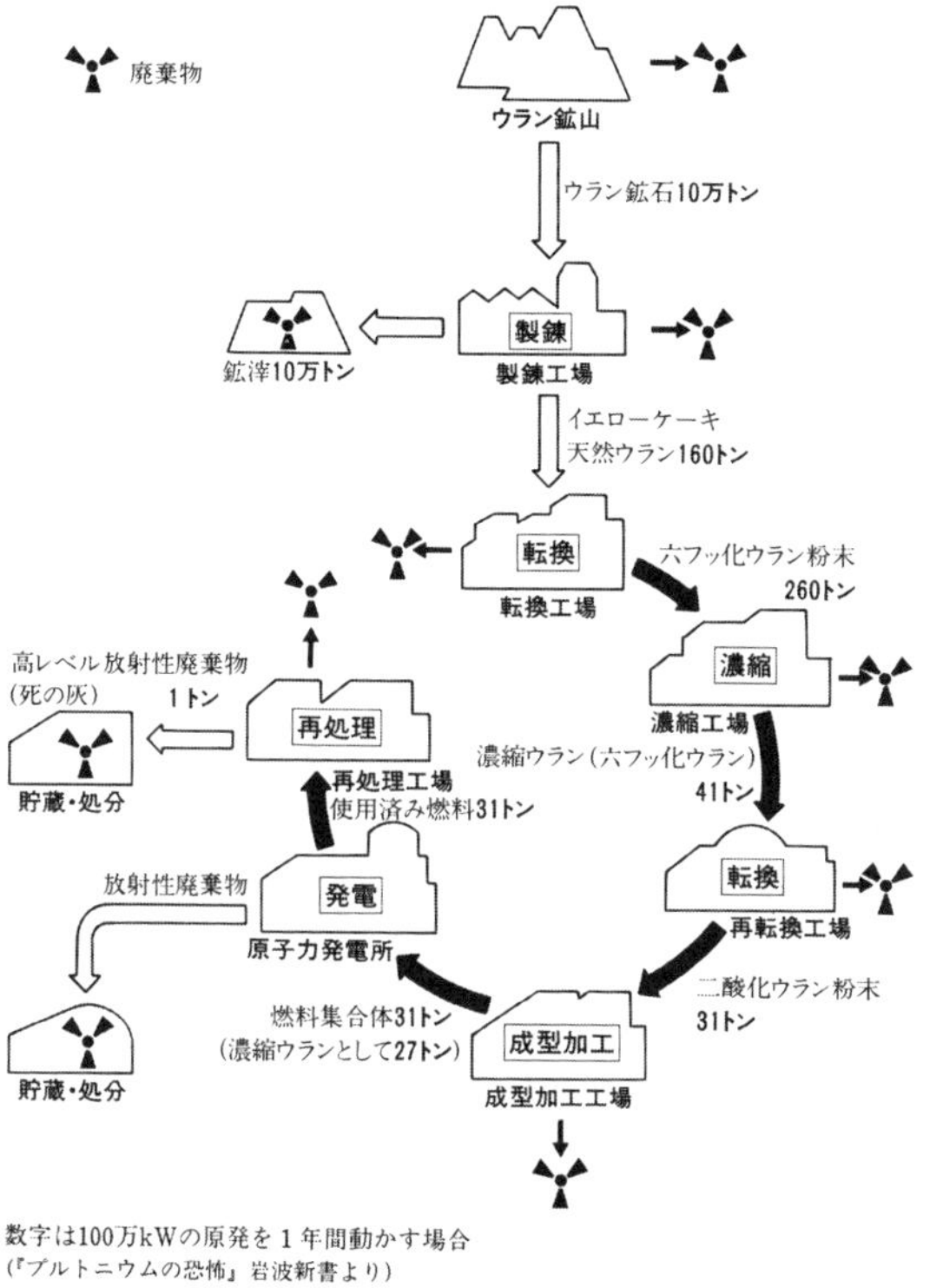

図2　軽水炉・ワンスルー方式（『核燃料サイクル施設批判』高木仁三郎／七つ森書館）より。

三法等）を四〇年間で割り、追加すると一キロワット時あたり一五・八円～二〇・二円で一番高くなると証言した[13]。

(4)「原発クリーン神話」とは地球温暖化の原因の一つである二酸化炭素を排出しないとするものである。ＩＡＥＡ事務局長の天野之弥やオバマ大統領も言っていた。確かに稼働中は放出しない。しかし原発は発電所だけではない。図2を見てほしい。原発以外に関連する工場は五つもある。そこでは化石燃料を使うため、二酸化炭素と、放射性物質を少ないが排出する。原発建設や廃炉中も石油などを多量使用する。以前、「原発はクリーンだ」という繰り返されるＣＭに異を唱えた一人の若者がいた。彼は日本広告審査機構にその正当性を問う審査を求め、〇八年一一月に今後は原発の地球環境に及ぼす影響や安全性について十分な説明なしに二酸化炭素を出さないことを限定的にとらえ〝クリーン〟と表現すべきでないと考える（要旨）との裁定が下された。

今回の人類史上初の「原発三連続爆発・メルトスルー」放射性物質大惨事は、今までマインドコントロール状態にあった多くの日本人に目覚めの「とき」を与えてくれた。三人の元総理大臣、小泉純一郎、細川護熙、菅直人を直接・間接に取材すると、コストなど本当のデータを知らされていなかったと官僚らを痛烈に批判し、脱原発派に変わった。また、著名な文化人で、宮崎駿、村上春樹、吉永小百合、おしどりマコ、渡辺謙、是枝裕和、坂本龍一、大江健三郎ら多数も加わり、国民の半数以上は再稼動に反対なのである。しかし、原発爆発から五年目に入り、風化状態が進んでいる。再びこのような事故を起こせば、旧ソ連がそうであったように、国家崩壊の道を歩む可能性は少なくない。さらに世界史の歴史教科書に愚かで悲惨な日本人・日本国であったと永久に記述されることも覚悟しておく必要があるのではないか。

証言
「原発事故をずっと調べれば調べるほど、一言でいって、原発ムラによって、日本が侵されているのですよ。(筆者:え?侵されている?)要はそういうことをやっている人間が洗脳されていますね。私は、それが一番怖いです。」……元飯舘村副村長[14]、長正増夫氏

13 映像作品「いのち」第16章 小野次郎×林勝彦対談。
14 映画「いのち」での証言。

第三章　核燃料サイクルとその問題点

核燃料サイクルとは　～三方式の説明～

これまで軽水炉を中心に見てきたが、原発は核燃料サイクルのごく一部にしか過ぎない。核燃料サイクルとは、核燃料の一生の道筋をいう。どこで生まれ、どのように育ち活躍し、どこで死を迎えて、どの墓場に埋葬されるかという、道筋のことである。この道筋は大別して、以下の三種類に分類できる。

(1) 軽水炉・ワンスルー方式（再処理ナシ）〈図2。但し、再処理は含まない〉

(2) 軽水炉・プルサーマル方式（再処理ア

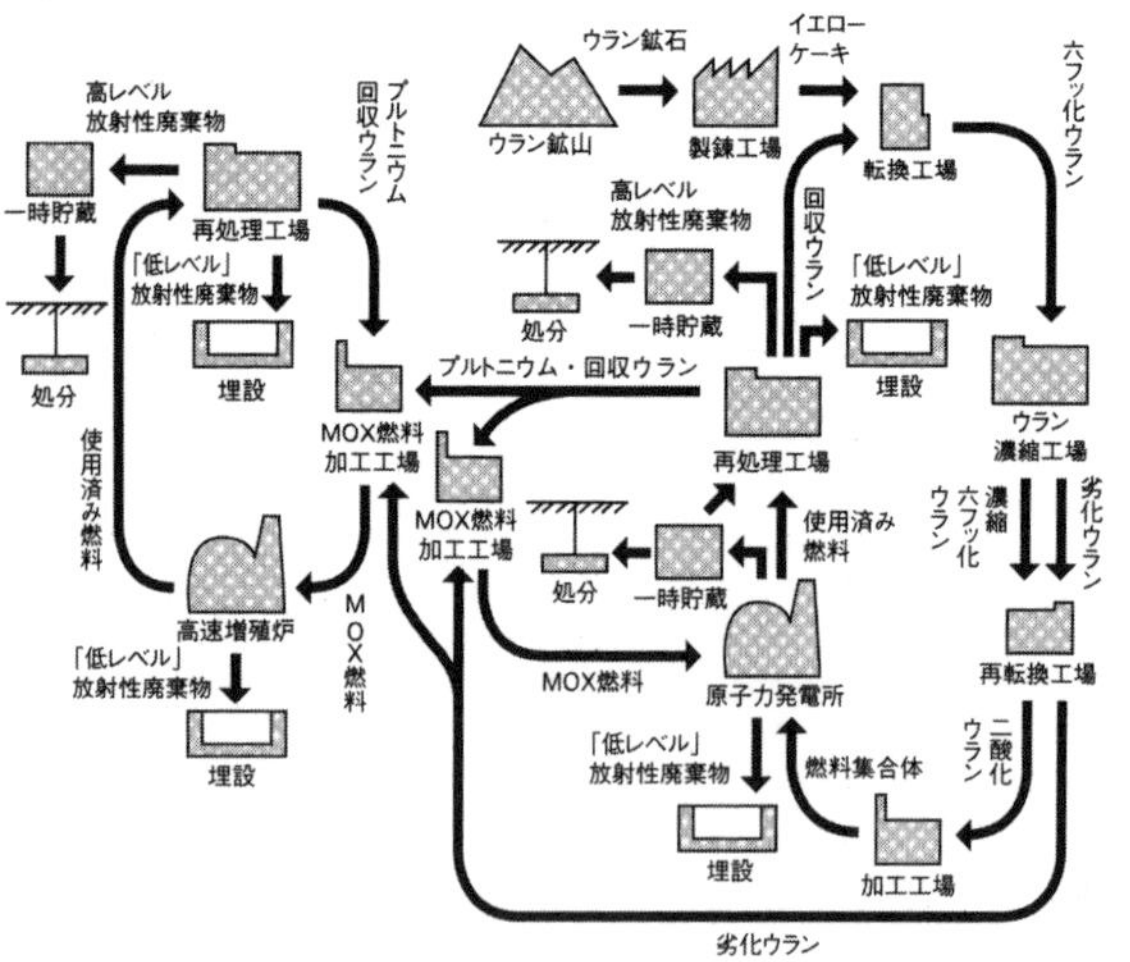

※「低レベル」放射性廃棄物は、図に示したほか、すべての施設で発生する。
※高レベル放射性廃棄物、使用済み燃料は処分せず、管理を続ける考え方もある。

図3　軽水炉・プルサーマル方式(右半分)および高速増殖炉・核燃料サイクル方式（左半分）（『破綻したプルトニウム利用一政策転換への提言』原子力資料情報室・原水禁／緑風出版）より。

リ）〈図3の右半分〉

(3) 高速増殖炉・核燃料サイクル方式（高速増殖炉しか存在せず、サイクルは実現していない）〈図3の左半分〉

地球上には四〇〇基以上の軽水炉があり、世界の主流は①である。米・独・伊・スイス・スウェーデン等で建設された原発の八〇パーセント程を占める。「死の灰」で満杯の使用済み核燃料はゴミとして捨て去る。再処理をしないため、コストは最も安く、危険性や技術的困難度も低減される。地球上で核ゴミ処分を解決した国は皆無、核燃料サイクル技術はすべてが未完成、「絵に描いた餅」といえる。「トイレなきマンション」問題は究極・最大のアキレス腱である。②、③でも同様である。

(2)は使用済み燃料の中からわずか一パーセントのPuを取り出し、MOX燃料[15]として使う。再処理する分、コスト・危険性・技術的困難度が格段と高くなる。原子力資料情報室の安全問題担当・上澤千尋は最悪シナリオで比較した。五〇パーセント致死区域はウラン炉が五八・六キロメートル、プルサーマル炉では一一〇・一キロメートル。被害区域の危険性は（半径が）二倍ほど拡大すると

15 二酸化ウランとプルトニウム酸化物を添加・混合したもの。Puの濃度を四～九パーセントに高めたもの。その危険性は高まると言われる。福島第一原発の三号機にはMOX燃料が使用されていた。物理学者の槌田敦は少数意見ながら、水素爆発ではなく、水蒸気爆発だとインタビューで語った。これは、故・仁科芳雄博士が戦時中に開発していた「暴走軽水炉」方式による「日本型原爆」に似た現象であったと表現した。

計算した。また、米国の核管理研究所（ＮＣＩ）元科学部長のＥ・ライマン博士は核燃料にすべてＭＯＸを使用した場合、最悪シナリオの急性死者数は軽水炉に比べ四八〜六〇％高く（六四〜二四二〇人）、潜在的ガン死者数は一六一〜三〇六％高くなる（一万五九〇〇〜一五万五千人）と計算した[16]。そのため、実施国も極めて少なく、ベルギー等数カ国である。日本はこの方式を目指しているが、現在はストップしている。図３の右側が(2)のプルサーマルで左側が(3)である。

高速増殖炉（以下ＦＢＲ）・核燃料サイクル方式である、(3)の方式を実現した国はない。世界最先端を走っていた仏も実証炉「スーパーフェニックス」を解体中であり、先進国ではこの方式は斜陽産業と化している。

証言

「誰が見ても破綻している核燃料サイクルを、何事もなかったかのように推進するというのは世の中を愚弄している」……河野太郎衆議院議員（筆者によるインタビュー時の発言）

核燃料とはＵやPuのように核分裂を起こし「燃えて」超高温を発する物質をいう。天使と悪魔の二つの顔を持つ。天使の顔とはＵやPuが一グラムあれば、石炭三トン分ほどのエネルギーを生み出し、資源小国日本にとっては天使となる。しかし、核燃料は世界中でも一〇〇年程で枯渇する。

持続可能なエネルギーではないのだ。

一方、核燃料は極めて強い放射線を出し、六〇兆細胞から成る人体に発がんや遺伝への悪影響を及ぼす潜在的危険性を抱えている。Puの半減期は二万四千年、別名を「地獄の王」[17]と呼ばれ、長崎原爆「ファットマン」に使われた。広島原爆「リトルボーイ」はUが使われ非戦闘員の老若男女、胎児が虐殺され「原爆症」は今も続いている。悪魔の顔である。

一九四五年七月一六日、米国ニューメキシコ州のアラモゴードで、世界最初のPu型原爆が炸裂した。その瞬間「原爆の父」R・オッペンハイマーは、ある聖典の一節「我は死神なり。世界の破壊者なり」[18]が思い浮かんだという。

原爆は三つの要素からなる。

(1) 灼熱地獄。高濃縮の核燃料が爆発した瞬間、爆弾内部温度は二五〇万度、爆心地の地表温度は

---

16 「日本の原子力発電所で重大事故が起きる可能性にMOX燃料の使用が与える影響」(http://kakujoho.net/mox/mox99Lyman.html) 一九九九年一〇月。

17 天然に存在する元素は原子番号九二のウラン(天王星《ウラヌス》に由来)まで。九三番元素のネプツニウム(海王星《ネプチューン》に由来)は、中性子などを使い人工的に作り出された。九四番元素は冥王星からプルトニウムと命名。毒性が極めて高く、冥土(地獄)の意から「地獄の王」とも呼ばれる。

18 ヒンドゥー教の聖典『バガヴァッド・ギーター』。人類初の原爆実験「トリニティ」直後の感想。

三〇〇〇〜四〇〇〇〇度となる。

(2) 猛烈な爆風。

(3) 二〇〇種を超える放射性物質。プルトニウム・ストロンチウム・セシウムなどの〝死の灰〟である。

一方、原発は低濃縮の核燃料を三〜四年間かけてゆっくり燃やすため、核燃料の中心温度は二〇〇〇度程度。しかし、核分裂の原理は、原爆と同じであり、原発は原爆をルーツとして生まれたといえる。原発の最大のアキレス腱は核廃棄物にある。軽水炉を一日稼働するだけで、広島原爆二発分の死の灰を生み出す[19]。現在、日本には一二〇万発分の原爆が生み出した分と同じだけの放射性廃棄物がたまっている[20]。処分は未だに行われておらず、「トイレなきマンション」状態のままである。世界中でも皆無、将来世代への倫理的問題も抱えている。フィンランドのみが処分地を決定し、施設「オンカロ」を建設中である。現地取材すると一〇億年以上地層は動いておらず、情報公開を徹底し国民的議論を重ね決定したという。課題は二つ。氷河期に耐えられるか、使用済み核燃料を覆う銅製のキャニスターから放射能が漏れ、地下水を汚染することはないか、であった。地震・活断層・火山大国である日本には、そのような土地はない。ＪＡＳＴＪ会報(六五号)に取材記を記述しておいた。

核燃料サイクルの危険性とハイパーコスト高

核燃料サイクルの危険性は軽水炉の比ではない。筆者の廃止理由もここにある。

一九七七年、ディレクターとして科学ドキュメンタリー『あすへの記録・高速増殖炉常陽』や二一世紀の科学『プルトニウムの許容量』（赤木昭夫司会で高木仁三郎 vs 松岡理）などを制作。一九九三年にはNスペ『調査報告・プルトニウム大国・日本』第一集『核兵器と平和利用のはざまで』、第二集『核燃料サイクルの夢と現実』をプロデューサーの一人として制作した。週刊朝日によれば当時の科学技術庁原子力局長の石田寛人は局長室に記者らを呼び（石田は「記憶にない」）ＮＨＫに抗議、ＮＨＫは毅然として対応した。[21] その体験も踏まえ、核燃料サイクルの問題点について説明しておきたい。

Ｕは持続可能な核燃料ではない。一〇〇年程で枯渇するからだ。燃えるＵは天然ウランの〇・七パーセントのみ、あとは燃えないウラン二三八だ。しかしＦＢＲはこれをPuに変身させる「夢の原子炉」と言われてきた。理論上は六〇倍に増やすことができる。しかし、この炉

19　映像作品「いのち」第13章　澤井正子×林勝彦対談より。

20　映像作品「いのち」第9章　小出裕章×林勝彦対談より。

21　週刊朝日（二〇一三年四月五日号）の記事によれば、さらに旧科学技術庁（現・文科省）が動力炉・核燃料開発事業団（現・日本原子力研究開発機構）に対し、ＮＨＫに抗議するように指示。各ＮＨＫの所在地などとともに、「ヤラセ」例文がずらりと並んでいたが、結果は二〇年前にＮＨＫが警鐘を鳴らした通りになっていると伝えている。

を完成させた国はどこにもない。事故の連発、コスト高で各国は撤退していった。

日本の「もんじゅ」も一九九五年のナトリウム漏れ大事故と火災発生後、一四年間運転を停止。事故後六時間、施設内をビデオ撮影したものを隠したが露呈し、「原子力は隠される」との強烈な印象を国民に与え、大きな問題となった。投資額は総額二兆円ほど。商用の電気は全く生産されていない。にもかかわらず、今なお年間二〇〇億円ほどが人件費や液体ナトリウムを固まらせないためだけに使われている。批判派は、石油エネルギーを無駄使いし続ける、「石油エネルギーの浪費型金食い虫」と呼んでいる。こうしたFBRの事故は国際的に見ると多種多様な事故を起こしている。開発第一段階にあたる実験炉「常陽」が臨界に達したとき世界の原発先進国のロシア・イギリス・フランスではすでに開発第二段階の「原型炉」を一九七〇年台に完成させていた。日本は、先進国に二〇年ほど遅れて原型炉「もんじゅ」でようやく臨界を達成させることができた。日本の科学技術開発が得意とする「キャッチアップ」方式である。

数々の事故を起こしていた世界の実験炉

世界の実験炉や原型炉は数々の事故を起こしていた。実験炉では一九五五年、米国アイダホ州のEBR—1は実験中に最初のメルトダウン事故を起こし大量の放射性物質をまき散らした。一九六六年には米国の「エンリコフェルミ炉」も溶融事故を起こした。警報が鳴り響き、一〇分以上経ち原子炉は停止。その模様をジョン・フラーは著書『われわれはデトロイトを失うところであった』に書いた。同年、仏でもラプソディがナトリウム(水と反応し火災・爆発を起こす)漏れ火災事故。一九六〇年、イギリスのDFRも燃料破損事故。露では一九六〇年、BR—5がナトリウム細管大破損事故などを起こしている。さらにドイツも開発第二段階の原型炉を完成。あとは核燃料を挿入すれば発電可能段階であったが、危険性・コスト・市民の反対、倫理問題で断念。米国も原型炉の開発を断念。フランスの原型炉フェニックスも一九七六年二回にわたり、ナトリウム漏れ・火災事故。さらに世界のトップランナー、開発第三段階の世界唯一の実証炉、スーパーフェニックスも一九八七年にナトリウム漏れ事故、その後もナトリウム漏れ・火災事故が連続し、仏は開発を断念。「夢の原子炉」は「蜃気楼」から「幻」となった。この事実からFBRの商業化は即刻廃止すべきと考える。

再処理工場の危険性とハイパーコスト高

核燃料サイクルにおいて、使用済み核燃料をワンスルーしない場合は、再処理が必要になってくる。この再処理が最も危険であり、コストが高いものとなってくる。そのハイパーコストと超巨大な潜在的危険性について国際的視点から記しておく。

原子力資料情報室の脱原発派、澤井正子は、核燃料サイクルを中心に、二〇年間専門的に追及

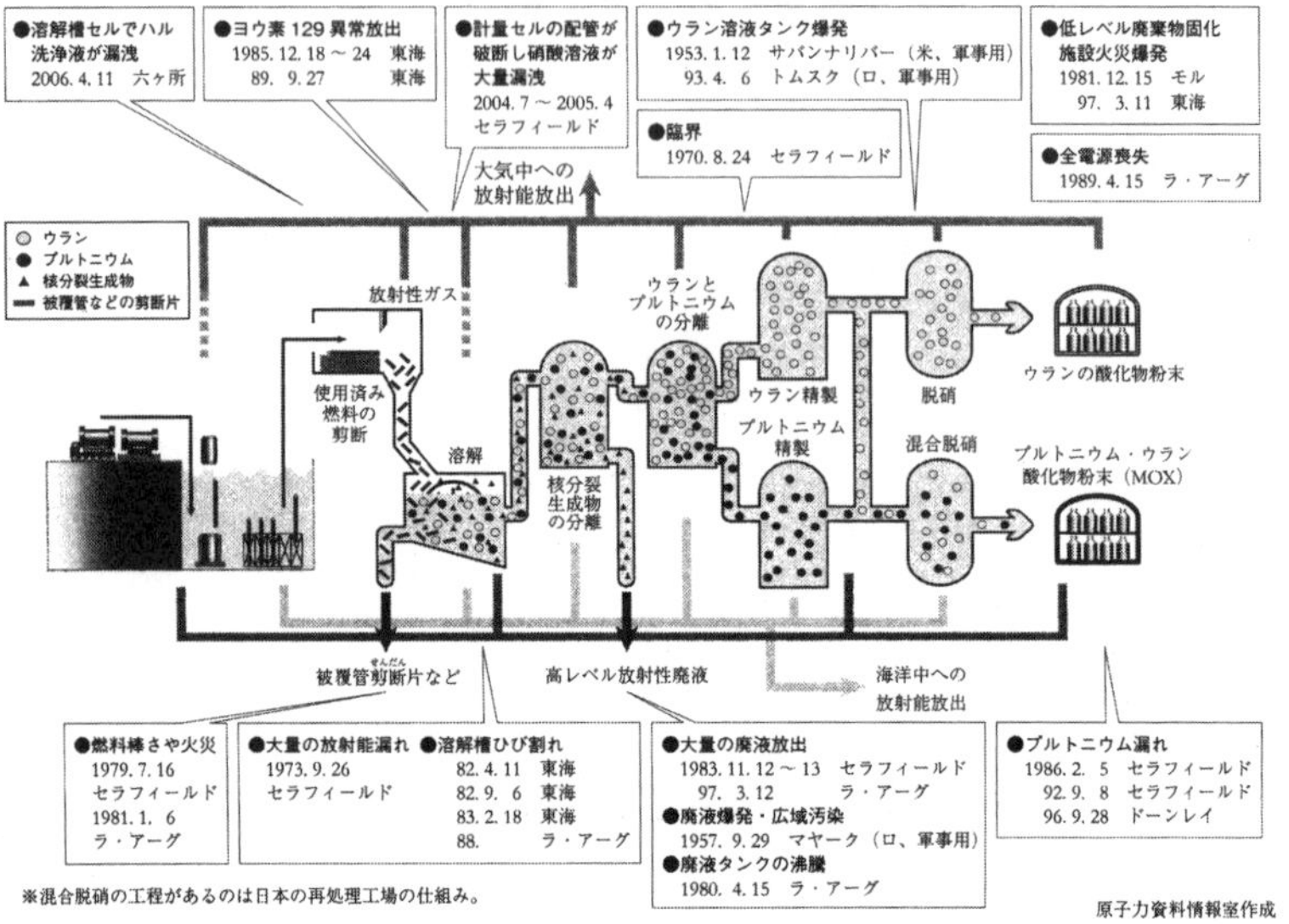

図４　再処理工場の事故史（『原子力市民年鑑 2014』原子力資料情報室／七つ森書館）より。

してきた。六ケ所再処理工場の使用済み燃料プールには軽水炉に換算すると三十基ほどもの核燃料が貯蔵され、通常運転で軽水炉一年分の放射性物質を一日で放出すると批判する。

米国はカーター時代、核不拡散に力を入れ、再処理をせず使用済み核燃料を最終処分することを決定。ドイツやスウェーデンも、軽水炉プルサーマル方式をあきらめ再処理を放棄、米国同様ワンスルー路線に方針転換した。再処理を本格的に行ってきたのは英国と仏国であるが、将来的な方針は未定である。将来の動向を探るため、二〇一二年、英国のセラフィールド工場を取材した。N特『核戦争後の地球』でキャスターを務めたF・バーナビー博士によれば英国はあと五年程で再処理工場を閉じる見込みと証言した。[22] 上客であった日本と独国からの依頼がなくなり、ビジネスが成立しなくなったためだという。図4を見てもらいたい。事故の連続が一目瞭然だ。にもかかわらず、日本は暴走気味にこの路線を突き進もうとしている。六ケ所再処理工場の建設は、二〇回を超す延期、当初予算の三倍近い二兆円以上を投資しても完成せず一般企業であればすでに倒産しているはずだ。

再処理路線はワンスルーに比べて高くつく。実は〇四年、国会でワンスルー方式と核燃料サイクルのコストの比較について追及されたが当時のエネ庁長官、日下一正は、試算はしていないと偽りの答弁をした。そして二〇一二年、原子力委員会の小委員会(鈴木達治郎座長)は、二〇二〇年までに脱原発を達成、「ワンスルー方式」が最も安くつき一〇兆円弱で済むと発表した。当然のことだと思う。

もう一点、マイナス情報を追加しておきたい。再処理工場近くのこどもに小児白血病が多発しているとの情報だ。『ウィンズケール・核の洗濯工場』という地元テレビ局のドキュメンタリー番組が一九八三年に放送され、全英に火をつけた。工場から三キロメートルのシースケール村ではイングランド平均の一〇倍ほどの小児白血病が発症していることを告げた。その後、ブラック卿や

22　JASTJ会報（六六号）「英国セラフィールド再処理工場」報告（林勝彦）。

ガードナー博士等が調査。裁判も起こされたが[23]科学的には、完全に決着はついていない。しかし、妊娠前の六か月間に父親が一〇ミリシーベルトの被曝をしていると大きな影響を受けるとの報告がある。[24]

二〇一二年、筆者はセラフィールド(ウィンズケールの改名)を取材し、海に面したシースケール村のホテルに泊まった。早朝、美しいアイリッシュ湾の砂浜を散歩したが、この湾は五〇年間ほどの放射性物質の蓄積により世界一汚染された湾として知られる。セラフィールドは初期の三〇年間に最も多量の放射能汚染水を放出したが、そのレベルに福島はわずか四か月でその九〇パーセント程の放射性物質を流出させた。[25]

仏国のラ・アーグ再処理工場の場合、一〇キロメートル圏内の施設付近で採れた魚を食べたり周辺を散歩する頻度が高い子どもの小児白血病発症率は全国平均の三倍近く(二・八倍)である。[26]

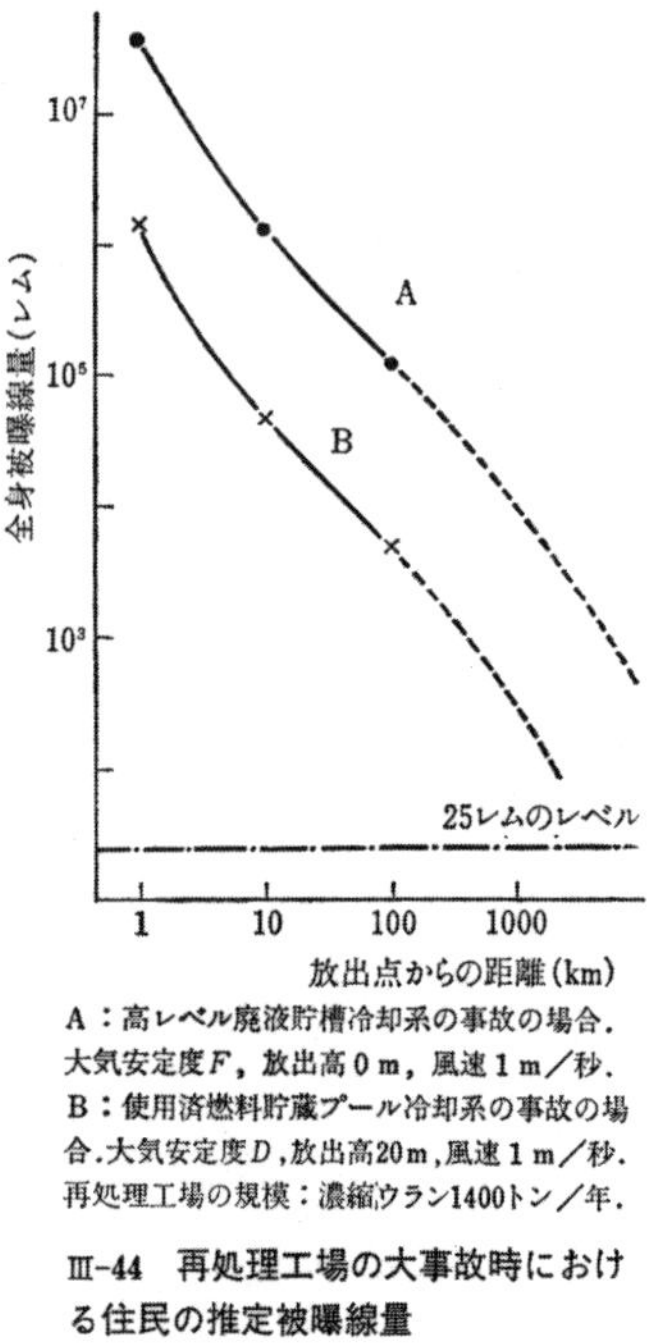

A：高レベル廃液貯槽冷却系の事故の場合．大気安定度F，放出高0m，風速1m／秒．
B：使用済燃料貯蔵プール冷却系の事故の場合．大気安定度D，放出高20m，風速1m／秒．
再処理工場の規模：濃縮ウラン1400トン／年．
Ⅲ-44　再処理工場の大事故時における住民の推定被曝線量

図5　再処理工場の大事故時における住民の推定被曝線量(『原子力秘められた巨大技術』NHK取材班／日本放送出版協会)より。

再処理工場は核燃料サイクルの中で最も高い潜在的危険性を示す。筆者が驚愕したデータがある。それは西独政府がケルン・原子炉安全研究所に再処理工場の大事故評価を依頼し、七六年に報告を受けた『IRS-290リポート』である。最悪の場合、一〇〇キロ圏内でも住民は致死量の一〇〜二〇〇倍被曝、死者は最大三〇〇〇万人に達するというものだ（図5）。これは広島原爆の二〇〇倍ほどの死者数に相当する。この点も筆者が核燃料サイクルを廃止すべきと考える理由の一つである。

なぜ現政権は、核燃料サイクルを推進するのか

上記で示したように、核燃料サイクルや再処理の行程には、驚天動地の潜在的危険性を伴うことが分かった。しかし、それにしても日本政府は①危険性、②コスト高、③環境汚染、④倫理問題があるにもかかわらず、なぜ核燃料サイクルにこだわるのだろうか。核燃料サイクルの核心は

23　一九九二年の裁判には、国際的な放射線遺伝学者・野村大成（阪大名誉教授）が世界でただ一人、データに基づく意見を求められた。放射線が次世代にも遺伝的影響を与える事実を初めて動物実験で示していたためである。この事実は一九八二年のネイチャーの巻頭言にも記載されている。

24　「ガードナー論文」（http://www.cnic.jp/modules/smartsection/print.php?itemid=35）参照。

25　フランス放射線防護原子力安全研究所データ（AFP通信一〇月二八日）より。

26　「J・F・ブィエル論文」Statistics in Medicine Vol. 14 pp. 2459-2472 参照。

Puにある。現政権はPuをエネルギー源と見るよりも、潜在的核保有国への魅力にあり、その悪魔性に取り憑かれていると脱原発派は批判している。事実、「原子炉は軍事機密なんだから、細かな点は実際にやってみないと分からない。人が死んだとか大勢がケガをしたというのでもなし、大騒ぎするのは死んだりケガをしてからでいい」と朝日新聞科学部記者の故・木村繁記者は発言していた(週刊朝日・七四年一〇月一一日)。

原爆を製造するためには①FBR、②核燃料再処理工場、③ウラン濃縮工場が必要となる。原発施設のなかでも軍事転用技術を機微技術と呼ぶ。Sensitive Nuclear Technology（SNT）である。核兵器保有国以外でSNT・三点セットをもっている国は日本だけであり、国連常任理事国(米・英・仏・露・中)に次いで日本は「プルトニウム大国」なのである。

実は、日本政府は当初から核兵器に関心を示していた。

(1) 一九五四年三月四日、改進党の小山倉之助議員(保守三党共同提出)が、衆議院本会議での原子炉構築予算案の提案趣旨演説で「原子兵器を理解し」「これを使用する能力をもつ」ために予算案を上程すると述べた。

(2) 一九六五年九月二五日外務省外交政策企画委員会、佐藤栄作内閣総理大臣・椎名悦三郎外務大臣(当時)の元で作成された『わが国の外交政策大綱』には「核兵器についてNPT（核不拡散条約）に参加すると否とにかかわらず、当面は核兵器は保有しない政策をとるが、核兵器製造の経済的・技術的ポテンシャルは保持する」と記され、当時は極秘扱いとされていた。

しかし、三・一一以後の日本には新しい動きが出てきた。公然と原子力と核兵器に関係する問題が浮上してきたのだ。

(1) 二〇一一年九月七日、読売新聞の社説で「日本は、核兵器の材料になり得るプルトニウムの利用が認められている。こうした現状が、外交的には、潜在的な核抑止力として機能していることも事実だ」

証言

「一発だけ持っていたっていい。日本人が何するかわからんという不安感があれば、世界は日本の言い分を聞くと思いますよ。」……石原慎太郎（一九七〇年七月　核保有問題で発言）

（読売新聞　一九八九年八月五日夕刊「語録に見るプロフィール」より）

(2) ところが、二〇一二年六月二〇日「原子力規制委員会設置法」が成立し「わが国の安全保障に資する」との文言が国会の十分な議論を抜きに突然つけ加えられた。さらに、これまで原子力の憲法「原子力基本法」は、日本学術会議の提言により一九五五年に制定された。従来の第二条は原子力の研究、開発及び利用は、「平和の目的に限り」、民主、自主、公開が原則となっていた。基本法の基本理念が根底から塗り替えられてしまったことを意味する。この法案の仕かけをつくったのは、自民党と意外なことに平和の党公明党が連携し、民主党右派に働きかけ、法案を成立させた。この動向をいち早く察知した「世界平和アピール七人委員会」（武者小路公秀、池内了、大石芳野ら）は「軍事利用に道を開く可能性がある」（趣旨）との緊急アピールを発表した。

民間事故調（故 北澤宏一委員長・前 東京都市大学学長）を除く三事故調（政府・国会委・東電）は「核燃料サイクル」問題の検証をしていない。その理由は「エネルギーの安全保障」と同時に「国防上の安全保障」問題にゆきつくからだと思われる。なかでも米国との関係「日米原子力協定」と「日米安全保障条約」が相互に微妙に絡み合うセンシティブな問題であるからだ。

民間事故調は報告書の第一〇章に「核セキュリティへのインプリケーション」で原子力の平和利用には三つのリスクがあるとし、

(1) セーフティ（事故や災害を念頭においた原子力安全）
(2) セキュリティ（テロや紛争等の人為的な攻撃を想定）
(3) セーフガード（核兵器の拡散防止を念頭においた保障措置）

を、「3S問題」と呼び、日本の対策の遅れを鋭くついている。

日本はPuをすでに四五トンほど、保有している。批判派は原爆五〇〇〇発分に相当するとし、核抑止力になるというより、核テロや核施設攻撃による最悪の放射能被曝の潜在的危険性と環境汚染を指摘する。現実に憂慮すべき事態が発生した。八一年イスラエルはイラク原子炉爆撃「バビロン作戦」を実施し、朝日新聞は二〇一一年七月三一日の記事で、日本の外務省が八四年に極秘に被害予測を行っていたとスクープした。格納容器撃破の場合、急性被曝死者数は最大一万八千人、八七キロメートル圏の住民は故郷喪失。原子炉撃破の場合、被曝被害はさらに深刻になると報道した。戦後七〇年、原爆材料のプルトニウムを巡り「戦争被爆」と「原発被曝」を体験した日本人と日本国による積極的平和主義の方向性が問われている。潜在的核保有大国として現在使い道がないPuをさらに増やす「Pu大国拡大路線」を歩むのか？　非核三原則を持つ被爆国として「Puのない安心・安全社会」を目指すのか？

国民の多数派は核燃料サイクルも脱原発軟着陸か即時ゼロを求めている。核心は「科学と社会」「エネルギーデモクラシー」の問題であると同時に「核文明」の選択の問題でもあるからだ。

終章　提言

原発再稼働のための五条件とは？

筆者が原発再稼働のための最低条件であると考える五条件を記す。

(1) まず、三〇キロメートル圏内の住民のいのちの安全を確保すること。繰り返す。原子炉の安全より、いのちの安全を優先すること。福島第一の最悪シナリオでは、最大五千万人ほどが避難する可能性があった。日本人の四〇パーセントほどである。「大飯原発」差し止め判決文には画期的な「人格権」にも触れた。米国ではすでにいのちと環境を最優先にしている。見習うべきだ。もちろん、三〇キロ圏住民の「生命と財産」に責任を負う関係市町村の首長と県知事の総ての許諾と住民の避難訓練も絶対条件となる。「川内原発」判決は差し止めを却下したが専門家から科学的反論が続いていると東京新聞などが伝えている。[27]

(2) 関係する事業者全員による、シビア・アクシデントへの実践訓練は必須である。なぜなら、二〇一三年の科学ジャーナリスト賞候補にと私が推薦し、外部委員らによる審査で大賞を受賞したドキュメンタリー映画『東電テレビ会議　四九時間の記録』(Our Planet-TV 白石草ら制作)を見た識者や一般市民の感想は、現場の努力は分かるが、原発の凶暴さと関係者の無知による制御不能の実態が痛いほど実感できたとの声が強い。

(3) 世界一の安全基準をクリアすること。日本の基準は世界一ではない。日本の原発には米国が開発した"AP1000"[28]や仏などが開発した「コアキャッチャー」[29]などがない。さらに国民が最も危惧する点は、田中俊一原子力規制委員長は、川内原発は規制審査基準は合格としつつも、「安全だとは私はいわない」と語った。誰が安全を宣言するのか。筆者は政治家だけでなく国民が信頼できる一流の科学者や識者が「生命の安全」と「原発の安全」を共に保証することが必要だと思う。筆者が直接お目にかかった方では故・湯川秀樹博士や元原子力産業会議の故・森一久副会長、それに前原子力安全委員会委員長代理の住田健二[30]は人格・識見とも優れており適任者だと思う。

(4) 微量放射線被害についても自己判断し覚悟を決めておくこと。思い込み激しいJASTJの理事は「一〇〇ミリシーベルト以内は人体に影響なしとICRPは勧告している」と間違いを書いた。世界の大多数の国際機関（ICRP・国連科学委員会・WHOなど）は「直線閾値なしモデル」を認め、低線量でも人間集団への影響は低いが確率的にガン死や遺伝的影響があると「リスク管

27 ①東大地震研究所の中田節也教授「自分もいいように利用された。ひどい判決だ」②火山噴火予知連絡会藤井敏嗣会長（東大名誉教授）「巨大噴火を認識する火山学者が少数派」としているが、「事実誤認で科学的でない」③石橋克彦神戸大名誉教授は南海トラフの巨大地震では震度六レベルを想定すると「適合審査会」はやり直す必要があるのではと指摘している。

28 米国のウエスチングハウス社が開発。全電源喪失時でも七二時間自動的に水が入る仕組み。コストは一〇〇万kWの軽水炉に比べ二倍ほどといわれる。

29 仏国のアレバ社が特許権をもつ。欧州加圧水型炉（EPR）と呼ばれ、メルトダウンを起こしても溶けた核燃料を受ける特殊な皿。コストは同じく二倍ほど。

30 映像作品いのち第21・22章　住田健二×林勝彦より。

理」上、認めている。ＩＡＥＡですら認めており、日本国政府も通常、普通人で年間一ミリシーベルト以下と法令で定めている。ＪＡＳＴＪの月例会などで元国会事故調の崎山比早子委員は表１のとおり一〇〇ミリシーベルト以下でも発がんに有意差が見られたとの科学的な疫学調査を複数紹介された。中でも五ミリシーベルト程の微量放射線の被曝でも小児白血病などに有意差が見られたとの報告は注意すべきだ。また、子どもの放射線感受性は大人の三〜七倍ほど高いとの米国科学アカデミーの報告（ＢＥＩＲⅦ）がある点や事故時の「帰村基準」は年間二〇ミリシーベルトの科学的意味を住民は事前に収集・学習・納得しておくことも条件となる。因みに、チェルノブイリ事故では土壌汚染に加え、五ミリシーベルト以上は

100mSv以下で発がんが有意に証明された疫学研究

1. スイスにおける自然放射線と小児がんリスク

蓄積線量が1mSv増加すると白血病、中枢神経腫瘍が4%増加

（Spycer SD, 他, Environ Health Perspect. Online Feb 23, 2015）

2. オーストラリアにおける680,000人の小児CT検査

全がんについて*4.5mSvで1.2倍*

（Mathews JD 他, BMJ 346, 2013）

3. 英国における自然放射線と小児白血病罹患率

5mSvで約1.5倍

（Kendall G.M. et al., Leukemia online, 6 July, 2012）

4. 小児CT検査（22歳以下）による白血病と脳腫瘍の発症

白血病：*約50mSvで3倍* 脳腫瘍：*60mSvで3倍*

（Pearce MS 他, Lancet 30, 2012）

5. ドイツ原発周辺での5歳以下小児白血病

5km以内では5km以遠の*2倍*

10km以内では10km以遠の*1.3倍*

（Kaatsch P 他, Dtsch Arztbel Int 105, 2008）

表１　発がん性を示した疫学研究

強制移住、一〜五ミリシーベルトは「移住の権利ゾーン」となり移住・居住に関係なく補償が認められる。年間推定〇・五ミリシーベルトでも社会的支援を受けられる。

(5) 事故原因を究明すること。我々はＪＡＳＴＪ編で四事故調報告書を徹底比較し二冊の本を出した。しかし、国会・地方自治体の公僕は例外[31]を除いて議論不足であり、多くの提言は無視されている。肝心の事故原因も詳細は決着がついていない。新潟県知事の泉田裕彦は事実検証なしに再稼働の議論はしないと明言している。

将来世代からのメッセージ〜日本人よイノベーションを起こせ！

世界史に残る「原発三連続爆発・メルトスルー」熱暴走による放射能惨事から四年が過ぎた今なお一〇万人を越す人々は故郷に帰れず、農業や畜産業の仕事を奪われた人々も多い。離婚、ＰＴＳＤも増え自殺者も含め原発関連死者数は二〇〇〇人近くにのぼると東京新聞は推計した。日本人による訴訟の他、米国のトモダチ作戦による空母乗組員の米兵二人がガンで死亡、様々な後遺症が出ていると米兵被曝者とその家族二〇〇人を超える集団訴訟も進行中である。被

31　①超党派の会「原発ゼロの会」（共同代表 河野太郎・近藤昭一、事務局長 阿部知子ら）②「エネルギー政策勉強会」（自民党新人議員有志・座長 秋本真利）③原子力市民委員会（吉岡斉会長）。

告に、東電の他、日立・東芝も加えられた。係争中の裁判は十あまり、総計数万人の原告者がいる。今も放射能汚染による後遺症は続いており収束への道は険しいと言える。

証言
「保守と言われる知識人のなかに、どうして美しく保存されるべき豊葦原瑞穂の国を、何万年にもわたり汚染してもいいと考えている人が少なくないのか、私にはまったく理解できない。それに、いかなる人の故郷も奪われてはならない。エネルギー問題をイデオロギーに囚われて争っていてはならない。」……西尾幹二（評論家）（月刊『ＷｉＬＬ』二〇一一年七月号「脱原発こそ国家永続の道」）

日本は「科学技術創造立国」を標榜している。筆者はこの方針に大賛成だ。イノベーションで国富をもたらすことで、戦後日本は発展してきた。しかし現在、貧富の差は広がり、東北地方太平洋沖地震にともなう原発事故や、ＳＴＡＰ細胞騒動で科学技術創造立国という心棒は揺らいでいる。我々は次世代や将来世代にどのような科学技術を残せばいいのだろうか。筆者は、戦争に繋がる武器や核廃棄物を抱える原発輸出ではなく、「平和・倫理・環境」に叶う科学技術を残さねばならないと思う。しかし、気がかりな社会情勢がある。それは現状の「きな臭い雰囲気」、つまり特定秘密保護法、集団的自衛権行使容認、武器輸出三原則、ＮＨＫ会長問題[32]などだ。これらは全て、戦争と平和に関係している。積極的平和主義のもと、再び日本が戦渦に巻き込まれることがあってはならない。加えて、その戦火に今日の科学技術が悪用されることがあってはならない。

国民の大多数は象徴天皇制を受け入れ天皇陛下・皇后陛下の品格と温かいお人柄に尊崇の念を抱いている。両陛下は第二の敗戦とも言われる原発震災にも深く心を痛められ福島を四回訪問、加えて私的旅行を利用され飯館村や浪江町の人たちが避難生活を続けている被災者を見舞われ励まされている。また、天皇陛下は八〇歳の誕生日に「戦争による日本人の犠牲者は約三百十万人と言われております。前途に様々な夢を持って生きてきた多くの人々が若くして命を失ったことを思うと本当に痛ましい限りです。戦後、連合国の占領下にあった日本は、平和と民主主義を守るべく大切なものとして、日本国憲法を作り、様々な行政改革を行って、今日の日本を築きました。（一部抜粋）」とお話しされている。公共放送ＮＨＫニュースはお言葉の核心「平和と憲法」の部分を抜いて報道し物議を醸した。立憲主義を遵守する義務は日本国憲法九九条に「天皇又は摂政及び国務大臣、国会議員、

32　この二月まで三年間、ＮＨＫ経営委員であった上村達男（早稲田大学教授）は、雑誌「世界」（五月号）に籾井勝人がＮＨＫ会長職の適格性に欠ける理由を痛烈に著述している。ほかにも、籾井会長が辞めるまでは受信料不払い運動を続けるとの報道がある。

裁判官その他の公務員はこの憲法を尊重し擁護する義務を負う」と記載されている。

今後、開発を進めるべき分野は、いのちの源を支える安全・安心を軸とした日本の美味しい食糧のさらなる発展を最優先すると共に、巨額の原発予算（全エネルギーの約八〇％）を大胆にシフトし、原発以外に使うことで「創造的イノベーション」を起こすことである。提言としては①節電ＰＲ②節電技術（蓄電池）③分散型技術（個人・企業・地域の自家発電）④二酸化炭素解消型化石燃料技術⑤自然エネルギー技術（洋上風力・太陽熱・地熱など）⑥未来型技術（水素・宇宙発電）である。もちろん、負の遺産を解決するため、高レベル核廃棄物処分をはじめ、廃炉・放射能汚染水処分の技術開発は必須となる。再生可能エネルギーはドイツにおいて二七％程になった。一〇〇％自然エネルギーで賄うデンマークのロラン島などもある。この分野では日本は六〇％を越えたオーストリア（ＩＡＥＡ本部があるが原発ゼロ）や米国・英国・豪州そして中国にすら大きく水をを開けられ後進国のままでいる。[33]

敗戦後全てを失った廃墟から復興できたのは日本人の勤勉さ、教育レベルの高さなどのほかに、戦争に加わらず専守防衛に徹し殺人を避けてきたことなどが挙げられる。しかし根源は科学技術がベースとなり秀れた製品作りにあったと言える。日本人と日本国にはその能力は十二分にある。思い起こしていただきたい。実現困難と言われた排ガス規制の「マスキー法」を世界に先駆けて開発したり最先端の排煙脱硫装置を生産した実績を持つ。さらにｉＰＳ再生医療やＬＥＤで省エネ技術に火を付け国際社会に大いに貢献しているのだ。その伝統と誇りを忘れないで欲しいと強く思う。

現在日本と世界は「文明史的大変革期」にある。トマ・ピケティや宇沢弘文、水野和夫が指摘するように経済の有り様やテロ問題も含めてだ。この時代状況を多くの人達は直感的に受け止めている。科学技術創造立国は単に一国だけの利益追求であったり、模倣技術だけでは成立しない。品格ある国家としての理念や哲学が必須になるだろう。ドイツのように隣国や世界からも尊敬される立憲主義・民主主義の国でありたい。「過去に目を閉ざすものは将来に向かって盲目である」（R・ヴァイツゼッカー）の言葉の意味は大きい。戦後七〇年を前に、「米議会調査会」の報告書は安倍首相や内閣の歴史問題に関する発言に懸念を示している。「共生と循環の思想」や「いのちの哲学」[34]を無視する科学技術は美しくなく持続可能な社会に反する。この考えは一般市民のコモンセンスになっている。従って今後、生活者の共感が得られない科学技術は発展しないだろう。核開発はもちろんのこと原発再稼働や暴走気味の核燃料サイクルもこの流れの中にある。しかし、日本人特有の国民性「長いものには巻かれろ」「水に流す」により大きな声で発言する人は少ない。「将来世代」は私たち「現在世代」の倫理なき無責任さを憂慮し二二世紀の行く末を危惧している。

33　日本は二〇三〇年目標として二〇パーセントほどと議論されているが、欧州では四五～五〇パーセントの目標を掲げている。神奈川県知事の黒岩祐治は、少なくとも三五パーセントにすべきだと提言している。

34　『22世紀への手紙』（ＮＴＴ出版）に述べた「二二世紀、科学・技術社会への夢」（林勝彦）を参照のこと。

本来、科学ジャーナリストの最大の責務は「国民の知る権利」に応えることにある。深い現場取材からのみ「健全な批判精神」と「建設的な提言」が生まれる。取材対象との距離感の取り方、ここが科学インタプリターや科学コミュニケーターとの決定的な違いであろう。今、極めて憂慮すべきデータがある。「世界の報道自由度ランキング」である。三・一一前の二〇一一年は一一位であったが、年々低下し、二〇一四年は五九位に急落。米・英・韓国・ボツアナ・ハイチより低い。

さて、科学ジャーナリストと科学ジャーナリズムが座右の銘とすべき言葉がある。ベトナム戦争時にニューヨークタイムズのニール・シーハン記者がスクープした国防総省の極秘文書「ペンタゴンペーパー」を巡り国家とジャーナリズムが戦った末の米連邦最高裁判決文だ。自戒の念を込めて記しておきたい。

報道機関は政府に奉仕するのではなく、国民に奉仕するものである。

参考資料など

『科学ジャーナリストの警告〜〝脱原発〟を止めないために』（林勝彦編著／清流出版）
『徹底検証！ 福島原発事故 何が問題だったのか』（日本科学技術ジャーナリスト会議編／化学同人）
『4つの「原発事故調」を比較・検証する』（日本科学技術ジャーナリスト会議編／水曜社）

『第四回エネルギー基本計画』（安倍晋三内閣閣議決定／資源エネルギー庁原案・総合エネルギー調査会案
二〇一一年四月一一日）
『エネルギー基本計画への提言』（超党派・原発ゼロの会／河野太郎、近藤昭一共同代表・阿部知子事務局長
二〇一四年一月二四日）
『原子力大綱』（内閣府原子力委員会／原案は経産省・文科省・外務省など）
『原子力政策大綱批判～策定会議の現場から～』（伴秀幸／七つ森書館）
『孤立する日本の原子力政策』（日本弁護士連合会・公害対策環境保全委員会／実教出版）
『原子力白書』（内閣府原子力委員会／原案は経産省・文科省・外務省など）
『原子力市民年鑑』（原子力資料情報室／七つ森書館）
『核燃料～探査から核廃棄物処理まで』（大熊由紀子／朝日新聞社）
『原子力～秘められた巨大技術』第3部「放射性廃棄物」（NHK取材班／日本放送出版協会）
『日本の原発、どこで間違えたのか～復刻〝原発への警鐘〟』（内藤克人／朝日新聞出版）
『核燃料サイクル批判』（高木仁三郎／七つ森書館）
『いま、原子力を問う～原発・撤退か、推進か』（NHK取材班／日本放送出版協会）
『原発と日本はこうなる～南に向かうべきか、そこに住み続けるべきか』（河野太郎／講談社）
『破綻したプルトニウム利用』（原子力資料情報室、原水禁編著／緑風出版）
『レントゲン、CT検査　医療被ばくのリスク』（高木学校編著／筑摩書房）
『プルトニウムの恐怖』（高木仁三郎／岩波書店）
『虎の巻　低線量放射線と健康影響』（独法・放射線医学総合研究所編著／医療科学社）
『低線量・内部被曝の危険性～その医学的根拠』（医療問題研究会編／耕文社）

『とんでも発言集　ただちに健康に影響はありません』（才谷遼／ふゅーじょんぷろだくと）
『放射能汚染が未来世代に及ぼすもの～「科学」を問い、脱原発の思想を紡ぐ』（綿貫礼子／新評論）
『原発事故から5年目～放射能汚染〈特集号〉人への影響と対策』（ＮＰＯ・食品と暮らしの安全基金編著／月間誌二〇一五年四月号）
『二二世紀への手紙～生命・情報・夢～』（東倉洋一編著／ＮＴＴ出版）の「二十二世紀、科学技術社会への夢」（林勝彦）
ネット放送『映像作品 いのちプロジェクト』（25作品／林勝彦監督・制作）〈http://hayashieizousakuhininochi-katuchan.blogspot.jp〉
〈資料整理／取材協力〉　平野智子・美濃龍・伴秀幸

林　勝彦

ＮＨＫプロデューサーとして『人体』全20本シリーズなどを制作。東京大学客員教授、東京工科大学教授などを歴任。著書に『科学ジャーナリストの警告』（編著・清流出版）など。映画『いのち』監督・制作。サイエンス映像学会会長、ＪＡＳＴＪ理事。一九四三年生まれ。慶應義塾大学哲学科（産業社会学）卒。

JASTJの活動　世界の科学ジャーナリストとの連携

JASTJ世界中の科学ジャーナリストらと協同し、多様な取り組みを行っています。世界的な科学ジャーナリストの組織として、WFSJ（World Federation of Science Journalists）があります。世界中の科学、技術、医療、環境ジャーナリストの組織を代表する組織で、ジャーナリストの権利を守り、科学者と市民の架け橋となり、市民社会と民主主義の原理に基づく新しい科学ジャーナリズム文化を広めるための組織です。WFSJは二〇〇二年の第三回科学ジャーナリスト世界会議で設立が宣言されました。その契機は、東京で開催された一九九二年の第一回科学ジャーナリスト世界会議。このときの組織委員会が母体となり、JASTJが生まれたのです。WFSJの設立経緯や、JASTJの関わりについては『科学ジャーナリズムの世界』（化学同人）に詳しく述べられています。

WFSJの事業の一つ、先進国の経験豊かな科学ジャーナリストが途上国の若い科学ジャーナリストの育成を手助けするという、スクープ（SjCOOP：Science journalism COOPeration）プロジェクトが二〇〇三年から始まりました。当初はアフリカ・中東地域を対象に行われ、ここで育成された科学ジャーナリストが、それぞれの現場で他の科学ジャーナリストを育てます。このプロジェクトは大きな成功を収めました。アジア地区でのこのような取り組みには、各国で使われている言語が多岐にわたるという問題点がありますが、二〇一三年からスクープアジアが始まりました。現在もこのプロジェクトは進行中ですが、本業をもつ日本の科学ジャーナリストたちが懸命に取り組み、笹川平和財団などの資金協力を得ながら、アジア各国の若い科学ジャーナリストの育成を行っています。

二〇一三年、一八名のアジア各国の若手科学ジャーナリストと関係者などのべ四〇名ほどの規模となった「スクープアジア東京会合」では、レクチャーのほか東日本大震災被災地の視察や東北大学工学部で進められているレスキューロボットの取材などを行う計五日間の合宿を開催しました。二〇一五年にも科学ジャーナリスト世界会議(ソウル)に連動して二つの取材ツアーを企画し、北九州産業技術圏や九州大学を中心とした水素エネルギープロジェクト、オープンデータなどを取材するコースと、福島第一原子力発電所の構内に入り、事故現場、復旧作業の取材のほか、三春町など周辺の被災地域を訪問して福島事故後四年の実情を取材するコースを企画・実施しました。このように、世界的にもＪＡＳＴＪの取り組みがより一層求められています。

(編集委員会)

大事故報道こそ
科学記者の出番

引野　肇

大事故、大災害では科学記者が主導的役割を果たすべき

大事故や大災害が起こった直後に現場に入っても、専門知識がないと一体何が起こっているかすら分からない。福島原発事故やスペースシャトルの空中爆発事故などはもちろん、一般に航空機事故や列車の脱線事故、工場の爆発事故・火災事故などの大事故、そして地震、噴火、火災、津波などの大災害、さらには伝染病、医療過誤、食中毒などの病気医療事故など、人の命がかかわるような大事故・大災害については、新聞やテレビ、週刊誌などメディアの取材活動は科学記者が中心となって進めるべきではないかと思う。

ところが、週刊誌や地方紙、民放などの編集局・部には科学専門の記者がほとんどいない。このため、多くの死者が出るような大事故・大災害が発生したとき、「科学的にそんなことは言えないのでは」と疑問を感じる乱暴な報道に出くわす。被害者に同情するあまりに、科学的な論理を飛び越えて、一方的な記事になってしまっているものもある。そのような科学に基づかない批判記事は、被害者の救済や事故の再発防止などの障害となることさえある。

かつての水俣病の報道が、そのいい例かもしれない。当初から熊本大学が水俣病の原因として有機水銀説を主張していたにも関わらず、メディアはその重要性を見過ごしてしまった。もしもあの時、メディアがもっと科学的にしっかりした報道をしていれば、より早急に原因が解明され、あのように長期にわたって被害が拡大することはなかったのではないか。そして、一九九四年の

松本サリン事件では、取材記者がもし科学に強い記者だったら、自宅に農薬があったくらいのことで河野義行さんをサリン製造の犯人扱いすることもなかっただろう、と思う。

とはいえ、事故・災害報道はまだ社会部が中心

では、科学取材を専門とする科学部がある大手全国紙なら、そのようなことはないかというと、そうでもない。新聞社の組織は、役所の縦割りをそのまま鏡写しにしたような組織になっており、この縦割りが時として科学部がカバーすべきエリアを狭く制限してしまうことになる。例えば、航空機事故は国土交通省（かつては運輸省だった）の管轄である。このため、航空機事故が起これればまず、国土交通省詰めの記者に第一報が入る。もし地方で大きな化学工場の爆発事故が起きれば、地方支局の警察詰めの記者に第一報が入る。彼らは国土交通相詰めの社会部記者だったり、地方支局の県警担当記者だったりで、一報を受け取った彼らが真っ先に事故原因や被害者や加害者の取材などに走り回る。これが大きな事故だったりしたら、本社社会部から応援をもらってチームで取材を進めることになるが、ここで科学部に応援を求めることはあまりない。

社会部、経済部、政治部などに比べると、科学部は所帯も小さいし、実績もあまりない。このため編集局での発言力はどうしても小さい。ひとたび大事件、大事故が発生すると、社会部が「それっ、俺たちの出番だ」といさみ立つ。このやる気満々の社会部を抑えて、「ここはひと

つ本記筋は科学部に任せていただいて、あなた方には周辺取材や雑観をお願いします」などという雰囲気などとてもない。さすがに原発事故ともなると、東京電力が出すニュースリリースを見ても、記者会見や夜回りに行っても、専門用語ばかりで歯が立たない。この場合は、さすがの社会部も「このヤマは科学部さんにお願いします」と言ってくれるだろうが、航空機事故や医療事故くらいでは、まだまだ科学部に主導権をゆずってくれそうにない。

食品添加物や農薬など食の安全、原発事故後の低線量被曝、ワクチンや抗がん剤など医薬品の副作用、健康食品、遺伝子組換え食品、地球温暖化、再生エネルギー、再生医療、脱法ドラッグ……。科学的知識なしにはまともに取材できない問題が増えている。世の中が複雑になるにしたがって、科学ジャーナリズムの必要性がいっそう高まっている。大学でも世の中の変化とともに、かつての工学部、理学部、法学部、文学部、経済学部、医学部、薬学部などという縦割りの仕組みが崩れ始めている。役所だって、変わってきている。新聞社だけが、社会部、経済部、文化部、外報部、写真部などという古い縦割り組織のままでいられるはずがない、と私は思う。

昭和天皇の崩御直前の一九八八年の暮れ、宮内庁の記者クラブ「宮内庁記者会」でこんなことがあった。当時のメディアの最大の関心事は昭和天皇のご病状。皇居内にある宮内庁記者会は、各社から大量の応援記者が詰め掛けて座る場所もないほどのすし詰め状態。宮内庁記者会は社会部の縄張りで、各社は社会部の精鋭たちをどんどん記者会に送り込む。一方、私がいるブロック紙の社会部は全国紙に比べると人数が少なく、人をかき集めるにしても人手不足。このため当時、私を含めた四人の科学部記者が、この天皇取材班に急きょ加えられた。天皇取材班の中に科学部記者がいたのは、新聞社のなかでも、わがブロック紙だけだったと思う。

私たちの仕事は、天皇の侍医の自宅に毎晩のように夜回りをかけることだった。宮内庁病院から疲れて帰ってくる侍医を自宅で待ち構え、天皇の病状について最新情報を聞くことが最大の使命。侍医とやりとりするにはけっこうな医学知識が必要だった。毎夜のようにやってくる新聞記者の夜回りに対して、侍医たちは丁寧に対応してくれた。なんてったって「昭和」という時代が明日にも終わってしまうかもしれないというのだから、侍医たちも真剣だ。しかし、夜回りでの会話には、ガンマＧＴＰとか、癌胎児性抗原とか、ＣＡ19―9、中心静脈栄養法などという医学用語がぽんぽん飛び出し、各社の社会部記者を辟易させていた。

そんなある日、宮内庁記者会で、隣のブースにいた大手全国紙の宮内庁担当記者が、こっそりと一枚の紙を私に持ってきて、「この原稿が医学的におかしくないかチェックしてもらえませんか」と言う。明日の朝刊用予定原稿を、ライバル紙の私に事前に見せて医学的におかしくないかチェックしてくれと言うのだ。

1　本記筋…事件や事故に直接関わるネタや記事をいう。

「ええ、いいですよ。でも、お宅の科学部に見てもらえばいいじゃないですか」と私が言うと、彼は驚いたことにこう言い放った。「あんな連中には見せられないよ」。

つまり、こういうことなのではないかと思う。当時、昭和天皇の病気は「がん」それも「すい臓がん」であるというのが、各社の定説だった。でも、侍医はもちろんのこと、病理を担当した東大教授も絶対に「がんです」とは認めない。関係者全員が否定しているのに、新聞社が勝手に「天皇陛下はすい臓がん」と書くわけにもいかない。まして相手は天皇陛下である。どこの新聞社が最初に「がん」と書くか、各社はぴりぴりしていた。「あんな連中に見せられるか」という言葉の裏には、「他社に特ダネを抜かれることがあっても、自社の科学部に抜かれてたまるか」という気持ちだったのだと思う。なんてったって、天皇報道は社会部の縄張りなのだ。

新聞記者になったきっかけは日航機墜落事故

私が新聞記者になったきっかけは、一九八五年八月一二日の日航機墜落事故だ。私は事故の当時、ある建設機械メーカーで働くディーゼルエンジンの設計技術者だった。会社からフランスに留学させてもらったことをきっかけに、建設機械のエンジニアとして生きていくことに疑問を感じ始めていた時だった。とにかくフランスでの生活は楽しかった。「人生は楽しむべきもの」ということを、全身で感じ取ることができた。フランスにかぶれてしまった、といえるかもしれない。

そこで、名古屋のある人に「実は転職を考えているのですが」と相談した。しばらくすると、「新聞社で働かないか」とその人から話があった。三二歳まで理系人間として生きてきた私に、新聞記者という道があるなどと、生まれてこの方、一時たりとも思ったことはなかった。でも、「いままでと全然違うことがしてみたい」と思っていた私は、何も考えず「お願いします」と答えていた。

一九八六年五月に新聞社に入社して、私を記者に採用してくれた理由がやっと分かった。日航機墜落事故の直後で、この新聞社はどうも航空機に詳しい記者が欲しかったらしいのだ。私の経歴に、東京大学工学部航空学科卒業とあったので、「こいつは飛行機に詳しそうだ」と勘違いしたらしい。

入社後に、先輩からこんな話を聞いた。一九八二年二月九日、福岡から東京に向かっていた日航機が羽田沖で墜落し、二四人が亡くなった事故のことである。羽田沖に墜落した日航機を撮影するため、すぐさま自社ヘリコプターが写真部記者と社会部記者を載せて現場に飛んだ。現場に到着すると多数の小さな船が横付けされたDC—8が海面に浮かんでいた。その時、ヘリコプターのパイロットが「あれっ、スラストリバーサが」とつぶやいた。飛行機の仕組みについてよく知らなかった記者は「いったい何のことを言っているんだろう」とは思ったが、ヘリコプターの大きな騒音の中であえて聞き返すことはしなかった。これがもし航空記者だったら、「スラストリバーサ？　何で着陸前なのに逆噴射をしているんだ。着陸前に逆噴射をしたら墜落しちゃうじゃないか」とすぐに思いついたはず。そうすれば、この逆噴射に絞って周辺取材をして、翌日の一面トップを特ダネで飾ることもできたはずだ。DC—8の墜落原因は、心神喪失した機長が、着陸直前に無理やり機首を下げてスロットルを絞り、逆噴射をしたためだった。わが会社の幹部は、このことを後日聞いて悔しがったという。

私が新聞社に入社して一年後の一九八七年六月一九日。運輸省航空機事故調査委員会が一九八五年に群馬県に墜落した日航機一二三便墜落事故の最終事故調査報告書を公表、私はその報告書の分析記事を書いた。この時の事故調の武田峻委員長は、航空学科の大先輩だった。ちなみに、航空学科の私の恩師、加藤寛一郎教授は、この年に『壊れた尾翼—日航ジャンボ機墜落の真実』という一般向けの本を執筆した。この本の評判がとてもよかったのか、その後、加藤先生はことあるごとに「私は大学教授ではなくて作家だ」と言い始めた。これには私もびっくりしたが、加藤先生はその言を違えず、以降、一〇〇冊近い著書を出して、立派な航空作家となった。日航機墜落事故は私と加藤先生の人生を大きく変える出来事だった。

墜落事故原因の究明は純粋な科学

新聞記者が血眼になって取材に走りまわるのが、墜落の事故原因だ。事故直後の最大の関心事は、何といっても「なんでこんな事故が起こったのか」だ。それが分からないと、明日から怖くて飛行機にも乗れない。航空機墜落事故の事故原因を追う新聞記者たちの生態については、これは虚構ではあるが、横山秀夫の小説『クライマーズ・ハイ』の中でも詳しく描かれている。

航空機の墜落事故が起こると、各社の航空記者はだいたいの場合、翌日朝刊に解説を書くことになる。現場の混乱した様子や被害者の声などは社会部の遊軍記者らの仕事だ。この解説記事には、航空記者としてのこれまでの経験と知識が色濃く現れる。なにしろ事故当初は、原因につながる情報などほとんどなく（というケースがほとんど）、関係者や航空専門家は「まったく分からない」というばかり（というケースが多い）。それでも、デスクからは「何でもいいから、原因について一二〇行ぐらい書いてくれ」という無理な注文がくる。でも、「何の調査も行われていない現在、墜落原因はまったく分からない」と書くようなら、航空記者としての存在意味はない。ここは、読者が「なるほど、確かにそれはそうだな」と思わせる見事な筋道だった理論展開で、それでいて「…の可能性がある」「また…という可能性も捨てきれない」などと決して断定的なことは言わない、分かったような分からない文章を作文することになる。

大切なことは、決して事故原因を断定しない、ということだ。私のささやかな経験では、事故当日に航空専門家たちが挙げたさまざまな推定原因が、最終的に当たった例《ため》しは一つもなかった。いつも、思いもかけないことが事故の引き金となっていた。だから、第一報の解説記事は、どうしても、ああでもないし、こうでもない、こうかもしれないけど、ああかもしれない…というはなはだ中途半端な解説記事にならざるを得ない。大切なことは、最初の解説記事では大きく網を張っておき、二回目から徐々にその網を絞っていくということだ。パイロットミス説と機器の故障説、悪天候説などの間を行ったり来たりするのが一番みっともない。日航機墜落事故では、最終的に「修理ミスによる後部圧力隔壁の疲労破壊」という墜落原因にきれいに的を絞っていけた新聞社はほとんどなく、さまざまな原因説に引きずられてふらふらと論調がぶれてしまった新聞社が多かった。天下のボーイング社があんなずさんな修理ミスを行うなんて、だれも想像もしないことだから、それは無理もないことではあった。

日航一二三便が群馬県の御巣鷹山に墜落した原因は、事故の八年前、当該機の機体尾部が伊丹空港着陸時に滑走路と接触したことがきっかけだった。これをボーイング社が修理する際、後部圧力隔壁の修理方法を間違えた。間違えて修理したことで、圧力隔壁の接続部にひどく応力集中を起こす場所ができた。その後、当該機が運航され離発着を繰り返したため、この接続部に大きな応力集中が発生、疲労破壊を起こし、隔壁に亀裂が走った。そしてついに、飛行中の客室にかかる大きな与圧に隔壁が耐えきれなくなって一気に破壊。その勢いで機体尾部と垂直尾翼も吹き飛ばされた。さらに四系統ある油圧パイプがすべて破壊され、操縦機能が失われた。

こう書くと、元エンジニアの私にとっては、疑問の余地がない極めて明快な説明に思えるが、工学の知識がない人にとっては分かりづらいかもしれない。そもそも「与圧」の意味が分からないと、分からないだろう。高空を飛行する時のジェット機の客室は、乗客が酸素不足にならないよう、薄い外気を圧縮して客室に送り込んでいる。これが与圧だ。タイヤをナイフでぐさりと刺すとパンと爆発するが、客室も同様に後部圧力隔壁が破れると、内部の与圧空気が外に飛び出してパンと爆発する。後部にある垂直尾翼や油圧パイプも一緒に破壊されてしまう。こういうことが直感的に理解できなくては、航空記者とは言えない。

初めての航空機事故取材では幻の特ダネ

事故原因取材は、事故調査委員への夜回りにつきる。それは、パイロットや整備士が重大なミスでもしない限りは、事故原因について事故調査委員しか知らないからだ。だから、自力で事故原因にたどり着くことは基本的にありえない。でも、私はその事故原因にたった一度だけ自力でたどり着いたことがある。それは、私が初めて経験した航空機事故取材の、それも初めての取材インタビューだった。生まれて初めて公式戦に代打で出たプロ野球の選手が、それも最初の一振りでホームランを打ったようなものだ。でも結局、その試合は大雨で中止となり、ホームランも幻になってしまった…。

一九八六年一〇月二十六日、バンコク発マニラ経由で伊丹空港に着陸しようとしていたタイ国際航空六二〇便が突然、操縦不能に陥って伊丹空港に緊急着陸した。緊急着陸した機体を見ると、まるで昨年の日航機事故の再現のように後部圧力隔壁と機体後部が破壊されていた。でも、この六二〇便はボーイング社製ではなくてエアバス社製のA300機で、それもエアバス社から納入されてまだ一カ月もたっていない新品だった。だから、日航機のような修理ミスの可能性はなく、事故当時いったい何が起こったのかさっぱり分からなかった。

事故の翌日、私は特別報道部の飛行機オタクの先輩記者と二人で東京から大阪に飛んだ。先輩記者が、どこからかタイ国際航空の乗務員の常宿を聞き出し、伊丹空港近くのそのホテルに向かった。本来なら航空機事故調査委員を夜回りするべきだが、そんなことは運輸省担当記者たちがすでにやっており、私たちはゲリラ作戦に出た。しかし、事故機の乗務員に夜回りをかけたところで、航空会社の責任問題がからんでいるので、常識的に考えれば新聞記者に会ってくれるわけがない。とはいえ、他に手立てもないので、だめでもともとでやってみよう、という気持ちだった。

私たちがホテルのロビーに行くと、タイ国際航空の客室乗務員とみられる若い女性でいっぱいだった。さすがに「笑顔の国」と呼ばれるだけあって、タイの客室乗務員はみんなやたら愛想がいい。「事故でたいへんだったねえ」などと声をかけると、何でもかんでも笑顔で話してくれる。私はずうずうしくも、その一人を捕まえて、「私は日本の新聞記者なんだけど、少しパイロットと話がしたいんですが」というと、「彼はいま部屋で休んでいるから、ちょっと呼んできてあげる」と言って、わざわざロビーまで事故機を操縦したパイロット本人を連れてきてくれた。

ここで聞いたパイロットの話は衝撃的だった。「客室の後方でどーんという大きな音がすると、いきなり操縦が効かなくなった。ラダー、エレベーター、エルロン、エンジンスロットル…どれが動いて、何が動かないのかを一つひとつ確認した。その後、動く動翼だけを使って、どうにか着陸コースに入ることに成功した…」「無事着陸すると、客室から大きな拍手が起こった」「降りるときに客席後部から爆薬の匂いがした。私は爆弾が破裂したんだと思う」

旅客機の機内に爆弾が持ち込まれたこと自体とても信じがたいことだが、パイロットの証言は貴重だ。爆弾ではないにしても、それに類似した何かが爆発したに違いないと思った。特ダネだと思い、あわてて原稿を書き上げて東京に送った。東京では一面トップを用意すると言ってくれた。新聞記者になってまだ半年もたたないうちに一面トップの特ダネを書くことになるとは、と思っていると、数時間して東京の社会部デスクから「いま、事故調が会見して、事故原因は乗客が持ち込んだ手榴弾が爆発したのが原因だと発表した」との連絡。私の記事は特ダネでもなんでもなくなってしまった。一面トップは幻となり、一転して社会面の受け原稿に格下げされた。それでも、私の記事の正しさが証明され、何となくうれしかった。

乗客の中の暴力団員がトイレに手榴弾を持ち込み、誤って爆発したのが原因だった。この爆発で後部圧力隔壁が破壊され、与圧が一気に抜けて、後部構造に格納されていた三系統あった油圧系統のうちの二系統が破壊された。この絶望的な状況下でパイロットは冷静にわずかに残るたった一系統だけでどうにか機体を着陸させることに成功したのだった。

この話をしてくれたパイロットは、私より五歳くらい年上のとても人懐っこいタイ人。一方、わが恩師の加藤先生は無類のパイロット好きで、絶望的な状況を冷静にくぐり抜けてきた「神業パイロット」をまるで神様のように崇めていた。そんな加藤先生からのたっての希望もあって、その後、この神業パイロットと加藤先生と三人でプライベートで何回も会った。

そんなとき、神業パイロットは私に二つ目の特ダネをプレゼントしてくれた。それは、手榴弾が爆発した時、実は機長はトイレに行っていて、機内に起こった急減圧でハイポキシア（低酸素症）に陥っていた、というのだ。一方、急減圧を察知した副操縦士はただちに酸素マスクを装着して緊急降下の準備に取りかかっていた。しかし、ハイポキシアにかかった機長はもうろうとした状態でトイレから戻ってくると、副操縦士の「機長、酸素マスクを着けて」という警告に耳も貸さず、いきなり副操縦士の隣に座ってあろうことか操縦輪をつかんで上昇操作を始めたという。降下しようとする副操縦士と、上昇しようとする機長の間で力比べがしばらく続いた。すると突然、機長は気を失って仰向けにひっくり反った。その後、副操縦士は残ったただ一つの操縦油圧系統を頼りに、一人で必死の生還への試みを続けたという。

この特ダネは一九八七年九月一二日の東京新聞夕刊の一面トップを飾った。このことは、当時の航空機事故調査委員会の最終報告書にも一切触れられていなかった。機長がハイポキシアになったことは避けられない事故であり、機長に何の過失もない。しかし、タイ国際航空はこのことを不名誉なことと考えたようだ。このため、たった一つの油圧系統で無事に緊急着陸に成功させたという栄誉を、爆発後ほとんど気を失っていた機長が独り占めする形になった。エアバス社もこの英雄的行為に対して機長にベンツを贈ったが、肝心の副操縦士には贈られなかったらしい。

手も足も出なかった中華航空機墜落事故

一九九四年四月二六日に名古屋空港で起こった中華航空機墜落事故の時、私は東京の社会部記者だったので当然のごとく、事故取材班に放り込まれた。この事故では乗客・乗員合わせて二六四人が亡くなり、生存者は主翼の桁付近の七人の乗客だけだった。これは日航機墜落事故に次ぐ日本の航空機史上二番目の大事故だった。

航空機事故の時はいつも、事故原因について悪天候、管制ミス、機器の故障、鳥などとの衝突、翼の異常振動、修理ミスなど、ありとあらゆるケースを考えながら取材を進める。航空機事故の原因の七、八割がパイロットの操縦ミスといわれることが多いので、事故の解説記事を書くときは必ず操縦ミスの可能性も頭の片隅に置く。しかし、中華航空機墜落事故ではこれまでにない全く新しいタイプの操縦ミスが原因だったので、私は最後まで真相にたどり着くことはできなかった。

事故機は着陸寸前に機体を急上昇させ、機首角が直立するかのような最大五三度まで達して失速している。墜落現場を目撃した人たちは口を揃えて「まるで旅客機は天空に向かって垂直立ちするかのような姿勢だった」と言った。こんな墜落の仕方は今まで聞いたこともなかった。取材班のみんなで手分けして事故調査委員を夜回りしても、何の手がかりも得られない日々が続いた。

そんな時、航空関係者から「アルファ・フロアが原因ではないか」という指摘が上がった。アルファ・フロアとは、事故機のエアバスA320に装備されている失速防止装置のこと。私は「それはいい着眼点かもしれない」と思い、エアバス関係者からアルファ・フロアの取扱い説明書などを取り寄せて調べた。しかし、どう考えてもアルファ・フロアの故障で航空機が直立するというストーリーが成り立たない。事故調委員に夜回りでぶつけても、手応えがない。しばらくしてこのアルファ・フロア説は捨てた。でも、この情報は通信社にも流れていたようで、通信社から「失速防止装置の誤作動が原因か？」というあまり説得力がない記事が何回か配信されてきた。このような大事故になると、往々にして「特ダネだ」と喜んで新説に飛びつく記者が出てくる。

墜落事故の真相が判明するには数週間はかかる。その間、航空記者はさまざまな分析記事（憶測記事？）を書くことになる。このとき、一貫した方向性を保つことは難しい。次々と出てくる新事実で、記事の論調はついつい「ああではないか」「こうではないか」とぶれてしまう。だから、事故原因に関する報道は、最初からできるだけ可能性の幅を大きく取っておくことが大切だ。事故発生直後に予想された事故原因が真相だった、なんてことはほとんどない。とりわけこの中華航空機墜落事故の場合は、われわれの予想をはるかに超えるものだった。

事故の原因を一言で言うと、着陸操作時に誤って自動操縦モードとなり、これを無理に手動モードに切り替えようとしたことで墜落した。もっと分かりやすく言うと、コンピューターが着陸復行のため再上昇しようとする一方で、副操縦士は着陸させようと操縦桿を下げて無理に機首を下げたため、飛行機が上昇の動きと下降の動きを同時に行って大混乱、墜落したということだ。この一連の操作の結果を正確に説明するのは、かなり難しい。航空機の操縦の基本を理解して、なおかつ航空機力学の基本を理解していないと、理解できない。航空機事故は科学記者に任せてほしいと思うのは、こういう理由からである。

もう少し説明しよう。副操縦士が名古屋空港に着陸しようと滑走路に向かった時、なぜかゴーアラウンド（着陸復行）レバーのスイッチが入ってしまった。これが発端だった。ゴーアラウンドの自動操縦モードになると、機体は着陸をいったん諦めて、空を一周して再度着陸コースに入るために上昇を始める。そこで、機長は副操縦士にゴーアラウンドモードを解除するよう指示したが、なぜか解除できない。解除できていれば事故は起こらなかった。パイロットたちは上昇しようとするゴーアラウンドモードを解除しないまま、今度は操縦桿を押し下げることで機首を下に向けて下降しようと試みた。このため、コンピューターは水平安定版を機首上げ方向に動かし、自動失速防止装置を作動させ、エンジン出力を最大にした。その一方、パイロットは着陸をするために無理に昇降舵を機首下げの方向に下げた。

しかし、こんな不安定な状態で正常に着陸できないと判断したパイロットは、一転して着陸を諦め、今度は機首を上げようと試みた。この結果、これまで機首上げを阻止していた昇降舵が機首上げに働くようになったので、相乗効果で異常な機首上げとなり、機体はほとんど直立、失速し、墜落した。

ボーイング社製の航空機では、自動操縦モード中にパイロットが操縦桿を操作すると自動的に自動操縦が解除される。この操作はオーバーライドといい、当該のパイロットはボーング社の航空機には熟練していたらしい。一方、エアバスの最新鋭のエアバスA320は、自動操縦中に操縦桿を動かしても自動操縦は解除されない仕組みだった。事故機のパイロットたちはそのことをよく知らなかったらしい。

これが航空業界の大論争になった。人間の操作を優先させるボーイング社のシステムがいいのか、コンピューターを優先させるエアバス社のシステムがいいのか、という議論である。結局、操縦桿を握れば自動操縦が自動的に解除されるボーイング社の仕組みの方がよいということで、エアバス社はA320をオーバーライドできる設計に変更した。

しかし、私はこの結論にはやや疑問を持っている。というのは、航空機事故の歴史を見ていると、コンピューターの間違いで墜落する確率より、パイロットの操縦ミスで墜落する確率の方が圧倒的に多いように思う。だとすれば、コンピューター優位の操縦システムの方が安全なのではないだろうか。しかしその一方で、「コンピューターに支配される社会なんて嫌だなあ」という気持ちも確かにある。

ソバは機械で打つ方が品質は安定するし、温度管理や雑菌の管理も十分できて安全だが、私はやはり手打ちソバの方がおいしいし、好きだ。長年、科学報道の現場にいて「人間って何て非科学的なんだろう」と思うことが多く、最近、私はこの問題によく悩まされる。私はこの章では「大事故・大災害では科学的な報道を」と主張してきたつもりだ。そういう一方でこんなことを言うのはおかしいが、「社会は決して科学だけで動いているのではない」ということも、科学記者は心に銘記しなくてはならないと思っている。

引野　肇

大手機械メーカーに入社、ディーゼルエンジンの設計に従事。フランス留学の経験をもつ。その後、中日新聞社に入社し、科学部・社会部・科学部長・メディア局次長などを歴任。ＪＡＳＴＪ副会長。一九五四年生まれ。東京大学工学部航空学科卒業。

【コラム】 知識は現場で磨くもの

鈴木 美慧

「あなたとあなたのご家族について、お話を伺って家系図というものを描いていきますね」――こんなことを問われるカウンセリングをご存知だろうか。

これは遺伝カウンセリングという医療の現場で、実際にやりとりされる会話の一端である。「遺伝カウンセリングとは何か」についてお話しする前に、このように家系図をつくる必要のある場合を、例をあげてご紹介しよう。

二〇一三年五月、ハリウッド女優のアンジェリーナ・ジョリーさんが、遺伝性乳がん卵巣がん症候群（ＨＢＯＣ）という診断を受けた。私たちの身体を作る情報は、遺伝子で担われている。誰もがもっているＢＲＣＡ１とＢＲＣＡ２という遺伝子に何らかの変化が生じて、正常に働かなくなると、乳がんや卵巣がんを、一般より高い頻度で発症しやすくなってしまう。これがＨＢＯＣだ。アンジェリーナさんは、遺伝子検査の結果、この遺伝子に変化が見つかり、まだ乳がんを発症していない段階で乳房を切除する方法（予防的切除術）を選択した。

この遺伝子検査の前に、カウンセラーから冒頭の質問が行われるのだ。遺伝カウンセリングでは、相談に来た人だけではなく、そのきょうだい、両親など三世代ほどの血縁者の情報を収集し、一つの図におさめていく。それが家系図である。遺伝性の乳がん・卵巣がんを発症する遺伝子をもつ可能性が高いかどうか、第一段階として家系図をつくり、その可能性が高い場合には遺伝子検査を実施する。アンジェリーナさんは、ＨＢＯＣの可能性が疑われ、遺伝子検査を受けることを決断した、というわけである。

遺伝子検査を実施することの利点は、自身の乳がん（卵巣がん）がどのような性質を持つかを知ることができ、今後の治療・術式の選択に反映させられることだ。不利な点といえば、自らが遺伝子の変化を持っていることを知ること。血縁者に同じ遺伝子の変化を共有する人がいる可能性が出てくるので、自分一人の問題では済まなくなることがある。

遺伝カウンセリングは、認定遺伝専門医と認定遺伝看護師、あるいは認定遺伝カウンセラーが行う医療行為である。先に挙げたような、遺伝子の変化によって何らかの疾患が生じたと考えられる場合に、その個人・家族への医療情報の提供、心理的・社会的サポートを行う職業だ。その家系に同じような疾患を発症する可能性のある人がいないか、家系図をつくることでスクリーニングしていく。

認定遺伝カウンセラーを目指し、大学院の専門課程で学び始めて三年目。現在、東京近郊の遺伝医療を扱うさまざまな施設で実習を積んでいる。座学で得た知識は、遺伝カウンセリングの来談者を医学的な側面から理解することはできるが、カウンセリングに訪れる人々の多種多様な価値観、家族構成を含めた環境を座学では学び取ることはできない。誰一人として同じような状況であることはない。一人ひとりの生き方に寄り添いながら、目の前の来談者の自己決定を手助けすることは、想像以上に深いものであると感じている。

鈴木美慧

公益財団法人がん研有明病院勤務。武田計測先端知財団のアシスタントプログラムオフィサーも務め、サイエンスカフェのコーディネートも行う。ＪＡＳＴＪ会員。一九八九年生まれ。筑波大学生物学類卒業。お茶の水女子大学大学院遺伝カウンセリング領域博士前期課程修了。認定遺伝カウンセラーの資格取得を目指す。

科学コミュニケーションの失敗と社会的混乱

——日本と英国のアプローチ

小出　重幸

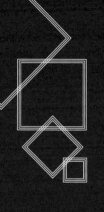

二〇一一年三月の東日本大震災は日本の経済、地域社会、エネルギー政策、市民生活に大きな被害をもたらしたが、なかでも東京電力・福島第一原子力発電所事故をめぐる、政府と原子力界のPublic Communication（情報公開と広報＝社会へのコミュニケーション）の失敗が招いた社会的混乱は大きかった。「政府」、「専門家」などオーソリティ（Authority）に対する国民の信頼は大きく失墜し、原子力にとどまらず科学への不信が拡大した。市民に、科学的に考えることへの忌避感まで生み出し、事態の収拾や復興を遅らせるという結果を招いている。一方、英国政府は事故数日後に、首席科学顧問のアナウンスを通して事故の規模、被害の想定を迅速に伝え、日本国内の英国人の動揺を鎮めると共に、外国人の国外脱出パニックを抑止する役割を果たした。その英国も、一九九〇年ころの狂牛病（BSE感染症）事件の対応に失敗を繰り返し、その信頼回復を図る中で、社会と科学を結ぶ現在の「科学コミュニケーション」を作り上げてきた経緯がある。日本、そして英国の失敗と回復の取り組みを俯瞰することによって、科学を、またリスクを伝えるコミュニケーションの大切さを考えたい。

◇

福島第一原発事故は、複数の原子炉が同時に爆発を重ねるという、前代未聞の事故であった。東日本大震災の振動で東北電力からの送電鉄塔が倒壊、送電網が遮断された上に、一時間後に同原発立地海岸を襲った高さ約一五メートルの津波によって、非常用冷却施設が浸水し、残された原子炉冷却機能もすべて失われた。これによって核燃料溶融事故が発生した。六基ある沸騰水型軽水炉の一号機から三号機の核燃料冷却ができなくなり、発生翌日の一二日から一五日にかけて、核燃料溶融に伴う水素爆発などを繰り返し、一～四号機、そして四号機使用済み燃料プールの施設が大きく損傷した。

この事故で、原発から放出された放射性物質は、ヨウ素131とセシウム137合わせて約九〇京ベクレルで、チェルノブイリ原発事故(五二〇京ベクレル)の約六分の一(一七%)の規模となった。

事故発生時には、東京電力の事故対応、経産省、文科省などの監督行政、官邸の指揮機能、避難指示、そして放射線影響の判断などに大きな混乱があった。背景には、こうしたシビア・アクシデント(過酷事故)は日本の原発には起こらない――ことを暗黙の前提とした原子力業界、行政が、実際の事故発生時を想定した実効的な対応策を準備しなかった、という決定的な欠陥があったが、同時に、事故状況と影響を適時、社会に向けて発信する、情報公開するという、コミュニケーションの面でも大きな失敗を重ねていった。

事故対応と同時に、政府・東京電力・原子力界に、科学コミュニケーションの重要性が認識されていなかったことが背景にあり、端的な例をあげれば、東京電力と政府が原子炉内核燃料のメルトダウン(燃料溶融)を認めたのは、二か月後の五月になってからだった、というエピソードがあり、また、放出された放射性物質がどの方向に拡散するのかを予測する、SPEEDI(緊急時迅速放射能影響予測ネットワークシステム）の情報を公開せず、被災地や首都圏の市民は、拡散状況を海外の政府発表に頼らざるを得なかった――などの失敗に代表される。

東京電力、政府とも、全く情報を発信しない訳ではなかった。定時の会見を開き、データを示し、説明を試みた。しかし、多くの人たちのこころには届かなかったのだ。事故の規模、これからどうなるのか、人々が求める情報に対して適切な説明がなく、なによりも原子力を支えてきた行政、技術陣の「当事者能力」が感じられなかった。責任感や方向性など、市民が求めるメッセージがほとんど発信されなかったことが、混乱を拡大させ、社会的信頼の喪失を招いた。

同じ時期、英国政府は早い時期に事故の規模と、今後の予測を発表し、全体観、相場観を伝えるメッセージを社会に向けて発信、まず、Public communicationを図る、という姿勢を明確にしたが、これは日本の取った対応とは対称的であった。

〈英政府発表〉

事故直後の三月一五日、英政府は緊急合同会議（Civil Contingencies Committee）を開催、この席上で、当時の英国首席科学顧問、ジョン・ベディントン卿（Sir John Beddington）は、福島原発事故の規模と見通しに関する発表を行った。

「福島原発では、核燃料冷却ができなくなっており、冷却に失敗すれば原子炉格納容器内の圧力が高まり、放射性物質が大気圏に放出される可能性がある、また、水素爆発なども繰り返される恐れはあるが、それでも限られた範囲の被害にしかならない。福島原発は悲惨な事故ではあるが、規模はチェルノブイリ原子力発電所事故（一九八六年）に比べて数分の一と小規模で、放射性物質の上昇も高度五〇〇メートル程度以下にとどまる。原子炉冷却の努力が続けば一〇日ほどで最悪の状況は脱せられると見ている。したがって、原発のサイト内は放射線汚染が心配だが、二〇〜三〇キロ離れれば、深刻な健康影響は心配ない。日本政府の示す三〇キロの退避圏で十分だと考えており、風向きなど気象条件を考えても、東京から逃げ出す必要はまったくない……」

さらに日本時間で一五日夕、彼はロンドンの英政府科学技術局のオフィスと、東京・半蔵門の英国大使館内の会議室をネットで結び、インターネット電話による遠隔会議を通して、同じ内容の会見と、質疑応答を行った。

インターネット会見は、日本にいる英国市民に向けてのメッセージだったが、会見内容は英国大使館のウェブサイトなどに公開され、数多くネット上にシェアあるいはツイート（引用）された。それは、このような語り口だった……。

「日本が原子炉の温度管理、圧力制御をできなければ、皆さんご存じのドラマティックな言葉、

〈メルトダウン〉が起こります。しかし、実際のメルトダウンは炉心溶融に伴って溶け出した核燃料が建屋の床に落ち、コンクリートなどと反応する現象です。最悪のケースでは爆発が重なるかもしれませんが、原発から放出される放射性物質が上昇する高度は五〇〇メートル程度。放射線は、原発サイトなど直近では深刻ですが、気象条件が重なって放射性物質が東京方面へ向かっても、またこれに降雨が重なり、地上に降下するなど最悪条件を考えても、放射線による健康被害は全くありません。問題は、原発から三〇キロ圏内に限られます」

この判断の根拠として、チェルノブイリ原発事故の経過と影響を例示し、事故の相場観を示した。

「チェルノブイリ事故は、運転中の原子炉が暴走、爆発し、黒鉛の炉心で大火災を起こしたもので、放射性物質は九〇〇〇メートルという高度まで到達しました。それが数か月にも及び、地球の成層圏の広い範囲に放射性物質が拡散したのです。そのチェルノブイリでも退避圏は三〇キロで、汚染された水を飲み、農作物を採り続けた、などのケースを除いて、放射線による人々への影響は確認されていません。福島ではそのようなことは起きないので、日本政府が設定している三〇キロという退避圏は適切で、十分なものです」

わかりやすい言葉を選びながら、"It's really not an issue for health"という明快なメッセージを、市民に向けて発信している。

この電話会議の質疑は、文章化した一問一答がそのままネットサイトに掲載され、だれでも読めるようになっていた。この情報は当時、津波の大被害の対応にも追われていた日本国内のマス・メディアではまったく伝えられなかったが、日本政府や東京電力からの情報発信がない中で困惑していた欧米人たちの動揺を鎮めるのに、大きな役割を果たした。

〈一人で統合的なメッセージを送る〉

一五日のベディントン顧問のインターネット会見は、当時の駐日英国大使館のデイヴィッド・フィットン首席科学官の司会で進められた。このなかで特徴的だったのは、原子炉の状態、収束の見通し、余震の可能性と事故への影響、放射線拡散、健康影響、様々な専門領域にまたがる内容を一人で、科学的な裏付けに基づいて明確に答えていたことだ。

ロンドンのオフィスには、ベディントン顧問のほかに、質問に応じてアドバイスするため英保健省、健康保護庁の女性専門家それぞれ一人ずつが待機した。参加者の質問によっては、彼女らが端的に返答していたが、質疑を振り分け、会見の方向を主導していたのは終始、同顧問だった。会見を通して、事態進行の方向感、価値観、全体観を、分かりやすい言葉で市民に示し続けた。

三月一六日以降も、三月一八日、二五日には、デイヴィッド・ウォーレン駐日大使が、東京側のアンカーとなり、ネット会見を続けた。

一五日に、米国原子力規制委員会（ＮＲＣ）が懸念を示した福島第一原発四号炉の使用済み燃料プールの爆発リスクに関しても、「米国の原子力専門家と協議して、大きなリスクは無いと判断した」などのメッセージを伝え、日本国内の旅行に関する注意、さらに「原発周辺地域の食物は、とりあえず摂取を中止して下さい」など、生活者、市民の視点に立ったメッセージを、計四回にわたって投げかけた。

同時に、様々な領域の情報を統合して、分かりやすく伝える、価値観、全体観を示す。それぞれに科学的アプローチがあることを説明するなど、常に国民に向かってコミュニケーションを取ろうという姿勢が、印象的であった。

英政府の発表内容は、結果的に、事態を最も良く反映していた。

一連の英国首席科学顧問の会見内容は、東京をはじめとする日本各地の英国人たちを、安心させた。のみならず、英語の発信を受け止めた多くの居住外国人が、このメッセージに信頼を置き、次々とネットサイトに引用、シェアを繰り返した。そして、「英国科学顧問の発表に感謝する」とするメッセージを、多くのサイトに残している。

米ワシントンポスト紙などで記者を務め、現在、フリーランス・ジャーナリストとして鎌倉に住む、ポール・ブルステイン（Paul Blustein）記者は、こう語る。

「日本政府や東京電力からは、何一つ信頼できる情報が届かなかった。欧米をはじめ多くの外国人たちがこれに狼狽し、パニックを起こしそうになったとき、友人が英国大使館のホームページに首席科学顧問の発表内容、質疑が載っていると教えてくれた。それは、状況と今後のシナリオを科学的に、極めて分かりやすく説明していて、これを読んで、家族を連れて東京から逃げ出さなくても良いことが分かった」という。

ブルステイン記者は、さらに米国内の原子力研究機関にいる知人らに連絡を取り、英国政府の発表が極めて現実的な内容だということを確認、今度は自分自身のウェブ・サイトでこれを広報し始めたのだった。

このアナウンスは、外国人がパニックを起こして日本から一斉に国外脱出し、これが日本国内の混乱に拍車をかける、という最悪のシナリオを防いだのだった。裏付けるように、イタリア、フランスなど、海外や西日本へと避難していた各国の大使館員、ビジネスマンらが、英国政府発表のあと、次々と東京に帰還している。

結果として、一連の首席科学顧問会見のネット配信は、日本国内のパニックを防ぎ、日本政府の信頼を最後の一線で食い止める働きをしたのだった。

この功績に報いるため、日本政府は二〇一四年春の叙勲で、ジョン・ベディントン卿に旭日中綬章を贈っている。

〈日本のアプローチ〉

この時期、日本の政府、東京電力はどうであったか。

連日会見を開いたものの、一方的な断片情報の発信に終始した。事故の本質、見通しが明確に語られることはなかった。「受け手の心に届いて初めて意味を持つ」というコミュニケーションの面では、残念ながら成果をあげることができなかった。

同時に、放射性物質拡散予測プログラムＳＰＥＥＤＩの情報が文科省、経産省などの部局をたらい回しされ、一二日間、公開されなかったことも、混乱に輪をかけた。放射性ヨウ素の半減期という重要な期間、政府の住民誘導に活かされることもなく、科学的裏付けの薄弱な同心円状退避指示を示すだけで、政府発表への信頼性に疑いを持たせる原因にもなった。

この時期、ノルウェー、ドイツ、スイス、オーストリアなどの政府・気象機関は、福島原発を発生源とする粒子がどのように拡散するか、その予測を地図上に示したシミュレーション動画を連日、ネット上で公開し始めていた。

この予測の基になる気象情報は、日本政府から連日、国連の世界気象機関（ＷＭＯ）に送られている。このＷＭＯ情報は各国が共有することができ、これに基づいて、福島からの放射性物質拡散のシミュレーション動画を独自に作り、それぞれの気象庁などからネットに公表したわけだ。

一方の日本では、市民の求めていた情報が、適時、発表されることはなかった。コミュニケーションの失敗が起こした混乱の一例を、福島県三春町の苦悩と決断に見ることができる。

福島第一原発から四〇～五〇キロ西方にあった三春町（人口一万七千人）では、三月一二日に一号機で発生した水素爆発以降、原発に近い大熊町、富岡町から二千人を超える避難住民が町内に押し寄せ、対応に追われていた。二日後には三号機が爆発。住民が個人的に測定した空間放射線量が、通常よりかなり高い値になっているなどの情報を元に、福島県・国に情報提供を要請、放射性ヨウ素の被曝量を軽減させる「ヨウ素剤」配布の是非判断を求めたが、結局、何の返答もなかった。当時、副町長だった深谷茂さんは、「オーストリア気象庁など外国の政府が放射性物質拡散予測をネット映像で発表しており、我われはこれを参考にして、一五日に四〇歳以下の住民にヨウ素剤を配布する決定をした。何も情報提供しない政府への不信感は極めて大きかった」と語る。

「ネットで見られる拡散予報が、なぜ日本では公表されないのか？」という疑問は広範に噴出し、政府、原子力業界、科学界の信頼失墜を加速した。SPEEDI情報の公開を巡っては、これを所管する文科省、経産省、官邸などの間でたらい回しの議論が繰り返され、最初の画像が公開されたのは事故一二日後の二三日。三月一四日には、すでに日本政府から米政府・米軍には情報提供されているものの、日本の国民には公開しなかったからだ。

そして三月一三日になって、公表しなかった理由を「発生源の線量を測定する原発サイト内の測定装置が故障したので、予測結果は不正確になるため公開しなかった」（原子力安全委員長）と述べた。

「政府側の都合」だけに終始したコメントには、混乱の最中に社会が必要としていた情報は何だったのかを、政府がまったく理解していないこと、「正確さ」以上に大切しなければならない「コミュニケーション」について、全く考えが及んでいなことを裏付けてしまった。当時を知る文科省関係者は、「発表してパニックが起こったときに責任を負わされるリスクよりも、発表しないで批判されるリスクの方が小さいと考えた結果だった」と、役所内の実情を語る。

同じく「炉心溶融（メルトダウン）」の情報提供についても、コミュニケーションの失敗を重ねた。事故発生直後から、冷却系の喪失が核燃料溶融を招くことは、技術者だけでなく多くの市民に知られていたことで、問題はその進行度合い、被害の実相だったはずだ。ところが、政府・東電の発表は「メルトダウン」という言葉にこだわり、これを認めようとしなかった。こうして広報＝パブリック・コミュニケーションの本筋を逸脱、結果として大きな不信を作り出すことになった。

原子力安全保安院の中村幸一郎審議官は、広報部門に数少ない原子力技術者だったが、事故翌日、三月一二日の会見で「（一号機の）炉心の中の燃料が溶けているとみてよい」と説明した。ところが実情を客観的に伝えたこの説明が、官邸内で「問題視」され、政府は、同じ技術系でも地質学出身の根井寿規審議官に交代させた。ところが根井審議官も「(会見担当を)やりたくはないけれども、幹部からの指示でやらせていただく…」と、発言。エートス(専門家としての責任観)を感じさせないこのコメントに批判が起き、会見担当者はさらに交代、技術的な専門家ではない事務官で、経産省大臣官房の西山英彦審議官へとバトンタッチされることになった。

このプロセスは、科学コミュニケーションの難しさ、情報を伝えるメディエイターの能力など多くの課題を浮き彫りにしたが、同時に、核燃料溶融という事実を国民の目から遠ざけたい、そのためには科学的アプローチも捨て去る、という政権・原子力業界の意思も示すことになった。この「虚偽」とつじつま合わせの結果が、炉心溶融の事実の公表を二か月も遅らせる、不実なコミュニケーションを産み出し、オーソリティー(政府・科学界)の信頼を大きく損なう結果となった。

〈英国の失敗〉

混乱の中で、コミュニケーションのエラーを重ねる日本と対照的だったのが、英国政府がメッセージを発信するまでのプロセスだ。

首席科学顧問は、緊急科学的助言委員会(Scientific Advisory Group for Emergencies)を抱えている。同委員会の主要メンバーでもあった、ロビン・グライムズ(Robin Grimes)英インペリアル・

カレッジ・ロンドン教授は、当時の状況をこう説明する。

「福島の原子炉はいずれもトリップ（停止）したという以外、日本政府、東京電力からは何も情報が届かなかった。しかし原子炉停止後の問題は、核燃料の崩壊熱制御ということになる。これに失敗したらどうなるか？　ＩＡＥＡなど国際機関では、世界中の原子炉の核燃料の状態について、詳しいデータを共有している。このデータベースから、福島原発の各ユニットの燃料棒の状況についてリアルタイムの情報を入手、これを分析し、さまざまな事故のシナリオを検討した。その結果を、最も適切な〈最悪予測〉として発表したのだ」

その気になれば、日本を含めて、多くの政府が判断できた予測ということになる。

しかし事故五日後の発表時に、自信はあったのかを尋ねると、「一〇〇%の自信は無いけれど、大事なのは絶対確実ではなく、most suitable（最適）な科学的助言なのだ。英国の予測は安易すぎる、という批判もあったが、もし不正確な部分があれば、すぐ訂正すれば良いじゃないか。オーソリティー（政府・科学界）が決断してまず発表すること、これが大事なのだ」という。

明確なメッセージを社会に発しなければ、科学的な裏付けのないウワサが飛び散ってしまう。科学者の中にもおかしな人はいるから、彼らの発言がネットなどで拡散し、社会はより混乱する。だからできるだけ早く、科学的判断を示さなければならない——。

とどまって埋没するよりも、撃って出て活路を得る、英語では"Better out than in"ということわざで表現するが、これを聞くと日本は全く逆方向に進んでしまったことを痛感する。

英国がこのようなスタンスを取るようになった背景には、一九八五年ころから英国で感染拡大した狂牛病（BSE感染症）問題があった。政府と科学界は当初、「BSEが人間に影響を及ぼす危険性は『ほとんどなし』」という誤った発表をしていた。

一九九〇年五月、当時のジョン・ガマー農業大臣は、娘と共にビーフバーガーをメディアの前で食べてみせ、英国産牛肉の安全性をアピールした。ところが実際は、変形型クロイツフェルト・ヤコブ病というかたちで人間にも感染していたことが判明。一九九六年に、従来の見解が全くの誤りだったと発表をせざるを得ない結果となった。この判断ミスが対応を遅らせ、感染者を世界中に拡散、英政府と科学界は、英国民はもとより、国際社会の信頼を大きく失墜させたのだった。

信頼を回復するにはどうしたら良いか、解決へのステップとして、同国は「科学コミュニケーション」を軸とした科学政策に取り組んだ。具体的には、科学行政の透明化、市民の意思を反映させた行政、科学者と市民双方向の意思疎通―などの施策をスタートさせること。また、その研究拠点として、インペリアル・カレッジ・ロンドンに「科学コミュニケーション・グループ」を設置。政府、科学者コミュニティ、メディア、市民をつなぐコミュニケーション作りの活動が始まった。

サイエンスコミュニケーションの実学研究は、さらにリーズ大学、サセックス大学、ロンドン大学などにも拡大していった。

インペリアル・カレッジ・ロンドンのスティーブン・ウェブスター(Stephen Webster)教授は、「英国では九〇年以降、市民の科学的な理解力を向上させようと"Public understanding of science"を目標に掲げて取り組んできたが、やはり上から目線ではうまく行かない。この反省から、二〇〇〇年以降、科学はだれのものかを考え、社会と科学者の契約関係を再認識するという意味で"Public engagement of science"というメッセージが導入された」と語る。

そのコミュニケーションの現場では、具体的にどのような工夫がなされたのか。

ジョン・クレブス(John Richard Krebs)オクスフォード大ジーザスカレッジ学長は、英国食品保護庁の初代長官を二〇〇〇年から二〇〇五年まで務め、健康リスクをめぐる社会的な混乱収拾の最前線で活躍した。そして信頼を取り戻すための取り組みを、以下のように説明する。

一　科学の不確定性(Uncertainty of science)を、市民にも十分、理解してもらう。

二　世の中にはリスク無し(ゼロ・リスク)という状況はないことを知ってもらう。

三　記者発表などで、「絶対」、「確実」という表現を使わない。この考え方をジャーナリストにも理解してもらう。

「リスクの問題を伝えるときには、なによりも透明性が重要だ。科学的な判断と、そこに至るプロセスを透明化することが、信頼回復の一番の近道だった」という。

この「透明性の確保」は、英国の狂牛病問題調査委員会の報告書"BSE Report 2000"にも、繰り返し強調されており、同国でのコミュニケーションの方向性が明確に示されている。こうした積み重ねの上に、科学界、政府、メディアと社会が、さまざまなネットワークを張り巡らせて、科学と社会の接面で起こるさまざまな衝突や対立に向きあう仕組みが動いている。

現在、英国会では、科学技術局がさまざまな科学に関わる課題を積極的に受け止めて、調査、報告、指摘、提言を繰り返している。また、科学界では英国王立協会（The Royal Society）、英国王立研究所（The Royal Institution）などの組織が、クリスマス・レクチャー（王立研究所）など、市民と科学を結ぶさまざまなイベントを企画、この動きは各地の科学館、博物館などにも拡大している。政府には首席科学顧問と、各省に一人ずつ配置されたそれぞれの省の科学顧問が毎週、全員が顔をそろえる合同会議を開いて情報交換するなど、信頼回復の実績を重ねてきているように見える。

〈リスクを受け止める〉

科学と社会の衝突や対立に向きあって、冷静に「リスク」を伝えることは、どこの国でも難しい。

残念ながら日本でも、福島原発事故後に事故情報の公表や、放射線影響評価、基準作りを巡って、東京電力や行政の迷走が繰り返された。その結果、専門家への信頼が失墜すると同時に、社会が「リスク」を冷静に受け止められなくなる、という困った状況が拡大した。

政府は事故後、避難・除染のためのガイドラインを、年間二〇ミリシーベルトに設定したが、一か月後の五月にガイドラインは突然一ミリシーベルトへ変更された。また、国際的には一キログラムあたり一〇〇〇～一二五〇ベクレルが採用される穀物、肉、野菜などの食品放射線基準を、政府は事故直後、いきなり半分の五〇〇ベクレルに設定、さらに一年後には「安全ではダメです、安心でなければ……」という厚生労働大臣の指摘で、一〇〇ベクレルへと変更された。

これらの判断には科学的アプローチが示されず、情緒的、大衆迎合指向で決定された色彩が濃い。これが政府の信頼を失わせたと同時に、一方では、科学的根拠を欠いた行為をきちんと批判し、改善へのメッセージを発しなかった科学界、原子力業界の信頼も、合わせて失墜させる結果となった。

リスクをめぐる混乱は、「一ベクレルも許さない」、「ゼロ・リスクでなければ安心できない」など、極端な価値観を持つ人たちを量産した。さらに、コミック「美味しんぼ」では、高い放射線影響で福島県では鼻血を出す人が多い、という情景を描き、事故後三年経っても福島は住むのに危険で、農水産物の食品は汚染されている——という印象を読者に与えるなど、汚染の実態とかけ離れたメディア情報の拡大も続いている。その結果は、被災地・福島に不当な社会差別をもたらし、福島で生活する人たちの心身両面の健康被害、という形で被災地に追い打ちをかけている。

放射線リスクに対する社会の漠然とした恐怖感は、一方で、福島の人たちを大きな心身のストレスにさらす結果となった。東京大学・南相馬総合病院などの調査で、南相馬市では、事故で避難した高齢者の死亡率は、他の地域の二・七倍に達することが報告されている。放射線の被害対策には、発がんを心配する心理的ストレス、避難に伴う心身の負担など、健康リスクを多角的に評価し、リスクの総体を把握して、統合的な施策に結びつける必要があるが、そうしたアプローチは政府からも、科学界からも示されず、福島の混乱解決の手がかりは、まだ見えていない。また、メディアの追い打ちもあって、福島県産の農林水産物に対する誤解も国内外に広がった。市場流通を拒否される、価格を買いたたかれるなど、理不尽な「差別」が社会に拡大している。

リスクをめぐる社会的混乱の背景には、科学的アプローチを無視して表現、評価するマス・メディアの報道、出版があったことは無視できない。同時に、ブログなどネット・サイトでの無責任な発言、指弾、批判の発信も、人々の不安を増幅し、混乱の沈静化を遅らせた。

背景には、原子力行政、原子力・電力業界の指揮者が、責任を放棄、あるいは当事者能力を失った言動に終始し、コミュニケーションが成り立たなかったという事実がある。同時に、発言・行動すべき時に逃走や沈黙に終始した科学者組織、技術者集団にも、批判が向けられている。

すべての専門家にこうした資質が求められているのではない。責任ある立場に就く人材には、事態を総合的に判断して主導権を示す、社会に向けてメッセージを発信するコミュニケーション力を持った専門家が欲しい。

英国王立協会のポール・ナーズ(Paul Nurse)会長は二〇〇一年にノーベル医学生理学賞を受けた細胞生物学者だが、二〇一〇年暮れ、会長に就任すると最初に取り組んだのが、様々な領域に広がっている科学への理不尽な批判、その根源と解決策を探るドキュメンタリー番組の制作だった。

その作品（BBC-TV "Science under attack" 二〇一一）は、地球温暖化研究成果への懐疑的な批判や、遺伝子組み換え技術への反対運動など、科学の信頼性が揺らいでいる領域を、会長自ら取材、関係者にインタビューに走り回る。さらに番組を解説するアンカー、ナレーターとしても出演し、極めてメッセージ性の高い番組で、新たな科学ジャーナリズムの手法としても高い評価を受けた。科学者が、レポーター、ディレクターの役割も担いながら、様々な専門領域を超えて、社会へ向けての明快なメッセージを発信する。

「専門以外のことには関心を示さない」という科学者が多い中では、積極的に社会とのコミュニケーションに取り組む、新しい動きだった。この活動や、様々な領域にまたがる判断を示す、政府首席科学顧問などの実例を見ると、英国のこの二〇年間の努力とは、指導的立場で行動できる科学者、社会に向けて明快な価値観を示せる専門家を育成することでもあったと、感じられる。

英国議会の前科学技術局長、デイヴィッド・コープ（David Cope）教授は、英国でも、遺伝子組み換え食品への差別、三種混合ワクチン接種への反対運動が根強いなど、科学コミュニケーションがすべてうまくいっているわけではないが、福島事故への対応は、英国が二〇年間にわたって進めてきた、その成果がようやく現れたものだと評価する。

「現在の日本の混乱は、ＢＳＥ騒動当時の英国と全く同じ状況。政府、科学界、メディアと市民、それらをつなげる取り組みなしに、信頼回復はできない。それには、使命感やコミュニケーション力を持つ人材を育てる教育が大切だと思う」

二〇一四年二月、東京の英国大使館で二日間にわたって福島事故のリスク・コミュニケーションをめぐるシンポジウムが開かれた。英国、日本両国の行政官、研究者、ジャーナリストらが参加し、ＢＳＥ問題や放射線健康影響問題など、コミュニケーションの失敗例とその克服方法が討論された。議論全体を通して参加者が一致したのは、科学と社会の間で起こるさまざまな混乱の解決には、やはり共通の価値観として、科学的アプローチを大切にする方法しかない、ということとだった。
問題解決には、専門領域を超えて大局観、価値観を示す科学者や技術者が不可欠であると同時に、そのメッセージを社会に伝えるメディアの役割も、一段と重くなっている。

小出重幸

読売新聞社社会部・生活情報部・科学部・編集委員などを歴任。著書に『ドキュメント・もんじゅ事故』（共著・ミオシン出版）、『環境ホルモン　何がどこまでわかったか』（共著・講談社）、ＪＡＳＴＪ会長。一九五一年生まれ。北海道大学理学部高分子学科卒業。

「過去の失敗に学ぶ」という意味

小出　五郎

科学ジャーナリスト塾のはじまり

科学ジャーナリスト塾は今回で一二期ということになります。この塾の始まりは、日本科学技術ジャーナリスト会議（ＪＡＳＴＪ）というところで、朝日新聞ＯＢの柴田鉄治さんと時事通信出身の佐藤年緒さんと私とで、小田急線の新百合ヶ丘駅でこういうのをつくろうよ、と話をしました。そんなところで始まったのが一二年前。そしてＪＡＳＴＪが主催していたんですけれども、七年ほど経ってからだったかな、サイエンス映像学会に運営をお任せしていました。

ところが、サイエンス映像学会の事情で運営が難しくなったため、もう一度ＪＡＳＴＪの方で引き取って、改めて始めることとなりました。思い返せば、一二年前にインターネットで呼びかけると五〇～六〇人の方が集まりました。今回もそのくらいの人数になるかな。最低限五人以上集まったらやろうね、という考えで募集をしましたところ、今日までに一〇人、予定の倍の人数が集まりました。こぢんまりとした塾のような形でやっていけたらいいなという基本方針でやりたいと思います。人数が今日はまだ七人、あと三名の方が見えてないんですが、それだけ深い話ができるんじゃないかと思います。

インターネットで募集しましたように、ＪＡＳＴＪのメンバーが一回ごとに担当することで進めていきます。また今回、全体のテーマは「報道の失敗体験に学ぶ」ということで、全一〇回を予定しています。基本的には一週間おきの予定ですが、会場の都合や諸般の都合によって、ときどき日程が変わっていますので、間違いのないようお願いいいたします。

今日は前置きなしに本題に入りたいと思います。その話をして最後の三〇分は塾の運営方法の話をしようかと。予算がないので、みなさんにもお力を借りたい。例えば、机のセッティングや、毎回講師が違い、皆さんの名前がわからないので、名列表を書いてもらうとか。あるいはその他にも諸々あると思いますが、ぜひ協力していただきたい。そういったことを、今回も全一〇回すべてに繋がる話ですけど、最後の三〇分を割いて皆さんとお話ししたいなと思っています。また今日は八時までにはここを出ないと、余計な会場費をとられてしまうものですから、八時を限界にしたい。基本的にはここで短い話をして、その後、ディスカッション形式で進めていくのがいいのではないかなと思っております。

毎回講師の方によってその方法は変わっていくとは思いますが、なるべくたくさんの発言をしていただくことを前提にやっていこうと思います。

「失敗」とは何か

「失敗体験に学ぶ」というタイトルですけど、そもそも失敗とはなんだ、とそれぞれ意見は違います。嘘とかやらせをして失敗したという低レベルな話ではなく、もっと高度な別の種類の話が主になると思います。最近、別のところで経験した例をお話しします。弁護士に取材に行って被害者を紹介してもらい、その被害者と弁護士を取り上げ、社会正義のため頑張っていると紹介した。ところが実はその被害者は自分の事務所の従業員だった、という事例がありました。某テレビ局での話ですが。

専門家に取材して専門家に騙される、という失敗も増えてきました。昨年の山中さんのノーベル生理学賞受賞の後、アメリカでそれを使って臨床をしている、という事例が読売新聞をはじめ各社で報道されました。まさにそれと似たようなことがあって、こういう失敗は今の社会状況を反映している。そのようなレベルよりも上の問題を扱っていこうと思います。

失敗と呼んでいいのか分からないが、制作者側への外圧、あるいは記者の自己規制につながっていくということがしばしば起こっています。こういうことも、ある意味失敗という、広義に解釈していいのではないでしょうか。外圧は日常的に起こっているものだから、科学とか技術はそういう世界と関係のないものである、ということは全くなくて、逆に科学技術であるからかえって大変だということもある。その中でどうするかということにも教訓がありますから、これも失敗体験という中に入れてもいいんじゃないかということで、「失敗体験に学ぶ」というタイトルにしたわけです。

ドキュメンタリー番組の制作現場での経験

実は一九八四年に、NHK特集「核戦争後の地球」というドキュメンタリーを作りました。核戦争が起きたらどうなるのかというテーマ。当時は「核戦争が起こるかもしれない」と、世の中が本気で思っていて、ちょうどそのときに作ったものです。長い番組で八月六日・七日と二夜連続で放映し、続編も作り、そのあと一本にまとめたりといろいろしたんですが、まずはどんなものかを見ていただいて、なぜ「失敗体験に学ぶ」の一回目に示したかったかということをお話しして、そのあとディスカッションしていければと思います【当日はここで映像を示す】。

東京タワーから五キロ圏というとNHKも入る距離で、そのあたりでどんなことが起こるか。まず熱線が爆発と同時に届き、その後、何十秒か遅れて爆風が届き、ビルなんかも吹っ飛ぶ。特に新宿副都心あたりはビルのガラスが破壊されて、ガラスの滝が西の方に流れるだろう。では二〇キロ圏ではどうなるのかと、同じようなシミュレーションを重ねていって、核戦争が起きたら東京はダメになると。その後、さらに全面的な核戦争が起きたりしますと、全世界のあちらこちらで同じようなことが起きる。一九八四年当時は、米ソ両国で一つのターゲットに対して数発の核弾頭の照準が施されていた。当時、西ドイツに米軍基地があったわけですけど、ここなんかは一つの基地に五発だか六発だかの核弾頭の照準が合わされていた。というような状況が基地のみならず都市などを含め、起こっていた。その核ミサイル攻撃の結果として大きな火災が起こっていく。特に都会のアスファルトが燃えると黒煙が立ち上り、また森林も盛大に燃えるでしょう。そうなるとあちらこちらで起きた大火災の黒煙が数千メートル上空で滞留するようになり、やがてそれが太陽光線を吸収してさらに上昇していく。そして成層圏にまで黒煙が届くような状況になってしまうんじゃないか。そうなると二週間か一か月で地球全体が黒い煙で包まれてしまうんじゃないか。

それをカール・セーガンが非常にうまいこと名前を付けたんですけど、「ニュークリアー・ウィンター（核の冬）」っていう言葉で表すわけですね。そういった話が取材されていくわけです。ちょうど恐竜絶滅のころ、地球に隕石がぶつかって地球が塵に包まれて、地球が非常に低温化したということがあったわけです。真夏なんかに核戦争が起こると、その年の農業生産は壊滅する。そうすると大きな社会的大混乱となって人類が生きていくのは難しいんじゃないか。もちろん、全部死ぬってわけではないけれども、かなりの文明の後退が起きるんじゃないか。それから、気候大変動の引き金になるんじゃないかっていう話もあるし、もちろん放射性物質による地球全体の汚染も始まるだろうし、まあさまざまあります。要するに、科学者として核戦争後に明るい未来を予想することができないので、核は廃絶しようよ、というメッセージを込めたプログラムだったわけです。

八月、この番組がたまたま賞などをいただいたものですから、再放送することになり、もともと二本のものを一本にまとめたところ、テンポが速くなってしまいましたが、再放送した番組をまたまた再放送したっていうのが今の番組ですね。番組は大変好評で、賞をもらったりして気分いいわけですな。ＮＨＫでも死ぬまで、もうこういうことはないだろうねと。いろいろ賞をもらうと、副賞というものを貰うわけです。副賞もだいたいＮＨＫに巻き上げられちゃって、制作チームにはその都度一〇万円ずつくれるんです。一〇万円もらったんでパーティーをやると関係者の人たちが最大で数百人と集まってきました。

風向きが変わるとパーティーなんかやろうって気にもなりませんし、急に難破船からネズミがいなくなるごとく、関係者が急にいなくなるということもありました。

ＮＨＫにとってはある日突然のことでしたが、電車の中刷り広告で「ＮＨＫ『核戦争後の地球』の荒唐無稽」という記事が一一月頃に文藝春秋に掲載されたわけです。それと時を同じくして、筑波大学の国際政治学者と称する人とか、防衛大学の教授など何人かが公開質問状を持ってＮＨＫに現れました。「核の冬」というのはソ連の謀略であるという言い方をするんですね。なんで謀略かっていうと、放送の一週間くらい前にモスクワ放送で同じ中身を放送してた、って言うんです。モスクワ放送が言っていたセリフとＮＨＫが言っていたセリフというのが一覧表になっているのがありまして、それが証拠だと。

これは、この放送する前に有楽町にある外国人記者クラブで試写会をしました。各国で「日本のＮＨＫというテレビ局が反核の番組を作った」と広く放送されました。そのとき、ソビエトのタス通信が来ていたかどうかはわかりませんが、海外メディアからも多数取材を受けました。共同制作ですからそういうこともやったんですけども、そのとき取材したことをそのままモスクワ放送で流したと思うんです。推測ですが。その放送を聞いていたこの方たちが、ご丁寧に一覧表にして持ってきてくださいまして。特に、「核の冬」という核廃絶を唱えることはソ連を利する。当時、東西冷戦まっただ中にあって、両方が核戦争の淵を覗いたという時代でありましたけども、東側陣営を利する反国家的行為だというわけです。NHKはソ連の謀略に乗ったのだと。

（今回の配付資料に）ゴキブリと軍人が、と書いてありますけども、公開質問状のうちの一つです。「核の冬」がモスクワ放送の中身と一緒だったのはなぜか、というのもその一項目にあるんですが、ゴキブリが軍人と民間人を見分けられる理由を示せとかいうのもあった。これは先ほどのテープの最後の方にポール・アーリックさんが、「生物にとってより厳しい世界になっていくだろう。シェルターで生き残った人たちもやがて死を迎える運命になるんじゃないか。そういう中で放射線に強いゴキブリが生き残っていくだろう」というようなことを言っている。シェルターに残っているのは軍人とゴキブリだ。そしてやがて軍人もいなくなるという主旨のコメントをしている。それを取り上げてのことでした。それから、核の冬が起きて海が凍っちゃったりすると魚がひどい目にあうだろうと。そのシーンの中で氷の上で魚が死んでいるところがあったわけですけど、魚は海が冷たくなってきたら氷の下に逃げるだろう。氷の上で魚が死ぬことはありえないだろうということで、魚類が氷上で死ぬ理由はなにか、というのも公開質問状にあったりした。正気の沙汰とは思えないんですけど、そういうことを書いてくる。

そうしますと、国会議員の中には喜ぶ人も出てきまして、当時の民主社会党には自民党よりももっと強硬な政治家、通称「マムシの昌」（伊藤昌弘）という人がいました。その人から国会でまた質問が行われる。国会でＮＨＫの偏向番組について糾弾するという演説をやるわけです。その中でＮＨＫの幹部らが呼ばれて、いろいろと説明をさせられる。しかし、このころは今と比べるとマスコミも筋金入りの人が何人か残っていまして、ＮＨＫの幹部もちゃんと答えてくれて、マスコミ各社が馬鹿げた質問をしたと応援してくれた。その後、時間とともに終息をしていったわけです。ＮＨＫの幹部たちも、核廃絶は日本の国是・国策だと逆手にとって。取材は外国人含め一人一人、私が裏を取るため取材した。それが大きな根拠になったわけです。それから、映像制作の根拠にアメリカの核実験のデータを基にしていると繰り返し言っていますが、そういったバックグラウンドデータを相当しっかり集めていたものですから、いちゃもんをつけられてもどうってことなく乗り切れたわけです。

後遺症となった自主規制

ただ、そのあと後遺症が残っていくわけです。それはどういう後遺症かというと、非常に悲しいことなんですが、放送局は周りからごちゃごちゃ言われるのが嫌だ。なるべく言われないものがベターだ。中身がどんなものでも、いちゃもんをつけられると、いちゃもんをつけられたことだけが残り、もうやりたくない、というふうになる。新聞社と比べますと、放送局は法律の縛りなんかもありますから、なかなか厳しい所がある。今年でテレビ放送六〇周年ということでNHKアーカイブスというものを作り、昔の番組を放送しました。そこで、この番組でもう一回、「核戦争後の地球」を放送しようという企画があったのですが、NHK内でもう反核の話はよそうじゃないか、ということで企画が潰れるというくらい、いまだに残っている。

とにかく外部から何か言われたことが記憶に残りますと、それでもってそういうことがないようにしようね、となってしまうわけです。クレームがあるとどうしても何事も起こさないような自己規制が働き、スパイラル状態になっていく。現在の問題として、これがけっこう頻繁に起こっているという時代に入っていることを話させてください。

例えば、以前NHKアナウンサーが電車内で痴漢事件を起こしたという事件がありました。TBSがこの事件を報道したとき、そのニュースの中で衆議院解散に関するA氏のビデオが二秒ほど流れた、これが二〇一二年。ところが、Aさんはフェイスブックで

一一月一六日放送のTBS『みのもんたの朝ズバ!』で、NHKキャスターの痴漢行為を、ニュースとして流す中で、なんと私の顔写真が写し出されたそうです。ネットの

指摘で明らかになりました。その日はまさに解散の日。ネガティブキャンペーンがいよいよ始まったのでしょうか？　もし事故なら私のところに謝罪があってしかるべきですが、何もありません。『はい、先ほど、あの関係のない映像が出てしまったという事ですが、大変失礼しました。』と番組内で女性アナウンサーが言ったきりです。かつてＴＢＳは、私が前回の総裁選に出た際、『七三一細菌部隊』の報道のなかに私の顔写真を意図的に映り込ませる悪質なサブリミナル効果を使った世論操作を行いましたが『・・・またか。』との思いです。これから一ヶ月こうしたマスコミ報道との戦いです。私は皆さんと共に戦います。

とフェイスブックの中で声明を出したということがありました。このAさんは誰かというと現内閣総理大臣の安倍晋三さんですよ。安倍さんたちはフェイスブックを非常に多用して、こういったことを何でもいいから一つ捉えて、すぐに「問題だ、問題だ」と騒ぐんですよね。「問題だ、問題だ」と騒ぐと、フェイスブックの「いいね」が増えるわけですよ。あっという間にその「いいね」が何百何千となり、彼の講話になってくる。言ってみれば講演会のようなものになり、「マスコミと戦います」というとドッと盛り上がるという現象が起きる。第一次安倍内閣の頃、二〇〇六年九月～二〇〇七年九月の間に頻発している。

例えば、「納豆でダイエット」の行政指導は、総務省がテレビ局に対して行うものです。第一次安倍内閣の時期は、先ほどのような些細なことを精力的に言う。なんでこんなことができるのかというと、放送局と新聞社の間には非常に大きな違いがある。放送局は電波を使うもので、勝手に使ってはいけないものですから、総務省が面倒をみて免許をもつ。これがやがて大きな権力に繋がっていく。今年はちょうど更新時期になっていて、前の免許をそのまま更新ということはなく、ＮＨＫも含め毎回審査される。そんなもんですから総務省は放送局に対して容易にごちゃごちゃいうことができる。新聞社の場合は国が監督しているわけではない。ですから行政処分なんてものはない。文句を言うのは読者だけだ。第一次安倍内閣のときは行政指導の乱発が起きた。それでこの後、民主党時代に入るが、その間は、行政処分指導は一回もなかった。第二次安倍内閣になってからはまだありません。

　この前の選挙の直前、ＴＢＳが「自民党の責任で国会が上手くいかなくなった」という表現をしたということで、それを理由に取材拒否をするということが起きました。しかし、一日で撤回してＴＢＳが詫び状を出す形になった。大阪の橋下さんは何かあるとすぐ取材拒否だとかありますけど。とにかくメディアに対して言うことに意味がある。なんでもいいから言ってみようという傾向があり、メディアの方はとにかくそういうことがないようにと自己規制の方向に進んで行ってしまう。これから先どういう風に付き合っていったら良いのか、原発問題、憲法問題など、より日本のみんなが、わいわいがやがや、やりながら未来を決めていく課題というのは山ほどあります。メディアを上手いこと利用して、またメディアが自己規制に陥っていくことを期待しながらやっていく権力側の動きは気になります。

そういう意味で、何十年か前に私が直接体験した事件が、私個人としての原点といいますか、これからこのようなことがますます繰り返されていく、そういうことを前提としてテレビや新聞を見ていくというのが重要なんじゃないかと思います。

科学技術をどう伝えるか

科学ネタだからこういうことがないかといえばそんなことはなく、科学技術は不確実なことが多く、白黒はっきりいえないことが多い。先週「クローズアップ現代」という番組に久々に出まして、「ミツバチが大量に死んでいる。それはネオニコチノイドの影響じゃないかと囁かれている。EUがネオニコチノイド系の農薬を使用禁止したということがあって、日本はどうするか」、という内容でした。ネオニコチノイドの農薬が原因で本当にミツバチが減ったのかどうか、よくわかんない。ミツバチは花粉を運ぶ役割として非常に重要です。FAOのデータによると、農作物一〇〇種類のうち七〇種類は、ハチが花粉を運んでいて、そしてその七〇種類が食糧の九〇%を占めている。昆虫がいなくなったら私たちの食糧がなくなるかというとそれはわからない。こういった不確実な要素が多分にあるわけです。そういう問題を科学ジャーナリストとしてはたくさん扱っていかなくてはいけない。それをどうやって伝えていくかが大問題なんです。それは単に科学的なデータだけでは判断できなくて、みんなが何を選ぶのか、どうやって伝えていくか。最終的には政治的選択になってくるわけです。政治的選択になればなるほど、いろんな圧力が発生するわけです。

見方によっては科学技術ネタほどそういった圧力を受ける、といっても過言ではない。そういう意味で社会的、政治的、経済的風向きの影響を受ける。そしてそういった圧力の中でどうやって物事を伝えていくかということが、まさに現代の大きな課題なんです。まあ今回はこういうことをお伝えできたらな、と思いお話しさせていただきました。

【この原稿は、小出五郎氏による科学ジャーナリスト塾での講演記録を文章化したものであり、文責は藤田貢崇(編集委員長)にあります。】

小出五郎

ＮＨＫ科学番組ディレクター・解説委員、大妻女子大学教授などを歴任。著書に『仮説の検証・科学ジャーナリストの仕事』(講談社)、『沈黙のジャーナリズムに告ぐ』(水曜社)など。ＪＡＳＴＪ元会長。一九四一年生まれ。東京大学農学部水産学科卒業。二〇一四年逝去。

ＪＡＳＴＪの活動　科学ジャーナリスト塾

次の世代の科学ジャーナリストや科学コミュニケーターを育成することも、ＪＡＳＴＪの大切な活動の一つです。「科学ジャーナリスト塾」は、科学を伝えること、科学ジャーナリズムの精神や技を学ぶ場、伝える場として14年間続いています。

発足は二〇〇二年、小出五郎氏（当時ＮＨＫ解説委員、故人）が初代塾長となり、「ジャーナリストとして一番大事な『こころざし』を若い人に伝えたい。どんな視点を持つかが大事なのだ」と呼びかけました。科学ジャーナリズムを学ぶ場としては日本で最初のものでした。

月二回程度、半年間の日程でスタート。会員で経験ある新聞記者やテレビの番組制作者、出版、雑誌、地方紙の編集者やフリーライターなどを講師として、講義、ライテング、グループディスカッション、添削などを行い、塾生が自ら調査・取材し、発信することを学んできました。

その期によって重点とする内容を変え、グループに分かれて壁新聞や映像作品などを制作したこともありました。塾生は、メディア志望の大学生だけでなく、フリーライター、研究者、企業広報、高校教師、医師、大学教授、現役放送記者など幅広い層から集まり、これは現在も同様です。

途中、塾の運営方式も変わりましたが、二〇一四年度の一三期まで、延べ四〇〇人以上が受講。塾出身者は新聞社などメディアに就職した人やフリーライターとして活動の場を広げた人も多くいます。例えばＪＳＴ（科学技術振興機構）の科学教育誌『サイエンスウインドウ』で編集スタッフやライターとして活躍したり、研究機関の広報担当者や大学の研究者として科学コミュニケーターの役割を担っている人もいます。

第一二期の「科学報道の失敗体験に学ぶ」をテーマにした成果は、本書『科学を伝える　失敗に学ぶ科学ジャーナリズム』にも生かされましたが、ジャーナリストの体験を次の世代につなぐことは、塾の変わらない精神になっています。「科学を伝えること」をテーマとした第一三期でも、「体験を未来へ」をテーマにした第一四期でも、塾出身の若手がサポーターあるいは講師として塾の活動を支え、塾で学んだことを生かして次世代に伝えることに取り組んでいます。

（編集委員会）

編集後記

ジャーナリズムの世界で最も大事なことの一つは、いったん公にされた情報を必ず検証してみることである。これは、誤りを犯しやすい人間の宿命である。その意味で、本書にはいろいろな「検証すべき実例」が示してあり、考える「道標」になると確信している。

（大江秀房）

どんな事柄でも成功例より失敗例により多くの教訓が含まれている。歴史の浅い科学報道は失敗例に事欠かない。本書の事例のほか、「サリドマイド禍」「心臓移植」なども失敗例に挙げられると思う。ぜひ、自分の手で報道の足跡を検証してみてほしい。必ず、多くの教訓が学び取れるはずである。

（柴田鉄治）

想定できたことを「想定外」にすること。それが、ジャーナリストの失敗のもとになります。人間とチンパンジーがいちばん違うのは「想像するちから」（松沢哲郎）だそうです。失敗の経験を共有し、学び合うことは、豊かな想像力を培うことにつながると信じます。

（武部俊一）

第二の敗戦「原発三連続爆発・メルトスルー」放射能大惨事の責任の一端はジャーナリストにもある。今なお、古里喪失者一〇万人。事故原因も詳細不明のまま失敗に学ばず再稼動。私たちは恥を忍び失敗体験を語った。失敗に学んで欲しいとの願いを込めて。

（林勝彦）

ジャーナリズムは本来、現在から未来に向かうべき性質のものだ。その点、本書は昔話ばかりで読者に何の役にも立たないかもしれない。ただ、ジャーナリズムは昔から同じような過ちを何回も繰り返しているという意味で、少しはお役に立つのではないかとも思う。

（引野肇）

「失敗は成功のもと」。科学ジャーナリストとしての人生で、二度と繰り返したくない失敗のうち、三つだけを紹介した。私の弱点は、報道対象の実態に迫るべき「ジャーナリストの執念」の乏しさだったと思う。人生は一度きりのドラマ、この反省は老爺心と受け取ってほしい。

（牧野賢治）

科学技術の発展は社会に多大な恩恵をもたらしているが、高度化した「システム」の運用に開発時想定外の負の事象が起きている。ヒューマンエラーによる事故や情報氾濫も増大し、社会が混乱することも多い。この負の資産こそ将来に正しく伝え残し、同じ過ちを起こさせないことが重要である。

（山本威一郎）

現在の行動は、良きにせよ悪しきにせよ、未来に影響する。過去のどのような出来事から現在に至っているかは、歴史が教えてくれる。この本は、当時を懐かしむためではなく、今、そして未来を生きる人への過ちを繰り返さないために書かれたメッセージである。

（藤田貢崇）

科学ジャーナリズム関連年表

年	できごと	報道・出版の動き
1992	気候変動枠組条約採択(5月9日)	**東京で第１回科学ジャーナリスト世界会議(11月)**
	生物多様性条約採択(5月22日)	『Ｓ＆Ｔジャーナル』創刊
	環境と開発に関する国連会議(6月、ブラジル)	
	毛利衛さんがスペースシャトルで宇宙へ(9月)	
1993	環境基本法が成立(11月)	
	ＭＲＳＡ院内感染広がる	
1994	Ｈ２ロケット１号機打ち上げ(2月4日)	**日本科学技術ジャーナリスト会議設立(7月)**
	「もんじゅ」臨界(4月5日)	日本医学ジャーナリスト協会(前身は1987年創立の医学ジャーナリズム研究会)に改称
	彗星が木星に激突(7月)	読売新聞連載「医療ルネサンス」に新聞協会賞
	「フェルマー予想」解決	
1995	阪神・淡路大震災(1月17日)	ＮＨＫスペシャル「映像の世紀」
	地下鉄サリン事件(3月20日)	ＮＨＫスペシャル「長崎映像の証言〜115枚のネガ」第36回モンテカルロ国際テレビ祭
	国連でＮＰＴ無期限延長を採択(5月)	
	科学技術基本法施行(11月)	
	「もんじゅ」でナトリウム漏れ事故(12月8日)	
1996	堺市でO157集団食中毒事件(7月)	『科学朝日』を『サイアス』と改名して新装創刊(2000年廃刊)
	巻原発の住民投票で反対多数(8月)	ＣＤ−ＲＯＭ「人体」国際ヨーロッパマルチメディア賞
	包括的核実験禁止条約を採択(9月)	毎日新聞「科学部」を「科学環境部」に改称

年	できごと	報道・出版の動き
1997	英でクローン羊誕生を公表(2月)	長野放送「不妊治療と減胎手術」に新聞協会賞
	環境アセスメント法成立(6月)	
	大型放射光装置Spring-8始動(10月)	
	温暖化防止の京都議定書採択(12月)	
1998	米でヒトＥＳ細胞樹立に成功	読売新聞特報「卵子提供体外受精」に新聞協会賞
	インド・パキスタンが相次ぎ核実験(5月)	
	宇宙のダークエネルギー存在説	
1999	ハワイのすばる望遠鏡で初受光(1月)	**ハンガリーで第2回科学ジャーナリスト世界会議**
	臓器移植法施行後初の脳死移植(2月)	ＮＨＫスペシャル「人体３～遺伝子・ＤＮＡ／第４集」第43回ＮＹフェスティバル科学部門金賞
	JCO東海事業所で臨界事故(9月30日)	
2000	三宅島噴火で全島避難(9月)	ＮＨＫスペシャル「映像詩・里山～命めぐる水辺」第57回イタリア賞
	白川英樹さんにノーベル化学賞	BSデジタル放送開始(12月)
2001	総合科学技術会議発足(1月)	ＮＨＫスペシャル「被爆治療83日間の記録～東海村臨界事故」第42回モンテカルロ国際テレビ祭
	クローン技術規制法施行(6月)	朝日新聞「科学部」を「科学医療部」に改称
	野依良治さんにノーベル化学賞	**東京で国際科学技術ジャーナリスト世界会議**
2002	東電の原発データ改ざん、トラブル隠し発覚(8月)	フジテレビ番組「検証・Ｃ型肝炎」に新聞協会賞
	小柴昌俊さんにノーベル物理学賞	**ＪＡＳＴＪ科学ジャーナリスト塾を開講(9月)**
	田中耕一さんにノーベル化学賞	毎日新聞連載「理系白書」開始(1月)
		ブラジルで第３回科学ジャーナリスト世界会議

年	できごと	報道・出版の動き
2003	スペースシャトル・コロンビア事故(2月1日)	熊本日日新聞「検証ハンセン病史」に新聞協会賞
	ヒトゲノム解読完了(4月)	
	食品安全委員会設立(7月1日)	
	新型肺炎(ＳＡＲＳ)流行	
2004	鳥インフルエンザが国内で広がる	ＪＡＳＴＪ編『科学ジャーナリズムの世界』刊行
	六本木ヒルズで回転ドア死亡事故(3月26日)	カナダで第４回科学ジャーナリスト世界会議
	インド洋津波で12万3000人の死者(12月26日)	世界科学ジャーナリスト連盟が発足
2005	たばこ規制枠組条約が発効(2月27日)	ＪＡＳＴＪが科学ジャーナリスト賞を創設
	JR福知山線脱線事故(4月25日)	
	アスベストによる住民健康被害発覚(6月)	
	「はやぶさ」が小惑星イトカワに着地(11月)	
2006	冥王星を惑星から除外、準惑星に(8月)	西日本新聞「検証　水俣病50年」に新聞協会賞
	北朝鮮が核実験(10月)	
2007	中越沖地震で柏崎刈羽原発に被害(7月16日)	豪で第5回科学ジャーナリスト世界会議
	月探査機「かぐや」打ち上げ(9月１４日)	ＪＡＳＴＪ編『科学ジャーナリストの手法』刊行
	ヒトの皮膚からiPS細胞を作製(11月)	サイエンス映像学会創設
2008	岩手・宮城内陸地震(6月14日)	毎日新聞の「アスベスト被害」報道に新聞協会賞
	事故米が食用に出回っていることが発覚(9月)	新潟日報「揺らぐ原発安全神話」連載に新聞協会賞
	小林誠、益川敏英、南部陽一郎の３氏にノーベル物理学賞	
	下村脩さんにノーベル化学賞	

年	できごと	報道・出版の動き
2009	若田光一さんが宇宙長期滞在	**英で第6回科学ジャーナリスト世界会議**
	新型インフルエンザが大流行 日本で46年ぶりの皆既日食（7月22日） 消費者庁発足（9月1日）	ＮＨＫスペシャル「激流中国　病人大行列～13億人の医療」第61回イタリア賞
2010	小惑星探査機「はやぶさ」帰還（6月13日） 鈴木章、根岸英一両氏にノーベル化学賞（10月） 絶滅種の淡水魚クニマス再発見（12月）	信濃毎日新聞「認知症―長寿社会」に新聞協会賞
2011	東日本大震災（3月11日）と福島原発事故	**カタールで第7回科学ジャーナリスト世界会議**
	管首相の求めで浜岡原発が運転停止（5月）	ＮＨＫの大津波中継に新聞協会賞
	スパコン「京」がＬＩＮＰＡＣＫベンチマークで世界一（6月・11月）	岩手日報、河北新報の震災報道に新聞協会賞
	スペースシャトル退役（７月）	朝日新聞連載「原発とメディア」開始（10月）
		日本サイエンス・コミュニケーション協会創設
2012	日本で金環日食（5月21日）	朝日新聞連載「プロメテウスの罠」に新聞協会賞
	世界一の電波塔「スカイツリー」が運用開始（5月22日）	福島民報の原発報道に新聞協会賞
	ヒッグス粒子発見の発表（7月）	東京新聞連載「日米同盟と原発」開始（8月）
	原子力規制委員会が発足（9月）	**ＪＡＳＴＪ著「4つの『原発事故調』を比較・検証する」刊行**
	山中伸弥さんにノーベル生理学医学賞（10月）	日本医学ジャーナリスト協会賞創設
2013	高血圧治療薬めぐる研究不正が発覚	ＮＨＫスペシャル「深海の超巨大イカ」に新聞協会賞

年	できごと	報道・出版の動き
2013	ロシア隕石落下で広域被害(2月15日)	ＪＡＳＴＪ編『徹底検証！ 福島原発事故』刊行
	食品表示法公布(6月28日)	フィンランドで第8回科学ジャーナリスト世界会議
	中国でＰＭ２.５汚染進む	科学記者研修SjCOOP Asia 第１回東京会合(11月)
2014	ＳＴＡＰ細胞発見の発表と研究不正発覚(1月～3月)	SjCOOP Asia 第2回東京会合(9月)
	福井地裁が関西電力大飯原発３・４号機の民事訴訟で運転を認めない判決、関電は控訴(5月)	早稲田大学『個人史聞き取り調査第4回報告書(科学ジャーナリスト25人)』を発表
		ＪＡＳＴＪ設立20周年記念イベント(7月)
2015	米探査機ニュー・ホライズンズが冥王星を近接観測(7月)	韓国で第9回科学ジャーナリスト世界会議(6月)

【日本科学技術ジャーナリスト会議（JASTJ)】

　科学ジャーナリズムの現状と未来を見すえながら、科学ジャーナリストや科学コミュニケーターの実力向上のために活動している自主的な団体。1994年設立。

（詳しくは、http://www.jastj.jp を参照）

《JASTJ20周年記念出版編集委員会》
　大江 秀房・小出 重幸・柴田 鉄治・高木 靭生・武部 俊一
　林 勝彦・引野 肇・牧野 賢治・山本 威一郎
　（編集委員長）藤田 貢崇

《編集協力》
　徳田 剛（JASTJ 会員）・鳥山 大（JASTJ 会員）

科学を伝える
失敗に学ぶ科学ジャーナリズム

発行日
2015年12月10日
編　集
日本科学技術ジャーナリスト会議
発行者
久保岡宣子
発行所
JDC 出版
〒552-0001　大阪市港区波除 6-5-18
TEL.06-6581-2811(代)　FAX.06-6581-2670
E-mail：book@sekitansouko.com
H.P.：http://www.sekitansouko.com
郵便振替　00940-8-28280
印刷製本
モリモト印刷(株)